丘吉尔战争实验室

（英）泰勒·唐宁
徐艳秋　王兴刚　张建萍　译

内蒙古出版集团
内蒙古人民出版社

图书在版编目（CIP）数据

丘吉尔战争实验室/（英）唐宁著；徐艳秋，王兴刚，张建萍译. —呼和浩特：内蒙古人民出版社，2012. 1

ISBN 978-7-204-11501-3

Ⅰ.①丘… Ⅱ.①唐… ②徐… ③王… ④张…
Ⅲ.①丘吉尔，W. L. S.（18741965）—生平事迹
Ⅳ.①K835. 617=5

中国版本图书馆 CIP 数据核字（2012）第 012582 号

丘吉尔战争实验室

作　　者	（英）泰勒·唐宁
译　　者	徐艳秋　王兴刚　张建萍
责任编辑	王继雄
出版发行	内蒙古出版集团　内蒙古人民出版社
地　　址	呼和浩特市新城区新华大街祥泰大厦
印　　刷	内蒙古爱信达教育印务有限责任公司
开　　本	710×1000　1/16
印　　张	13. 5
字　　数	260 千
版　　次	2012 年 6 月第 1 版
印　　次	2012 年 6 月第 1 次印刷
书　　号	ISBN 978-7-204-11501-3/G・3403
定　　价	28. 00 元

如出现印装质量问题，请与我社联系。联系电话：（0471）4971562　4971659

目　　录

第一章　准备：陆军与海军

1940年5月温斯顿·丘吉尔出任首相，为了领导大不列颠王国生死攸关之战，他所了解的军情比其他任何战争时期的英国首相都多，比他们更懂得驭兵之道。他强过在英国遭受拿破仑入侵时领导英国进行拿破仑战役的小威廉·皮特和斯宾塞·珀西瓦尔，他胜过在1854年克里木战争爆发时被推上领导舞台的帕默斯顿勋爵，他强过因领导大战而使英国付出骇人听闻牺牲的阿斯奎斯和劳合·乔治。当然他比经历过战争的近几任英国首相强百倍，如1982年的福克兰岛战役中的玛格丽特·撒切尔夫人、1991年第一次海湾战争中的约翰·梅杰、2003年伊拉克战争中的托尼·布莱尔以及承袭了阿富汗战争的戈登·布朗。丘吉尔受过士兵的训练，曾在英国军队好多团中服过兵役，有在战火中磨砺的丰富经历，有被俘和逃脱的经历，曾经指挥作战并在第一次世界大战中战斗在前线。他对实战有过研究并著有相当有名的军事著作。在大不列颠成为无可争议的海上霸主时期，他全权掌控着英国皇家海军。他的人生与他喜好的军事事务如影相随，所以在战争时期他以不同于历史上其他战时领导人的方式运作他的政府就不足为奇了。这就是那个故事。但首先我们有必要了解一下他以前的人生轨迹，就像他后来写的那样："为这个时刻和这次尝试而准备。"

1874年11月30日，温斯顿·伦纳德·斯宾塞·丘吉尔出生于英国的一个非常伟大的贵族家庭。他的祖上约翰·丘吉尔曾经在18世纪上半叶在西班牙王位继承战时的布莱尼姆战役中带领军队击溃法军。他的胜利使英国成为一个在欧洲不可小觑的势力。他因这次辉煌胜利而得到了国家的巨额赏赐，也积累了巨额财富。他以自己取得的胜利命名，用这些财富建立了以雄伟的布莱尼姆宫为中心建筑的占地面积很大的庄园。被封为马尔伯罗公爵一世后，约翰·丘吉尔建立了一个王朝。跟历史上其他贵族家族一样，丘吉尔家族也经历了兴衰巨变。继承爵位的后代公爵们行为不检点，尤其对自己的生活和财产管理不善，结果导致为了清偿债务而不得不大量变卖珍贵文物。丘吉尔的父亲伦道夫·丘吉尔是马尔伯罗公爵七世的小儿子。跟其他英国贵族子弟一样，他娶了温斯顿·丘吉尔的母亲——漂亮迷人的珍妮·杰罗姆，其父是股票经纪人、美国百万富翁、《纽约时报》股东之一。伦道夫在他大儿子出生时已经在政治上取得了很大的成就。

温斯顿·丘吉尔是一个由于意外而提前八周就降生于布莱尼姆宫的早产儿。当时他的父母在参加一个狩猎舞会，他母亲坐在一辆小马车上途经颠簸路段时突然生产。丘吉尔在伦敦和都柏林度过他的少年时代。按当时的习俗，他主要由一名名叫埃佛勒斯的保姆抚养长大，因此他与他的保姆结下了深厚的情意。被他称作“童话里的公主”的母亲虽然离他很远，但一直很关心他。他写道：“她就像夜空中的一颗星，为我闪闪发亮。”他的父亲在保守党中步步高升，似乎有着光明的政治前景。尽管他儿子非常崇拜他、爱他，但他离他更远，丘吉尔很少感受到父亲的关爱。丘吉尔后来评论说他一生中跟父亲之间只有过三四次亲密的谈话。七岁时丘吉尔被送到阿斯科特附近的一家非常野蛮的小学读书。在这所学校里用桦条抽打学生的现象很常见，当然在这里他经常受到这样的体罚。丘吉尔恨透了这所学校。两年后他被转往位于布莱顿的另外一家学校，这里相对要温和得多。

丘吉尔五十多岁时编写了他的自传——《我的早年生活》，并于1930出版。在自传中他描述了他的青少年时代。这本书以幽默调侃的口吻记录了一个后进生如何寻找到生命的坐标。狭义地按维多利亚时期英国公立学校的制度来看，丘吉尔几乎没有古典文学和数学方面的学习天分。他在自传中描写了自己在哈罗公学入学考试中，面对考试和传统的学习时无助绝望的心情。在拉丁文考试中他交了白卷，正如他在自传中写到的：

“我在试卷上首先写上自己的名字，再写上试题的编号“1”，经过再三考虑，又在“1”的外面加上一个括号，因而成了“(1)”。但这以后，我就什么也不会了。我干瞪眼没办法，在这种惨境中整整熬了两个小时，最后仁慈的监考老师总算收去了我的考卷。”

从书中的字里行间中可以看出丘吉尔的学识水平，但哈罗公学的校长依然接收他进哈罗公学上学。也许小丘吉尔能敲开哈罗公学的大门与其父亲是当时保守党中赫赫有名的政客之一不无关系。

在哈罗公学中，丘吉尔根本就不是一个出色的学生。他对传统的学科一窍不通，但有超强的记忆力。他曾因一字不漏地背诵麦考莱的1200行史诗《古代罗马之歌》而获得了全校的优胜奖。虽然他将拉丁语、希腊语等学得一塌糊涂，但他英语确实学得不错，还学会了如何用英语写作。丘吉尔对历史非常感兴趣，并擅长写一些历史散文（他的这种才能在他那个时代并不受人尊重，也许现在也一样）。由于一直对收集玩具士兵非常着迷，并且对他父亲没能让他继续成为一名律师感到失望，年轻的丘吉尔决定开始他的军旅生涯。然而入学考试的问题又一次不幸出现了，这次是为了考进桑德赫斯特军校。在这所军校里年轻的丘吉尔、大英帝国未来的军官将接受训练。这次没有任何人、任何背景能帮助这个英国富有的名门望族之后通过考试顺利踏入军官的行列。温斯顿不得不靠自己的努力通过考试，考试科目中包括令他头疼的数学。前两次考试失败后，他进了位于伦敦西区的一个临阵磨枪、靠死记硬背帮助学生的备考补习班。第三次丘吉尔勉强通过考试，在104名考生中他排名95。这个成绩达不到步兵专业的要求，但骑兵专业标准相对较低，于是他被录取成为一名骑兵专业的军校学生。温斯顿·丘吉尔终于在18岁时参军入伍了。

在桑德赫斯特军校，丘吉尔学着一个没有前途的专业，进入了一个全新的阶段。不再受学得很差的拉丁文或数学的限制，他开始喜欢上了战略战术、防御工事、军事管理、操练和马术等课程。他功课学得很好，很快就成为一名出类拔萃的军官奇才，同时也是一名优秀的骑手。1894年12月，丘吉尔通过毕业考试，在骑兵科130名学生中，他名列第20名。然后在1895年2月，丘吉尔到第四轻骑兵团服役。这个岗位，是靠他母亲以及马尔伯罗的家族名望谋求到的。第四轻骑兵团团长是英国军队杰出的领袖之一，同皇室家族交往甚密。唯一的问题是：一位年轻下级军官实际的薪水与人们所期望的一名精锐轻骑兵团的军官的收入完全不符。在这个团里，丘吉尔需要自己花钱购置军服，还要养两匹马以及支付其他的日常开销。因此第四轻骑兵团的每位军官都需要有额外的私人收入，的确在那个时代这种情况其他骑兵团也是普遍存在的。

1886年，伦道夫·丘吉尔从政府辞职，令他感到惊讶的是他没有被要求复职，自此他的政治生涯画上了句号。由于梅毒，更有可能是因为遭受某种脑瘤的折磨，他的心情时好时坏并且需要经常接受治疗。直到1895年他去世时，他几乎花光了所有的积蓄。他的遗产仅能让丘吉尔的母亲勉强维持自己奢侈的生活，更别提他们的两个儿子了。因此，金钱问题困扰了丘吉尔很长一段时间。他后来的行动也部分地取决于这种需要自己养活自己的生活方式。

丘吉尔热心投身于他的骑兵生活。做一名骑兵军官牵涉到一系列的技能：在马术学校中学习马术，在营房广场上学习骑兵调遣策略，在日常生活中学习怎样做一名真正的军官和一名绅士。此时处在维多利亚时代末期，英国国内正逢和平时期。将军以下军衔的军官们很少有升职的可能。兢兢业业地在军队内服役多年却感受不到战争带来的刺激，这是丘吉尔最害怕的。所以他决定充分利用骑兵团的一名下级军官所拥有的好处，其中之一是有很长的假期，将这件事付诸实施。1895 年冬天，正值军官一年一度冬季休假的时候，这两个月的假期通常军官们都是在猎狐中度过的。丘吉尔跟另外一名现役军官一起自费去了古巴，在那里西班牙的殖民军正在同起义的古巴游击队交战。凭父亲老朋友的介绍，两名年轻的军官被安排在一支西班牙军队的机动部队里，这支队伍正在前往古巴国内的丛林里搜剿游击队。他们很快发现了游击队员并与他们交上了火。年轻的丘吉尔在 21 岁时经受了第一次战斗的洗礼。他觉得这个经历是令人兴奋的，但此次任务并不算成功。西班牙军队采用传统的战法突袭古巴人，后者采用游击战术，打完后迅速消失在丛林的雾霭中。

几周后这支机动部队回到了根据地，丘吉尔和他的同伴也坐船回到了英国。一位年轻的军官自己掏钱跨越半个地球，冒着丢掉性命或者受伤的危险，只为接触一场实战，这在今天看来是不可思议的。但在维多利亚时代后期的几十年中，在大战争带给我们无数的恐惧之前，在空袭带给我们灾难之前，在决定性战争中使用核武器而带给我们的噩梦像鬼魂一样缠绕着我们之前，战争看起来依然是迷人而浪漫的。当然，丘吉尔就是这么看待战争的，他是一个雄心勃勃的人。有过战争经历的军官能够更快地升职，他们也受到同行军官的敬畏和关注，这一点也是毫无疑问的。看来丘吉尔似乎在考虑从政的问题，他需要积累一些有价值的经验来为将来的政治生涯积累资本。

丘吉尔从古巴回来后不久，第四轻骑兵团被派往印度驻防，他们将在印度南部的班加罗尔待上 9 年之久。这是英国军队中几乎每个单位都会被派上的常规任务。对于精锐骑兵团里的年轻军官们来说，在和平全盛时期在英属印度驻扎是一个非常闲逸快活的差事。他们住在宽敞的营房里，整齐的花园环绕四周，有仆役长和佣人照顾他们的生活。每天早上六点开始有几个小时的马术练习，然后在马厩里待上一个小时左右，中午最热的时候基本没什么事情可干，直到下午五点左右军官们开始打马球。每天晚上在部队的食堂里他们都会大吃大喝。丘吉尔全身心地投入到马球中，尽管肩膀脱臼过，但很快就成为一名马球高手。可他很快发觉这种安逸的军官生活对他来说太过单调，他需要别的东西来充实自己。

丘吉尔深知自己早期学业上的欠缺致使他不得不放弃接受大学教育的机会，所以他决定弥补知识上的浅薄与不足。在班加罗尔的闲暇时间，丘吉尔态度严谨地每天花好几个小时进行他的读书计划。他母亲将整箱整箱的书寄给他，他无一例外地全部读完。有人告诉他吉本的《罗马帝国衰亡史》是他父亲最喜欢的书籍之一，所以他从这本书开始阅读，然后又读了麦考莱的《英国史》，共12卷。他的安排是“每天读50页麦考莱，25页吉本”。然后他又开始阅读其他的历史和哲学典籍，从苏格拉底到马尔萨斯，从亚里士多德到达尔文和亚当·斯密。他还请母亲寄来一套《政治年鉴》，该书有几十卷，简要地记录了国会的辩论，是关于英国公众生活的官方记载。丘吉尔每天读四到五个小时书。他那以前不太习惯学习的大脑现在突然像海绵吸水一样开始汲取着知识和思想。他喜欢那些经典著作中使用的英语语言，被其相关的故事情节和所蕴含的思想所吸引。他将自己在阅读中发掘的思想都储存在自己的大脑中。这种学术性的阅读使他成为他们骑兵团里一位不同寻常的人物。但他也是一个受人欢迎、喜好运动并对马球有着强烈热情的人，这一点让他依然能融入同僚们中间去。

丘吉尔渴望能参加一次印度经常发生的边境战争，借此他可以积累更多的经验，也可能为他带来名利。但在令人困倦的班加罗尔，伴着他的只有他的书籍、他的马球和日复一日的军营生活。在1897年的春天，印度西北边境马拉坎德山口的斯瓦特山谷发生争端（如今这里依然是巴基斯坦北部一个难以控制的地区）。当时丘吉尔在英国休假，但他匆匆赶往印度，想加入一支野战部队。这支队伍准备开拔到印度西北边境，去给那里举行暴动的帕坦部族（阿富汗）人一个教训。野战部队的将军给他发电报说：“编制已满，设法安排你以战地记者的身份前去。”丘吉尔很快启程，首先赶到班加罗尔，征得允许他加入野战部队的许可之后，他坐了五天的火车到达西北边境。同时，他母亲游说各个报社的编辑，最终说服《每日电讯报》以一个专栏五英镑的报酬发表他儿子撰写的战地报道。

马拉坎德野战部队是一支典型的英属印度地区的作战部队。它包括在次大陆执行任务的正规英国军队和由印度当地的锡克教徒、旁遮普人以及其他教派的人组成的、受英国统帅领导的武装士兵所组成的队伍。随野战军出行的还有一批所谓的“政治官员”，他们的任务是与当地人进行沟通，以此来巩固大英帝国的统治。野战军的任务是找到帕坦族勇士，将他们卷入战争。9月16日，一支纵队被派往玛门河谷。有人说在那里可能会有所行动，因此丘吉尔加入了由锡克人组成的第35分队。这支队伍沿着夹在海拔四五千米的悬崖峭壁间的河谷缓慢前进。在河谷纵深处他们到了一个村庄。在他们的队伍准备集体破坏村民的庄稼以示惩戒的时候，丘吉尔环顾了一下四周，发现他们这支深入河谷的队伍只有四五个军官加八十人左右的锡克士兵，分队的其他人在他们后面的河谷下游，还没有跟上。就在那时，火光四起，枪声大作，丘吉尔可以看见烈日下帕坦部落族人手中的剑折射到陡峭的崖壁上的光芒。他们陷入了埋伏。

丘吉尔捡起一把手枪开始还击。一名英国军官命令他们向河谷下游撤退。这名军官就在离丘吉尔几米远的地方被射死。锡克族人慌乱地撤出了阵地，几乎违背了前线作战的一条首要纪律：绝不将伤者留下任敌人摆布，他们也许会被碎尸万段。当丘吉尔和几个锡克人抬着他们的伤员向下游撤退时，时不时有成群的帕坦族人来袭击他们。途中有个帕坦族人挥着剑向他冲来，丘吉尔拔出左轮手枪朝他开了枪，但没有打中。那个人仓皇逃走，躲在了一块石头后面。最终，丘吉尔和他剩下不多的队伍与在河谷下游的纵队中的其他战友汇合了，但帕坦人依然穷追不舍。就在那时，河谷里响起让人重振信心的有规律的枪声，整齐的号令——“一起开枪。预备！发射！”在山谷中回荡。又一轮步枪整齐地开火。一支正规英国部队，皇家东肯特郡团一支名叫巴符陆军的队伍及时赶到帮他们解了围。

经过后来的激战，在人数上占优势的英国和印度军队最终占领了玛门河谷。在随后的两星期，丘吉尔亲眼目睹为了惩罚帕坦部落，英军炸毁了他们的村庄，填平了他们的水井，烧毁他们的谷物，破坏他们的贮水池。这就是大英帝国的报复之举。但对丘吉尔而言，此次混编的英、印军队的远征坚定了他对帝国的信念，他坚信不列颠有责任去统治印度。这是他一生从未放弃过的信念。

丘吉尔发表在《每日电讯报》上的新闻报道因其生动并富有戏剧性的描写而大受欢迎。受此鼓舞，他写了一本关于此次战争的书，并寄回伦敦由他母亲安排出版。这本名叫《马拉坎德野战部队纪事》的书相当成功，受到很好的评价，拥有大量的读者。甚至威尔士王子都写信祝贺他：“每个人都在读这本书，我满耳皆闻赞誉之声。”丘吉尔深刻体会到他几个月的辛苦创作所得的报酬相当于骑兵团军官两年的薪水。他为受到的赞誉感到高兴，同时也开始考虑金钱问题。

一年后，国家的另一次军事行动引起了他的注意。以索尔兹伯里爵士为首的保守党政府决定派出一支军队前往苏丹，给那里的哈里发和他的伊斯兰托钵僧队伍一个教训，原因是十年前在他的前任发动的喀土穆战争中，英国驻苏丹总督戈登将军为此送了命。赫伯特·基奇纳司令集结了一支远征军沿尼罗河向苏丹进发，继而准备攻入他们的首都。丘吉尔仍然想方设法靠关系，让有影响力的人帮他加入这支远征军，因为此次远征比上次西北边境的军事行动更富有戏剧性。尽管有很多人支持丘吉尔，但基奇纳仍拒绝让丘吉尔加入他的远征军。很明显，基奇纳对这位一心只想往上爬，将他所在的骑兵团置于事件的风口浪尖的年轻军官是怀有敌意的。并且很多人不喜欢一名下级军官的观点被印刷出来，对他的上级评头论足。甚至首相办公室发来的电报也未能改变基奇纳的主意。但如果不再坚持就此放弃，那丘吉尔也就不是丘吉尔了。在最后一刻，战时事务办公室将他编入第 21 枪骑兵团随同远征军南下。丘吉尔即刻乘船前往开罗，在那里他与正准备开拔的枪骑兵团汇合。开罗南下 1400 多英里的地方就是苏丹边境。这次丘吉尔与《晨邮报》签订合同，每登一个专栏他能获得 15 英镑，他的稿酬增加了。

正如我们在简介中看到的，丘吉尔跟随基奇纳的部队沿着尼罗河左岸前进，在乌姆杜尔曼战役中表现神勇。跟在西北边境战争中一样，丘吉尔在与暴怒的部落族人反对英国统治的战争中与死神面对面，却又一次毫发无伤地死里逃生。这次短暂的交战结束后，丘吉尔在战场上再无建树。他在给他的同僚军官的信里这样写道：“这是我有生之年见过的最危急的两分钟。”乌姆杜尔曼之战使英军阵亡三百人，但托钵僧队伍有约一万人阵亡，另有一万五千人受伤。伤员被留在酷热的沙漠中慢慢等死，没有给他们提供任何的医疗救助。有些伤兵甚至在原地直接被杀掉。当英埃联军进入喀土穆后，他们因马赫迪击溃了戈登的军队而对其坟墓大肆亵渎。他的尸体被挖掘出来，斩下头颅后被带到开罗。丘吉尔对此大感震惊。

乌姆杜尔曼大捷几天后丘吉尔就返回了家乡，这次冒险宣告结束。他很快重新回到他还驻扎在班加罗尔的骑兵团里，不顾自己肩膀的伤势恶化，参加了马球竞赛他和他的团队获得了印度马球冠军。此后，想要亲眼目睹战争以及在炮火中指挥军人作战的目的已经达到，丘吉尔辞去了军职。常规的军队生活的节奏对他来说太慢了，他想要一往无前。辞职后他回到伦敦，专心致力于自己的写作和政治。摆脱了军队对军官的束缚，丘吉尔可以自由地写作。很快，他的另外一本讲述苏丹战争的军事著作问世，书名叫《尼罗河上的战争》。它分为两卷出版，长达950页。这本书跟他以前的作品一样获得了巨大的成功，并帮他巩固了声誉。在《尼罗河上的战争》一书中丘吉尔直言不讳地指责基奇纳在取得胜利之后对部下的残暴行径采取放纵的态度。他早已准备着手建立自己的军事理论，其中包括：轻视失败，交战时要果敢而面对胜利要大度。丘吉尔认为基奇纳的军队在胜利后只表现出极端的残忍是不对的。这本书让他在军队圈子里树敌无数，这点也毫不奇怪。

回到伦敦后，丘吉尔决定开始他的政治生涯，他试探性地向保守党靠拢。由于他父亲在党内早就享有声誉，因此他被选为代表工人阶级的奥尔德姆选区的候选人。1899年夏天，兰开夏郡的棉纺城面临着补缺选举。丘吉尔进行了他的第一次竞选，但以失败告终。他为这次落选感到闷闷不乐。但在他非凡的一生中总会有出其不意的事情发生，帮他摆脱困境。

1899年10月，就在《尼罗河上的战争》一书即将出版之际，英国与南非的布尔人之间的战争爆发了。日益扩张的大英帝国与布尔共和国之间的角逐由来已久。从17世纪以来居住在南非的荷兰人缓慢地向北迁徙，逐渐远离了位于好望角的旧殖民地。他们极其独立，强烈地信仰加尔文主义，与他们相邻的祖鲁人之间有持续不断的规模较小的战争冲突。19世纪90年代，由于在南非的德兰士瓦省发现大量的金矿和金刚石，这一系列小的冲突一下由小变大。既然有丰富的自然资源可供开采，可以发大财，好战的布尔人袭击了英国领地。近半个世纪以来，大不列颠第一次发觉自己卷入了一场与其他白色人种的战争当中。很明显这次袭击可能升级成为主要的国家间的冲突。

丘吉尔再一次感受到战争磁石般的引力，他与《晨邮报》沟通后达成协议以战地记者的身份前往南非作报道。这次他开出了月薪250英镑，报销一切旅差开支的条件，使得他成为南非战地记者中高薪酬的人之一。他乘坐开往开普敦的第一艘轮船，同船的有英军总司令德弗斯·布勒将军和他的部下。丘吉尔从南非发回的报道将很快让他成为一个世界级的名人。

跟英国军队曾经发生的许多战争一样，与波尔人的战役一开始进展并不顺利。波尔人具有熟练的战斗技能、良好的马术和巧妙的战术。他们有最先进的武器装备，包括带弹匣的步枪和现代化的火炮。他们包围了英军位于马弗京、莱迪史密斯及金伯利的驻地。几乎在每次正面的交战中他们都比英军强势。丘吉尔不得不接二连三地发出战败的报道。为了能得到第一手的消息，丘吉尔登上一辆由德班开往埃斯科特克的装甲列车。11 月 15 日，这辆列车冒险从埃斯科特克驶出，车上有霍尔丹将军指挥的两个步兵连，丘吉尔也应邀同行。装甲列车小心翼翼地驶入近来一直遭受波尔人袭击的地区。在返回的途中，列车被波尔突袭部队的炮弹击中，然后陷入了包围圈。列车撞在波尔人堆放在铁轨上的石头，有三节车厢脱轨了。

丘吉尔只是以战地记者的身份出行的，虽然穿着便服，但当看到他和同车的人遭遇炮弹袭击后他立刻变成了一名战士。征得霍尔丹同意后，他用了近一小时的时间试图让蒸汽发动机将脱轨的车厢拖出轨道去。这一小时里敌人的炮火攻击从未间断。他们有四人死亡，三十几人受伤。霍尔丹在他的军事报告中写道："丘吉尔以不屈不挠的坚忍精神继续着这项艰难的任务。"最终丘吉尔设法让车头通过了脱轨的车厢，然后载着伤员们安全地到达最近的一个县城。丘吉尔随车走了几百米后跳下车去往来路走，打算走到遭埋伏的地方，那里霍尔丹等大队人马还在和波尔人交火。还没走多远就有两个波尔步兵围了上来，并冲他开枪了。他沿着铁道路堑往回跑，那两个波尔步兵穷追不舍，不断向他开枪射击。他后来记录道："他们的子弹从我的身体左右呼啸而过，看起来差一点点就要击中我了。"他从铁道路堑安全跑回去，正想跑到一个河谷下去避难，但这时又有一个布尔骑兵追了过来。波尔人离他只有四十几码远，丘吉尔想掏出他的毛瑟枪。后来他谈到当时自己非常紧张，他原本可以干掉那个骑兵的。但他的手枪不在身上，他先前将它取了下来。波尔人端着步枪对着丘吉尔，丘吉尔别无选择，他举手投降了，丘吉尔做了俘虏。

所有投降的人都像赶牲口一样被集中起来带走。这是这一阶段战争中波尔人羞辱英军的一种典型做法。与一场经过周密计划的包围相比，英军装甲列车上配备的强大火力毫无价值，这些骁勇善战的波尔士兵选择了有利的地形，很快将英军制伏。

丘吉尔和其他被俘的军官被押解到比勒陀利亚的一个学校，这里被征用后改成了战俘营。丘吉尔是徒手被俘的，他所有可以证明他记者身份的证书都带在身上。尽管丘吉尔再三辩解说自己是手无寸铁的普通百姓，但波尔人认为他是条大鱼，所以不愿意释放他。丘吉尔写信给波尔人的首领要求释放他。他声称自己从未向波尔人开过枪，只是想疏散那些伤员。波尔人对他的申诉置之不理。

丘吉尔在战俘营里度过了自己25岁的生日。30年后他写道："在战俘营中的每一分钟都是我生平最痛恨的，我对那些日子的痛恨超过了痛恨我人生中的其他任何时段。"有一张他在战俘营时拍的照片，照片上他看起来垂头丧气而且非常愤怒。向波尔人要求被释放的申诉失败后，丘吉尔开始策划越狱。他、霍尔丹和另外一名懂点荷兰语的军官打算从匆忙修建起来的监狱围墙上翻出去，一路朝东走出波尔人的领地前往中立国莫桑比克，昼伏夜行。耽搁了几次之后，终于在12月12日的晚上，趁看守不注意，丘吉尔冲向围墙。他翻过篱笆摸索着进了隔壁的花园，蹲在里面的灌木丛里等着他的同伙，但没人跟着他来。哨兵监视得很紧，霍尔丹二人无法脱身。丘吉尔只身一人，身上有一点钱和一些巧克力，但没有地图。

丘吉尔有所不知，当哨兵发现丘吉尔逃走了，追捕的喊声震天。追捕的小分队四处寻找，并且张贴布告悬赏缉拿他，不论死活，抓到者一概奖赏25英镑。那天晚上丘吉尔设法爬上了一列向东行驶的火车，第二天早上他下车躲在一个小车站的附近。他暂时安全了，但他知道没有食物、没人帮他的话，他不可能步行300英里到达莫桑比克。每座桥、每个车站都安插了哨兵。他一时间没了主意。"我停了下来，坐在地上，"他后来写道，"六神无主，根本不知道该怎么办，要到哪里去。"最终他冒死敲开了附近一家居民的门去寻求帮助。幸运之神再次眷顾了他，这家的主人是一名英国籍工程师，是当地一家煤矿公司的经理。这名工程师知道丘吉尔是一名被通缉的逃犯，但他还是同意帮忙。他安排丘吉尔吃好喝好，将他藏在煤矿里并制定了一个逃跑计划。在另外三人（其中一人来自奥尔德姆，他知道丘吉尔最近参加的一次补选活动）的协助下，工程师将丘吉尔偷偷藏在往东运煤的列车上逃了出去。最后丘吉尔乘货车驶抵洛伦索·马贵斯（今马普托）。在那里满身煤灰的他走进英国领事馆，迈向了自由。

丘吉尔越狱出逃成功后让他一夜成名。他的出逃给当时处在战争低迷期的英国人带来片刻的放松与欢庆。12月23日，当丘吉尔到达德班港时受到了空前的热烈欢迎，迎接他的人群一个小时后才逐渐散去。三天后他受到布勒将军的接见，布勒将军被降为纳塔尔地区的指挥官，他由衷地对丘吉尔表示祝贺。丘吉尔成了英雄。他再一次请求参军入伍，去前线打仗。

他的这一要求可给布勒出了道难题，因为战时事务办公室有明确规定：现役军官不得撰写新闻稿，新闻记者不得参加正规军的战斗。但布勒非常乐意征收丘吉尔这样一位具有战斗精神的士兵，所以他破例征收了丘吉尔，让他在南非轻骑兵团中担任不领薪水的副官。这样，丘吉尔以双重身份一直待在南非，他既是一名骑兵团的副官，同时也是一名战地记者。

在1900年初，丘吉尔亲眼目睹了与波尔人战争中英国最惨痛的时期，包括土基拉河战役的余波。有很多天他都会时不时地听到炮火声和每天都有的步枪的声音。有一次飞来的子弹穿透了他帽子上的羽毛。还有一次他周围的八个人都被炸开的榴弹击中受了伤，而他又一次有惊无险地躲过一劫。8月的一天，他孤身一人被一群波尔突击队围住，退路被截断，还没有骑马。就在最后时刻，一队英军侦察员骑马赶来，丘吉尔跳上马背，准备跟侦察员一起策马离开，但他的马被枪射中，受重伤而死。他在给他母亲的信中写道："我认为我从未这么接近过崩溃。"

那些战争及给《晨邮报》写稿的经历帮助丘吉尔树立了自己的战争观。他被波尔人使用的突击战术深深地吸引了，他们小组出击，激战之后就消失在乡村中。这让丘吉尔终身对这种战术怀有敬意：用一小队训练有素的人马，给予敌人与他们的人数完全不相称的打击。也让他对战争及其如何作战持一种浪漫的看法。后来他也跟一些波尔将领建立了牢固的友谊，如路易·博塔和简·克里斯琴·史末资等。

从另外一方面来说，在他依然为战争带来的刺激感到兴奋的时候，在南非战争中他亲眼目睹的死亡和残暴的行为，让他深深地感到震惊。在土基拉河战役后他遇到过两具波尔人的尸体：一名六十多岁的老人因腿部受伤失血过多致死，在他旁边有一个十七岁左右的少年被射穿了心脏。在几十米远的地方有两具英国士兵的尸体，他们的头颅像"鸡蛋壳"一样被打碎。丘吉尔在《晨邮报》上撰稿说："我经常看见在战争中阵亡的人——乌姆度尔曼战役中死了成千上万人，在其他地方还有很多，有白人也有黑人。但在与波尔人的战争中看到的死亡唤起我最痛苦的情感……啊！可怕的战争！总是怪异地在辉煌中夹杂着肮脏，凄惨中融合了高尚。"

丘吉尔同时也精炼地阐述了他对英军高级军官的看法。他感觉这些军官们没有认清形势，没有有效地利用自己的队伍。他感到奇怪的是，在敌人用他们强劲的现代化步枪进行摧毁性攻击的时候，英军的将领还在命令士兵进行正面进攻。这样不可能胜利，只有牺牲。他在《晨邮报》上写道："我们必须面对现实。每一个布尔人，由于他们骑马并占据合适的地形，因而顶得上三至五个正规士兵。现代化的步枪火力太猛，因此正面攻击一定会被击退。"他同时也感觉到英军高级将领缺乏足够的同仇敌忾，很容易灰心丧气，甚至有时认为敌人比他们强这是造化弄人。四十年后，丘吉尔再一次因为英军将领缺乏攻击性而大伤脑筋。

1900 年 1 月，罗伯茨勋爵继任英军在南非战场上的指挥官，基奇纳从喀土穆被派来做他的参谋长。随着英国国内派来的援军及增援物资，波尔人逐渐开始吃败仗了。丘吉尔写道：英国现在应该对波尔人手下留情，以免招来长时间、更激烈的战争冲突。在英国国内，战争取得的胜利激起人们心中对侵略、对强权外交的热情，而丘吉尔的观点与此格格不入，所以并不受人欢迎。然而这一点在丘吉尔关于战争道德问题中是很重要的一个方面——取得胜利后要有雅量，和平时期要表现出友善。

5 月，马弗京的包围被解除，在英国国内举行了盛大的欢庆活动，同时也诞生了另一位英雄——罗伯特·巴登·鲍威尔少校，他带领城里的守备军克服万难冲出可怕的包围圈。6 月，英军收复比勒陀利亚，丘吉尔带领部队释放了剩下的战俘。在欢呼声中，他扯下波尔人的旗子，将英国国旗插在上面。在这里他又见到了六个月前与他一起遭俘虏的人。

随着比勒陀利亚的收复、马弗京的解围，战争似乎已经取得了胜利，很多人估计战争很快就要结束了。但实际上，由于波尔人在南非边境发动零星的游击战，偷袭英军，这场战争又拖了两年时间。被激怒的英军在基奇纳的领导下，肆意破坏敌人地面的战备物。农场及其建筑物遭到破坏，庄稼被烧毁，波尔人民被集中起来，扣押在被英国人称为"集中营"的地方。数万的波尔妇女及儿童死在拥挤异常、不卫生的集中营里，这也让有欧洲血统的南非人极其痛恨英国的统治，这种仇恨一代接一代一直持续着。

1900 年夏天，丘吉尔回到英国，很快就继续他的政治生涯。索尔兹伯里勋爵领导的保守党政府利用由战争引发的人们的爱国热情，号召在秋天进行一次普选，这就是所谓的"卡叽选举"。丘吉尔依然代表奥尔德姆，被当做战斗英雄，那里数十万的民众都欢迎他荣归故里。在竞选中，他所作的演讲都伴随着热烈的欢呼。当时，普选并不是只在头一天举行，第二天早上就公布选举的结果。实际上选举的过程可能持续五个星期。而奥尔德姆是当时首先公布其选举结果的选区之一，它产生了两位成员。这次丘吉尔以微弱的优势当选为第二个候选人。这次在以工人阶级为主的城镇里取得的早期的胜利为保守党的竞选做了一次很大的宣传，在接下来几周的选举中，丘吉尔成了香饽饽。在四周的时间里，在全国各地，他每晚都在政治集会上发表演讲，与当时几位主要的保守党人平起平坐。

意气风发的丘吉尔享受着个人政治上取得的成功带给他的荣誉，而后开始进行竞选巡回演讲，他讲述自己在波尔战争中的经历，让人着迷。如果温斯顿·丘吉尔活在今天，像他这样一位年仅26岁就成名的年轻人很有可能会上电视的真人秀节目。在当时举行公众演讲是名利双收的好办法。丘吉尔的足迹几乎踏遍了英国所有的大城市，一次就能吸引好几千的听众，一场晚间演讲可以赚到一百英镑甚至更多。当时保守党人和联邦主义者在英国国会下议院中占大多数席位，两党预订在12月举行会晤。但丘吉尔，这位刚刚当选的奥尔德姆地区的国会议员，却选择缺席他应参加的第一次国会会议，他选择去美国和加拿大继续他的巡回演讲。在那里他赚得更多了。经过三个月的演讲，丘吉尔获利颇丰，他积累了大约一万英镑的财富（约合今天的一百万）。他将所得的收入拿去投资，以后可以衣食无忧了。在部队里一直困扰他的经济问题解决了，他可以毫无顾虑地投入到自己新的政治生涯中去。他的军事经历带给他名望和财富。

这位年轻的国会议员慢慢地在威斯敏斯特为自己建立了新的名誉。他政治上的平步青云不是我们这本书要讨论的问题。在保守党内部，丘吉尔一直觉得不是很顺心。尤其作为一个彻底的自由贸易主义者，他完全不赞同保守党的关税保护政策。1903年10月，他给朋友写了封信。这封信没有寄出去，但在信中丘吉尔声明："我是一个信仰自由主义的英国人。我讨厌保守党，厌恶他们的成员，他们的言论和做事方法都令我反感。"1904年5月，他在下议院中走了一步非常不寻常的棋：他离开了保守党，转而支持并加入了自由党。很多保守党人永远都无法谅解他的这种背叛行为。当时保守党渐渐大势已去，很多人认为丘吉尔的这种行为纯属投机，想要在未来的自由党执政的政府里谋个一官半职。

确实，两年后亨利·坎贝尔·班纳曼领导的自由党在普选中胜出。丘吉尔当选为曼彻斯特西北部的国会议员。由于他的声望和名誉地位，丘吉尔明显是部级的候选人，顺理成章地成为殖民部副国务卿。此后两年他全身心地投入到一名政务次官的新角色中去，他监管德兰士瓦省和奥伦治自由邦自治政府的成立，将波尔人并入英国，解决了南非争端。有一次他给殖民部写了一封长长的信，在信中他罗列了他在世界其他地方的计划。这封信促使一位名叫弗朗西斯·霍普伍德的殖民部的一位高级文职人员写道："他是最令人讨厌的人，恐怕在任何岗位上，他都会像他父亲那样四处惹祸。他旺盛的精力，无法控制的欲望都让他臭名昭著；他缺乏道德观，的确很让人担心。"因此丘吉尔已经显现出精力与推动力，这些力量具有他战时领导方式的典型特征。但在当局很多人眼里，他依然是一个拙劣的闯祸精，因此经常被拒之门外。

1908年，发生了两件事，彻底改变了他的生活。这年3月，在一次餐会上丘吉尔认识了克莱门蒂娜·霍齐尔。她比丘吉尔小十岁，艳光四射。丘吉尔尤其喜欢她那双迷人的充满神秘色彩的眼睛。他问她是否读过他最近写的他父亲的传记。她说没有。不管这些，丘吉尔深深迷恋上了克莱门蒂娜，他们互通书信，随后的几个月里他们经常见面。这不是丘吉尔第一次迷恋一个人，曾经有过一些社交场合认识的女性吸引过丘吉尔的注意。但这是他生平第一次承认自己不是一个伟大的传奇小说作家，他发现跟一位年轻的小姐讲话很难。但克莱门蒂娜却不一样，她是一个认真而美丽的人，而且在那个时代，她那个阶层的姑娘，很少有人像她那样具有良好的学术资质。她喜欢丘吉尔的风格，他的智慧，当然还有他的雄心。8月，在布莱尼姆宫，当丘吉尔向她求婚时，她答应了。丘吉尔非常高兴，9月份他们就结婚了。

丘吉尔一生中都深爱着他的"克莱门"，至死不渝。她给予他支持，给他一个温暖的家，并给他提出他非常需要的很多明智的建议。他们俩一起建立的家庭生活对丘吉尔来说是一种全新的感受，他经历了孤独的孩提时代，从考进桑德赫斯特军校以后，不论是在部队还是在下议院里，他得到的都是男性世界中一种同志般的友情。克莱门是一位理想的政治家的妻子。尽管丘吉尔经常出差，他们聚少离多，但他们俩几乎每天都会给对方写情意绵绵的信，丘吉尔发现克莱门是他在情感生活和政治生涯中关键性的支持者，她经常都能与他达成共识。

当丘吉尔还在追求克莱门时，赫伯特·阿斯奎斯接替坎贝尔·班纳曼出任首相。在随后的改组中，丘吉尔被任命为英国商务部大臣，年仅33岁的他成为内阁成员。他的仕途一帆风顺，跟他一起平步青云的还有另外一位富有激情、有远见卓识的政客，时任财政部大臣的大卫·劳合·乔治。阿斯奎斯的政府可能是20世纪最伟大的社会改革行政部门，它的改革为英国成为一个福利国家奠定了基础。丘吉尔很快就起草立法方案来规定最低工资制度，让工人可以有时间出去吃饭，放松一下（在他的改革中，大受欢迎的英国吃茶点的休息时间成了一条法律规定)。提议在全国成立两百多个职业介绍所，帮助失业者找工作。一直热心于著书的丘吉尔，在他的下一本叫《人民的权利》一书中记录了他的演讲，并大概阐述了他关于改革的观点。

1910年2月，丘吉尔又一次升职，这次被提升到内政大臣的位置。如今在推进自由党关于改善工人阶级状况的计划中，他成为中流砥柱。他同时也致力于监狱的改革，将在押的青年犯人的数量大大减少。但爱德华时代英国的紧张局势远比表面上严重，如久拖未决的爱尔兰自治问题等。丘吉尔并不十分支持自治运动，虽然这是自由党的官方政策。对于妇女是否应该有选举权的问题，英国社会同样也存在分歧（男性的选举权也没有普及)。妇女参政运动最终以分裂告终，其中有一组人诉诸武力抗议来争取发言权。“妇女应有选举权”的呼声响彻威斯敏斯特。丘吉尔不赞成。克莱门蒂娜虽然赞成，但不赞同好斗分子采用的暴力策略。作为内政大臣，丘吉尔批准对在监狱中绝食抗议的妇女参政权论者进行强迫进食。

与此同时，随着工人阶级跃跃欲试地想要参政议政，由此而引发一系列具有破坏性的劳动争端也让英国大受打击。丘吉尔在任的时间内，在南威尔士发生了一系列矿工罢工事件，导致了当地的暴动与骚乱。汤尼潘帝镇上的商店被抢劫，当地一家煤矿被袭击。原则上，丘吉尔反对动用军队来解决国内争端，他在下议院宣称：“这必须成为一项政策，为了避免在劳工争端中发生军队与人民的冲突。”但他派了一个骑兵中队前往河谷待命。这支军队从未被动用，但丘吉尔还是遭到了各方面的谴责。保守党人指责他对待暴民太温和。劳工党虽然在当时只是一个跟威斯敏斯特地区的某个党派差不多大的小党派，却对丘吉尔在一次劳工争端中调派军队表示愤怒。在接下来的好几年时间里，左翼发出“记住汤尼潘帝”的呼声来反对丘吉尔。

这些都是严重的问题，但阿斯奎斯政府还要面对它最严峻的危机，就是在上议院驳回劳合·乔治提出的改革预算，或称“人民预算”以后。在这个预算提议中，他就英国最尖锐的国家第一大社会福利即失业保险提出建议。为了支付这些费用，劳合·乔治计划对富有的地主增加税收，包括对年收入超过五千英镑的人征收每英镑六便士的附加税，并增加遗产税和财产税。保守党人坚决反对这种财富再分配的做法，用他们上议院中占多数席位的优势来拒绝这个预算。阿斯奎斯被激怒了，他气愤的是上议院竟然反对下议院提出的一项财政法案，而议院是由民主选举产生的，这样，一次重大的宪法危机被显露出来。

1910年相继进行了两次普选，上议院最终作出让步，通过了这个预算。但阿斯奎斯并没有结束，他想要永久地限制上议院的权利。他说服国王乔治五世：如果上议院不通过另一项立法，即所谓的国会法案，则国王原则上同意增加250名自由党籍贵族席位。同年8月，为避免受制于新的贵族议员，上议院以微弱的多数通过了这项法案。宪法危机宣告结束。"人民预算"胜利通过了。丘吉尔，这一提议的坚定支持者，在保守党人的眼里不仅仅是一个阶级叛徒，他们比以前更加仇视丘吉尔了。

1911年夏天，一场与此完全不同的危机爆发了，当时德国在反对苏丹的叛乱中派出一艘炮艇前往摩洛哥的阿加迪尔。法国人把摩洛哥纳入自己在北非的势力范围内，他们被德国人攻击性的行为震惊了。而英国则将德国的"炮舰外交"行为理解为德国意欲将阿加迪尔变成自己的港口，这明显威胁到了直布罗陀的英国基地，这同样也象征着德国想要与英国皇家海军抗衡的野心。这次危机很快被消除了，但英国首相认为需要有一个更加果决的人来管理海军部。1911年10月，阿斯奎斯邀请丘吉尔在苏格兰与他会面。打完一轮高尔夫球后，首相直截了当地问他的内政大臣丘吉尔是否愿意担任海军部第一大臣。丘吉尔后来写道："夏天那次危机后，"我的脑海里全是战争带来的危险，我欣然答应了。"那时再过几天就是他37岁的生日了。他的新角色使后来丘吉尔的生涯和他的军事思想逐渐成型。

1911年10月起，丘吉尔开始掌管的皇家海军是一支庞大的队伍，是海上的霸主。但是跟大战前英国的许多其他方面一样，由于一系列的弱点和裂缝，它至高无上的权威受到严重的挑战，这些弱点有的很明显地摆在当时的观察者眼前，有的则不太明显。当一直身为英国友邦的德国（凯撒大帝是爱德华七世的侄子）开始扩张舰队的时候，英德之间的海军军备竞赛就开始了。近一个世纪，英国的政策是拥有一支小规模的专业的军队，而建立一支庞大的海军用以保护与世界其他各国的工业和贸易往来。原计划皇家海军跟今后两支最强大的联合海军一样大。所以，德国开始建立他的舰队的这一举动被看做是对英国很大的侮辱，一种试图削弱英国在国际事务中权力的行为。这次对抗产生了全新一代的名叫无畏舰的大型装甲战船，这种战船速度快，靠涡轮驱动。这种新式超级战舰的产生使得旧的战舰被淘汰。所以当德国着手建造无畏舰时，英国政府为了维护其霸主地位，以高昂的代价也开始建造同样的战舰。而丘吉尔自己为了保住他实施社会改革所需的经费，在内阁中反对这项花费。

又一次，丘吉尔置身于一次新的挑战。虽然他曾在军队服役，也写了大量关于军事战役的书，但对海军的了解相对较少。但他很热切地学习着，通过与他的首席海军参谋——海军大臣们长时间的讨论，他还经常去视察海军基地，与基层士兵会面。丘吉尔开始对纷繁复杂的海军炮术有所了解，他还了解了各种不同舰艇的相对优势，掌握了皇家海军复杂机构的关键要素。这时海军部为第一大臣配了一艘快艇，这艘名为“魔女号”的快艇长达 329 英尺，有 196 名船员。在此后的两年半中，丘吉尔在这艘快艇上度过了两百个夜晚，亲自参与评审，主要是为了了解海军事务。换句话说他几乎每隔四天就到军舰上去过夜。

丘吉尔的任务之一是通过成立海军作战参谋部来推进一次重要的海军改革。在他被任命后的四天内他就给内阁准备了一份关于这个议题的报告。海军作战参谋部是将由一组军官组成的核心队伍，主要任务是在船的两头观察对英国海上力量潜在的威胁，然后想办法对付这些威胁。它的成立是基于五年前战时事务办公室对军队作出的改革。由德国海军逐渐扩张造成的威胁使得这项改革势在必行，但改革就牵涉到一定层次的战略思考，这点皇家海军还不习惯。对海军来说，只有在海上服过役之后才有晋升的可能，海军部认为在各种船上服役的经历才是最宝贵的。第一任海军大臣阿瑟·威尔森，最资深的海军军官，对这次史无前例的海军改革表示坚决反对。他害怕新产生的军官队伍有可能身居高位，但没有尽心尽力地服海军兵役。丘吉尔很快撤掉了威尔森，作战参谋部就此产生。然后丘吉尔想在这个对海军的威胁和机遇进行战略分析的组织里充当中心人物，这是他的典型风格。

在那个时代，社会改革家是很新鲜的人物。丘吉尔还想改善所有普通船员的条件。他提高了所有在船上工作的船员的工资，改进了便利设施。他制定的“匹配方案”使得等级评定可以提升到军官军衔。丘吉尔直接跟不够级别的下级军官写信或者面对面进行交流，人们认为一个第一大臣的这种直接处理的做法是欠妥的。海军大臣们极力反对，但丘吉尔用这种方式了解了下层军官的想法以及他们所关心的事情，这些都是他自己工作事项的一部分。

他很快忘记了先前自己反对海军增加开支的研究。由于对德国舰队的扩张感到恐惧，他加快了制造大无畏舰的计划。1912 年早期，他得知了德国新的海军建设计划。这个计划建议大大增加战舰的数量，从最大的新式战船到小型的船只都要增加，海军士兵的数量也要激增。丘吉尔算计，按照这个增长速度德国海军总有一天会有 25 艘战舰驻扎在北海，而英国皇家海军则只有可能放 22

艘战舰到海上。这将会导致力量的严重失衡。绝对不能允许发生这样的事情！丘吉尔将他的精力投入到劝说他的内阁同事们以及全国人民意识到必须建造新式无畏舰的紧迫性。就如他后来所写的那样："保守党想建6艘，自由党想建4艘，我们最后折中到8艘。"

丘吉尔发现许多他的高级海军参谋特别自负，行事缓慢，很明显缺乏分析能力。一位伟大的舰长需要具有这样的素质：因好斗而傲慢，有冒险的信心，在对情况作出评判时具有高度的个人主义色彩，具有较强的领导能力。但这些并不足以塑造出一个好的司令。丘吉尔后来这样描写高级海军将领："他们太过自信，漫不经心而无动于衷。"并且，几乎没有一个高级海军军人有能力坐下来跟像丘吉尔这样老练的辩论家讨论一个案例。他们不能将一个案件掰扯开来，然后再将其合拢。他们经常在丘吉尔一贯的雄辩的抨击下败下阵来，因此常被丘吉尔认为是很不擅长辩论的人。公平地说，在海军圈子里这些并不被看做是令人钦佩的素质。

有一个人特别讨丘吉尔的喜欢，他就是在1904至1910年担任第一海军大臣的约翰·费舍尔爵士，一位颇具争议性的人物。他热情洋溢，精力充沛，不断地寻求进步，比如发现更快的船啦，更具杀伤力的武器啦，以及更好的做事方式等等。在费舍尔的监管下无畏舰诞生了。甚至在非同寻常的高级海军圈子里，他都是一个真正的怪人，但丘吉尔立刻就喜欢上了他。两个人在很多方面都有共性。他们俩都有发现新奇事物的冲动。彼此都将对方看做自己热切追求的信仰的坚决支持者。费舍尔很快就鼓励丘吉尔进行他的改革，两个人建立了亲密的友谊。无可避免地，他们也会争吵，但这更加固了他们的友谊。丘吉尔急切地想要别人都站在他这边，正因如此他失去了周围大部分海军将领的支持。

丘吉尔敬仰的另外一个人是巴藤贝格的路易斯亲王，他是国王的表弟。皇室家族跟高级海军有着紧密的联系。最近加冕的乔治五世国王曾在海军部服役，他的两个儿子：将来的爱德华八世和乔治六世曾在皇家海军军事学院接受教育。丘吉尔就海军事务，尤其是新船只的命名问题，跟国王保持着经常的通信往来。比如国王否决了将一艘战舰命名为"克伦威尔号"，而丘吉尔叫做"铁公爵"的建议被采纳了。1912年11月丘吉尔任命路易斯亲王为第一海务大臣。他在丘吉尔面前和海军中表现很出色。

在第一次世界大战前的几年里丘吉尔开始了很多项改革。首先，他对皇家海军航空勤务的发展给予很大的鼓励。仅仅在几年前，也就是1903年莱特兄弟引入了动力飞机。直到1908年才在英国进行了第一次飞行，比丘吉尔去海军部任职只早了三年。但丘吉尔对这项新举措很着迷，虽然现在宣称他当时已经掌握了飞机所有的军事潜力是不现实的，但他的确鼓励海军进行飞行训练，还建造了一系列的机场。当时空军军事力量仅仅被当做侦察的一种形式，是海军用来发现海上敌人的“眼睛”的一种补充。丘吉尔对飞机非常着迷，他让伊斯特彻奇基地一些年轻的海军飞行员教他开飞机。那些先驱飞行员们一定对第一海军大臣的热情感到惊讶，因为驾驶飞机非常危险，每五千次的飞行中就有一次可能导致死亡。但在1913年当中，不顾朋友、家庭及妻子克莱门蒂娜的反对，丘吉尔一直坚持着他的飞行课程。这年12月，在他的一名飞行教官在一次事故中丧生后，丘吉尔的亲密朋友、政客F·E·史密斯写信给他：“你为什么要一再地做飞行这件事呢？这肯定对你的家庭、事业和你的朋友不公平。”但丘吉尔固执地又坚持了六个月的飞行课程。后来一架他曾开过的飞机坠入大海，仅仅在几天前还在教丘吉尔学习飞行的一名飞行员在此次事故中丧生。克莱门再次恳求丘吉尔放弃这项致命的运动，当时她有五个月的身孕，这是他们的第三个孩子。这次丘吉尔同意了，极不情愿地放弃了他的飞行课程，尽管他快要拿到他的飞行执照了。

然而丘吉尔对海军飞行的投入更大了。他制定计划招收一些平民飞行员加入海军。他将一种可以在水面上降落的飞机命名为“海上飞机”，并预定了一百架。他计划并预算修建五个新的飞机场以及购买新的飞行设施。他对一次乘坐飞艇飞过查塔姆海军工厂的飞行印象深刻。丘吉尔对新事物不枯竭的迷恋吸引他去飞行，促使他完成这些措施来应对向来保守的英国海军部。

丘吉尔引入海军部的另外一项重要的改革是引进另外一批新级别的战船——伊莉莎白女王号。她具有25节的速度，比以往任何的船只都快。船上装配有巨大的口径达15英寸的炮，这是海军中最大的。他们是用油做燃料，相比烧煤的船这算是迈出了革命性的一步。为了响应这些战船，丘吉尔开始将海军中所有的船只都改为用油做燃料的船，这项巨大的改造工程需要几十年才能完成，而且还需要在世界各地建立油库。煤炭是英国工业革命的中心，接下来几年的供应量是有保障的。但油作燃料更加有效而且更轻。作为改造的一部分，丘吉尔认识到必须保证未来有充足的石油供应量。因此，1914年6月，作为他最有远见卓识的举措之一，他说服政府和下议院购买英属波斯石油公司51%的股份（后来的英国石油）。从政府的长远利益考虑，这标志着几项重大的转变。首先，这可以保障皇家海军可预见的未来有充足的石油供给，可以让从煤炭到柴油燃料的转变过程更加顺畅。其二，这标志着政府从自由放任政策到产生一个半国有化公司的一个突破，这些公司致力于主要原材料的供给。几十年来，英国国会的利益一直跟英国政府的利益保持一致，这与私有的美国的石油巨头形成鲜明的对比。其三，英属波斯石油公司的股份让英国开始关注波斯（今伊朗）和中东地区，这是以前国家政策策略上一直没有予以重视的地方。这将对以后半个世纪产生重大的影响。这是一个战前政府采取的最激进的举措之一，这也是丘吉尔成就的一种标志，其虽然极具革命性，但依然在下议院中以 254 对 18 的绝对多的票数通过。

就在下议院投票通过购买英属波斯石油公司股票的十一天后，萨拉热窝响起了枪声。这引起了一系列的事件，势不可挡地将欧洲卷入战争。当时奥匈帝国的弗朗茨·斐迪南大公被一名塞尔维亚枪手刺杀身亡，但极少有人意识到这件事情的重要性。摆在英国政府面前的事件是非常严峻的。爱尔兰地方自治行动者威胁要激起爱尔兰内战。北方的联邦主义者在爱德华·卡尔森的领导下举行集会。民族主义者也蠢蠢欲动，大批的武装分子在贝尔法斯特和都柏林公然行进。妇女参政权论者在伦敦街头制造了更多的暴力事件。劳动纷争在全国造成了很大的麻烦。而内阁依然在为海军所需的庞大的军费开支争论不休。当 1914 至 1915 年海军预算评估被通过以后，劳合·乔治给丘吉尔递了个条子："要是有另外一个财政大臣，你们海军的预算可能被削减几百万元。"丘吉尔潦草地写了封回信："那同样也会有另一名第一海军大臣！有谁可以说将不会有另外一个政府？"

然而到 1914 年 7 月底，这些事情突然被极有可能发生的欧洲国家间的战争所掩盖。7 月 24 日，一个非常炎热、闷得让人透不过气的下午，内阁花了好几个小时去开会讨论乌尔斯特的僵局问题。后来外交部长爱德华格雷收到别人递给他的一个条子，他立刻将条子的内容念给他的同事们。这是奥匈帝国给塞尔维亚下的最后通牒，其措辞非常清楚，没有任何一个有自尊的国家能够接受。突然战争好像要一触即发。但人们花了一段时间才充分理解了通牒中涉及的暴行。后来丘吉尔描述了乌尔斯特的边境冲突是如何"慢慢隐没在爱尔兰的迷雾与动荡之中，一种奇特的光亮，立即开始以感觉得到的速度慢慢变化，落在欧洲地图上并不断扩大"。他直接回到海军部，立刻写了 17 条工作要点，如果发生战争这些要点必须一一照办。在此后的十天里这张纸上列的要点成了海军军官们的工作一览表。

当巴尔干半岛的局势到了紧急关头的时候，通过结盟将欧洲国家联系到一起的联系网将欧洲大陆分裂成了两大阵营。如果奥地利对塞尔维亚宣战，沙俄将帮助塞尔维亚，而德国将支持奥地利。如果德国与沙俄开战，法国将去帮助沙俄。了解了这些，德国军队制定了一个名叫“冯施利芬计划”的策略。这个计划打算先攻打法国，然后迅速将它踢出战争，之后去对付沙俄，这个过程可能时间会长一点。但实施“冯施利芬计划”必须经过比利时地界，这可能引起与英国的冲突，因为英国承诺一旦比利时受到侵略，它将会施以援手。结果仅仅几天时间，这个欧洲大陆慌里慌张地进入了战争状态。

丘吉尔已经胸有成竹了。英国皇家海军的本土舰队被集合起来进行年度试验性动员。第一海军大臣建议舰队不要解散。然后他命令第一舰队从南部海岸线的波特兰向北海进发进入战斗状态。这就相当于舰队处于反俄的战斗位置。武装警卫被布置在海军供给仓库和油罐周围站岗。

此时克莱门跟孩子们正在北诺福克海滨度假。丘吉尔在 7 月 28 日写给她的信中难掩喜悦之情：“一切都在走向灾难和摧毁。我对此非常感兴趣，已做好了充分的准备，并且非常兴奋。这些准备对我有一种奇异的吸引力……我们的整个海军都进入了准备战斗的状态。万事俱备。我们时刻都保持着十二分的清醒。但战争是不可预知的，也是出人意料的。但如果战争真的来了，我将会狠狠地打击他们，对这点我很有把握。”

第二天傍晚，德国向沙俄宣战。自此横跨欧洲的铁路线开始运送成百万的人和几万吨的军备物资，以备战时之需。丘吉尔将舰队完全调动起来。德国按原计划准备向法国发起进攻，请求给予通过比利时的权利。英国发出最后通牒。8 月 4 日，当德国无视最后通牒而进入比利时后，英国向德国宣战。午夜时分，丘吉尔向所有的战列舰发出命令：“进入对德国的敌对状态。”他飞速赶到唐宁街 10 号，在那里早就跟阿斯奎斯首相在一起的劳合·乔治回忆起丘吉尔进来时的样子：“温斯顿一个箭步冲进房间，精神抖擞，他的脸发亮，态度热情，一字一句地道出他打算如何发电报给地中海、北海，天知道还有哪儿。你可以看出他确实是一个快乐的人。”

丘吉尔快四十岁了。他在重大的欧洲战争中指挥过英国庞大的海军。他深深挚爱着这段时间的每一分钟。

第二章 准备：战争与失意

当战争于1914年8月打响的时候，丘吉尔将这次战争看做是一次证明自己的机会，他想证明自己是一个伟大的战争领导者。但是他具有可以被称作过山车似的战争经历。他在海军部的地位一开始就很高。到1918年时，他作为主要组织者之一，因在西线作战取得的胜利而受到人们的尊敬。但在这期间，他经受了可能是他生命中最大的耻辱，他与一次失败的战争紧紧地联系在一起，这次失败困扰了他很多年。有一段时间他对战争感到深深地失望，以至于他认为自己永远不会再得人心。

战争之初，阿斯奎斯任命基奇纳爵士担任陆军大臣。我们在前面看到过，丘吉尔以前曾经对1898年基奇纳指挥的苏丹战争有过批判，但现在两个人，作为国家两个军事部门的领导，在一起合作得很亲密，工作也很有效率。这个时候还没有组建战时内阁，战时政府还是和平时期的政府的延续，没有发生大的变化。很多人相信战争是短期的行为，认为一切将会在“圣诞节前结束”。基奇纳和丘吉尔都不认同这种观点。基奇纳要求征收100万男性入伍，全国各地都能见到用他的脸做成的海报。数十万的爱国志愿者冲向前线去尽他们的一份力量。

战争初期的几个月里，皇家海军的表现并没有让人们满意，尤其不像丘吉尔期望的那么好。9月22日，英国的3艘老式装甲巡洋舰在多格海岸巡逻时被德国潜艇击沉了，有约1500人丧生。在较远的智利的太平洋海岸线上，德国一艘由卡恩特·冯·施佩指挥的海军战斗中队又击沉了两艘英国巡洋舰，同样也是牺牲惨重。不久以后，德国水面舰艇、潜水艇、U型潜艇等开始将大量的商船击沉。这是对英国赖以生存的海上贸易的一种挑衅。这时人们发现英国皇家海军需要装备。地雷有时不会爆炸，而水雷在水里沉得太深，毫无杀伤力地从目标船只底下漂过。

但丘吉尔很快又投入了另外一场战争。德军被打得退回到马林河沿岸，这里离巴黎只有几英里远。“冯施利芬计划”以及在攻打俄国前将法国打出战争的策略以失败告终，因此德国军队在西部找到一条防御线。当英德双方开挖、建立战壕防御系统的时候，一场所谓的“海上竞赛”开始了。丘吉尔想阻止德国占领比利时的航道港口，他视察了敦刻尔克和安特卫普，鼓励那里的驻军要坚持住。英军战线拉得太长，没有多余的士兵去阻止德国，因此丘吉尔动用了归海军部指挥的海军军队和陆战队。古怪的是，作为海军部第一大臣，本应该在伦敦处理海军事务的丘吉尔，在安特卫普待了好几天，试图重建那里的城市防御。他对安特卫普的防御十分着迷，并于 10 月 5 日给首相写了一封他生命中有史以来最奇怪的信。他请求辞去海军部及在政府的职务，到安特卫普做一名部队将军，监管那里的城市防御。幸运的是阿斯奎斯拒绝了他的辞呈，但丘吉尔又在安特卫普待了四天。在他离开的当天这个城市就投降了。

这个事件是有启示作用的。也许丘吉尔对战争的现实兴奋过了头，也可能他对军事指挥的向往打败了他，又或许他的确认为自己可以与众不同，在这个节骨眼上改变战争的进程。他的做法的确表现得缺乏判断力，这令人非常奇怪。他在相对较小的年纪就表现出对战争狂热的喜爱。保守党内反对派的领导抓住这次事件不放，他们认为这几乎是一场闹剧。博纳·劳认为通过这件事表明丘吉尔已经变得有点精神错乱了。他的妻子克莱门蒂娜有好几年也认为在安特卫普时她的丈夫失去了对事情轻重缓急的判断力。

回到海军部后，丘吉尔选择任命一位新的第一海务大臣来替代巴藤贝克，他因自己是日耳曼民族的出身问题遭到反对而面临辞职。（当然这些出身问题是皇室家族共有的，后来在战争时他们很巧妙地将自己的姓氏改为“温莎”，一个听起来很英国化的名字。巴藤贝克将自己的姓改为“蒙巴顿”，他儿子三十年后成为丘吉尔手下一名出色的海军元帅。）丘吉尔想要一个骨子里有种冲劲儿的人，因此他决定重新启用已经 74 岁高龄的费舍尔爵士。这不是一个英明的决定。后来证明费舍尔是一个令人难以琢磨的人，脾气暴躁，跟其他很多像他这个年龄的地位较高的人一样，如果自己不能为所欲为，他便会特别不耐烦，思想极其古怪。丘吉尔依然崇拜这位前辈级的海军大臣，但他们之间的分歧逐渐升级，费舍尔将会对丘吉尔接下来的历程产生重大的影响。

另一个对丘吉尔产生深远影响的是海军部密码破译的发展。战前，海军情报部门将主要的注意力放在对敌报的截取上。但在1914年前的几年间无线电报迅速传播，德国海军部可以以密码的形式用无线电跟海上的船只联络。每天他们都用这种方式发送日常要求和命令。战争早期俄国军队幸运的缴获了德军海军的一本密码簿并将它交给英国。奥利地又缴获了另外一本德国用以与其商船联络的密码簿。1914年11月在一艘沉没的德国驱逐舰上找到第三本密码簿后，英国海军部就有了译解情报所需的东西，可以用来破解德国海上船只与国内海军指挥部互相往来的信息。早在波尔战争的经历中丘吉尔就知道了破译敌军密码的价值，因此在1914年前就与世界各地的特务和间谍组织建立了联系。所以密码破译的发展让他感到欣喜万分。一个新的单位成立了，即人们所知的40号房间，简单地以它在海军部所处的房间号码命名。

丘吉尔深深地迷上了如何去掌握高级情报，这些情报被截获后由40号房间的密码破译人员译出来。德军发出的大部分信息本身没有任何意义，但由情报专家正确地分析后将其放在特定的情境中他们便能够提供至关重要的信息。丘吉尔不喜欢这些翻译过来的情报，他很喜欢阅读情报发来时“原始的、未经加工的”抄写本。他允许在海军部外面分布数量非常少的情报人员。甚至连内阁也很少能得到破译的情报。这点弥补了战争前六个月里的混乱与一系列的失误。1914年12月，当德军命令一艘军舰经北海去炮轰不列颠大陆的电报被截获后，丘吉尔和他的海军部首席参谋们决定派一个海军中队在德军战船返回的路上进行拦截。德军对英国的斯卡伯勒、哈特尔普尔和惠特比进行了轰炸，死伤五百多平民，但英皇家海军中队由于大雾错过了德军。新闻舆论对此感到愤怒，要求知道为何世界上最强大的海军会让不列颠从海上遭到炮轰。斯卡伯勒的验尸官发出“海军在哪儿”的疑问。由破译了一份非常有用的情报带来的强烈的成就感被指责湮没了，最终成了丘吉尔人生中的一个低谷，他因使整个国家蒙羞而受到人们的指责。

1915年1月，英军破译了更多关于德军在北海的海军行动密码。这次皇家海军在多格海岸等待着德军战船。这是两支配有大型无畏舰的海军在海上的第一次正面交锋。丘吉尔描述了他用挂在海军部墙上的图来追踪着这次行动时的兴奋之情：

“几乎没有纯粹的智力训练能比在安静的海军作战室里追踪伟大的海军的行

动能带给人更多的兴奋了，几乎是一分钟接一分钟地，每隔几分钟就有电报传来，然后这些电报被接收并破译，在这些之外一幅图画不断地闪烁变化着进而在脑海中升起，在希望或者恐惧的每一次闪念中，想象在这幅图的周围扑闪着。”

德军的战舰“布鲁彻”号沉没了，英军没有重大伤亡，随着德军公海舰队的撤退，英国宣称取得了辉煌的胜利。事实上，英国皇家海军能够对德军造成更大的破坏，但是指挥官担心附近有德军潜艇，因此没有发起强有力的攻击。英国海军部事先并没有将截获的情报通报给这位指挥官，情报说当时最近的德军潜艇在40海里外，并且已经撤出战斗。

对丘吉尔来说，知识就是力量，只有他与周围另外几名高级军官知道在任何特定的时间里德国人在互相说什么，这让他非常享受。在他离开海军部后，40号房间成长起来，其工作得以改进。同样他们也学会了如何让获得的情报能够得到最合理的分配。但总体来看，英国海军情报部打了一次胜仗，丘吉尔对自己在情报工作方面的先驱作用感到自豪。20世纪20年代时他写道：“我们的情报服务取得了胜利，享誉全球。我们比其他力量都成功地看透了敌人的意图。”丘吉尔保持着对密码破译的兴趣，他也使用人们所知道的信号情报（SIGINT）。这将在下次战争中发挥更重要的作用。

截至1915年，在丘吉尔看来，陆地战争进入了消耗战，而海上战争则进入了僵持阶段。几百万的军队在一条由瑞士到英吉利海峡（现称作西线）的战线上彼此观望。机关枪、庞大的防御工事以及大量的带倒钩刺的防御网阻止了军队前进的步伐。在海上，英国皇家海军成功地将敌军封锁在其加固了的海港里，使其不敢冒险出来。丘吉尔认为水雷和地雷可以用来在船上炸开带倒钩刺的防御网，而机关枪可以用来扫射地面上试图前进的敌军士兵。他那旋风般飞速运转的脑袋想出很多的主意和创意来对付这些问题。他们将会对将来面临的战争产生深远的影响。

丘吉尔特别担心德国U型潜艇的威胁。那时德军潜水艇只在对付最大的船只时使用水雷，而遇到小型商船时，他们会浮出水面，然后用船载消防炮来迫使那些商船投降。丘吉尔鼓励使用伪装的舰船或者“伪装猎潜舰”，看起来像货轮，船上飘动着红色的商船旗。但当一艘U型潜艇浮出水面时，伪装猎潜舰的船员、作了伪装的皇家海军战士突然打开各种各样的陷门和百叶门来暴露他们的枪支，以吸引U型潜艇。虽然他们成功击沉了很多U型潜艇，但伪装猎潜舰成了很多小男孩为了说明自己的勇敢而撒谎的主题。

当丘吉尔还在海军部时，他同样开始发展“陆地训练船”，即巨大的装有卡特皮勒履带的装甲车，可以在炮火中突破带倒钩刺的防御网。他给战时事务办公室建议陆军应该发展装甲牵引车，可以在堑壕战中突破封锁。他的意见因“不大可能取得成功”而被拒绝。因此在1915年2月，丘吉尔动用了海军部的资金开始打造这些奇怪的车辆。他们是在绝密的情况下进行制造的，被伪装成“为俄国制造的水上坦克”，很快被缩写成“坦克”。后来陆军接管了这个项目，最终还是有点不情愿地在1916年9月进行的索姆河战役中使用了装甲坦克，开创了战争的一个新时代。后来很多人声称早已发明了坦克，但皇家委员会赞扬丘吉尔具有接纳能力，有勇气和驱动力将一种想法转化成一种有效的战争装备。在丘吉尔方面，他认为这种想法可以支持一台打胜仗的机器，他永远也不会忘记陆军对他这种想法的阻挠。

他同样也对齐柏林硬式飞艇很关注，这是一种大型的飞船，德军就是用这种飞船向英国本土投掷的炸弹。丘吉尔想找到一种可以打击齐柏林硬式飞艇的办法，因此他批准对德国的齐柏林硬式飞艇基地进行轰炸突袭。皇家海军空勤部队用简陋的飞机对飞艇棚首先试探性地进行了轰炸。由此，通过使用他鼓动的海上伪装艺术、陆地上坦克的发展和一种非常原始的空中轰炸形式的开始，丘吉尔自身对极端的新式战争观表现出极度支持的态度，尤其是对他认为可以突破西线僵局的任何想法都表示支持。他后来写道：具有新思想的不管是陆军、海军、空军，还是平民和发明家都是卓然独立的一派，在传统的观点派别之外，长期费力不讨好地为了转变权利，为了采取行动而斗争，为了他们而保留着。丘吉尔早在25年前就已开始意识到有必要建立人民的新观点的战争实验室，25年后当他发现自己又一次负责做战争时期的努力时，他将会建立自己的实验室。

在海军部，丘吉尔同样也想出让英军可以采取攻势的计策。他想出了选择攻击德国波罗的海的北方海岸线，在那里一支陆军可以进军柏林。然后他又专心进攻土耳其，后者于1914年10月底作为德国的同盟国加入战争。丘吉尔试图激发内阁的热情来调用海军去攻打达达尼尔海峡，这是一条狭窄的海峡，同黑海一起汇入地中海。土耳其的首都君士坦丁堡（今伊斯坦布尔）就在达达尼尔海峡向北几英里的地方。丘吉尔雄心勃勃地谈论着打算派一支海军特遣部队去炮轰达达尼尔海峡的堡垒，再派一支陆军登陆加利波利，然后向北推进，将土耳其一举踢出战争。基奇纳支持这个计划，但这要求陆军与海军的一次空前的配合。在战前计划中没有过多地考虑将士兵降落在海边这一具有双重性的操作。

经过几个月的辩论，对达达尼尔海峡的进攻于1915年3月的早上由海军的炮轰开始。第一天的时候，三艘英军战船和一艘法国战船撞上地雷沉没了。这是一个可怕的开始。从这天开始海军指挥官总结说他们再也不可能进入达达尼尔海峡的“狭道”，也不可能进入君士坦丁堡。因此，4月25日，士兵降落在加利波利的海滩上。在一支新抵达的被称作“澳新军团”的队伍里，很多士兵都是澳大利亚和新西兰人。当天，这里的战事也出了问题。土耳其人在一个月前就筑好了他们的防御工事，扛着重机枪、涉水上岸的人只需经过陆地上一个狭窄的桥头堡就知晓这里的防御。结果证明土耳其人是比预期的更加有效率的战士，尽管很勇敢也有很大的英雄主义情怀。但整个加利波利战争很快就陷入了与西线类似的僵局。

5月中旬，战争引发了一场重大的政治危机。作为第一海务大臣的费舍尔越来越难以与人一起共事，时而支持达达尼尔海峡战役，时而又反对它。他好几次都提出辞职，然后又若无其事地继续工作。在5月15日，他愤然离席。他拒绝与丘吉尔见面，宣称他要离开去苏格兰。丘吉尔对他可以就像这样走出去感到错愕。但这次辞职是最后一次。要不是与西线的一个丑闻巧合地遇在一起，这件事也许不能促成一场政治危机。丑闻揭露说军队的炮弹严重缺乏。现在就有关于阿斯奎斯政府有没有能力管理战争的疑问。持续几天的危机会议上决定阿斯奎斯领导的自由党政府将被联合政府取代。主要的保守党人同意加入内阁，但他们的条件是要求他们的宿敌——丘吉尔被降级。劳合·乔治出任军需部部长，来解决炮弹危机。保守党首领博纳·劳进入政府担任殖民部部长一职，他的保守党同僚阿瑟·巴尔弗在海军部替代了丘吉尔。丘吉尔自己请求阿斯奎斯：“我愿意接受任何职务——如果你喜欢，只要是你给的，即使是地位最低的职位我也接受。”他被任命担当相对卑下的兰开斯特公爵郡大臣。他接受了这个任命，因为他还可以待在战时委员会里，虽然待在非行动岗位上。

丘吉尔被形势的变化击垮了。他感觉他成了替罪羊，当战争需要像他这样有能力的人的时候，他却无法对战争的进程产生任何的影响。加里波利战役一直持续到1915年底，当部队开始组织撤离时才告一段落。战争造成了14万盟军的伤亡，其中很多是澳新军团的人。丘吉尔在保守党内的敌人指责他计划并精心安排了被称作“达达尼尔海峡惨败”的战役。在下议院中，当丘吉尔站起来准备说话时，他们会高喊："记住达达尼尔！"在他离开海军部后，很多观察家认为他的政治生涯结束了。但毫无疑问这个羞辱是政治事件。保守党人最终向这个10年前背叛他们的人实施了报复，他们认为丘吉尔是一个固执的、野心勃勃的人。就大战带来的军事灾难而言，达达尼尔海峡战役并不比其他战争更惨重。但丘吉尔被迫为此次失败付出代价。虽然他仍在战时委员会，从今往后再也没有人愿意听他的主张和提议了。他被完全忽略了。

在此后的六个月中，同时也是在他1908年进入政府以来第一次，丘吉尔发现自己未能充分就业。时间充裕，但不能为军事奉献自己的热情，他开始画画，这能带给他些许的安慰。在此阶段，他跟妻子克莱门的通信几乎中断了，主要是因为他大部分时间都待在家里，他们没必要相互通信。她给予他充分的支持。他还有些内阁会议要参加，同时还有一些常规的议会职责要履行。对很多人而言，这些就完全足够了。但对丘吉尔而言那是一段极其沮丧的日子，同时他还感到委屈，这让他产生了被他称作是"沮丧"的深深的绝望。

秋天的时候他决定暂时离开威斯敏斯特一段时间，他非凡的生命历程中另一段奇异的经历展露出来。他从政府辞职后到部队作了一名行政长官，完成了他自己想要在战争中作指挥官的心愿。11月时他来到法国，与近卫步兵第一团的哨兵一起待了十天，第一次体验了战壕里真实的生活。他在家书里写道："遍地都是脏东西和垃圾，尸体要么被掩埋在防御工事里面，或者杂乱地散落在四周，土壤里有突出的脚和衣服，随地可见大小便，能听见士兵恶毒的抱怨声，以及子弹飞过头顶时的呼啸声。"但他总结道："我找到了好几个月都没有感觉到的快乐。"在那个月以后他又写道："我在这里非常开心。我以前不知道无忧无虑地活着是什么意思。这是愉快的祥和的感觉。"1月，他被任命为中校，在其后的五个月里，这个曾经担任过商务部部长、内政大臣以及第一海军大臣的人命令皇家苏格兰燧发枪手团第六营的800人向西线开拔。他任命自由党的一个朋友阿奇博尔德·辛克莱做他的副手。丘吉尔的新单位的成员大部分都是苏格兰志愿者，他们在战争之初响应基奇纳的号召参了军。士兵中很多人以前当过矿工，而军官都是年轻的职业军人。他们起初对自己这个古怪的指挥官表示怀疑，他穿着奇装异服，定期从家里收到大篮大篮的奶酪、火腿和馅饼。但他对部下的福利很感兴趣，很快便赢得了他们的尊重和钦佩。在丘吉尔和辛克莱的指挥下，士气很快就提高了。

在他待在战壕里的那几个月里，他的部队驻扎在比利时边境的普卢赫斯泰尔特周围的战壕里，那里条件很艰苦，战壕里一半都浸满了水。他们这里是西线的延伸，是一段相对平静的日子，伤亡不大。但这里依然是一个危险的地方。跟他以前的战斗经历一样，丘吉尔没有隐瞒面临的危险，完全没有隐瞒。他似乎时不时地有点不计后果。他几乎每天都去战壕视察，有时还去无人区域。他在家书中提及了他的几次遇险经历。有一次，他刚离开防空壕，炮弹就在那里爆炸了，炸死一名军官，炸伤好几人。他经常能遇上附近的炮弹炸开后碎片落满身上的情况。一次一枚大得足以将他的手炸掉的榴散弹就掉落在离他手腕两英寸的地方。

然而这段艰苦而激情的当兵生活对丘吉尔产生了深刻的影响。他每天从在战壕里写给克莱门蒂娜的信里表现出强烈的激情。他有时间对自己这么长时间的政治生涯进行了反思。有一次他写道："我内心有强烈的信念：我工作中最伟大的时刻将会来临。在大风中我平稳地策马向前。"但有时他也表现出遗憾与挫折。有一次在战壕上空看见一架德军飞机，他写道："我们没有任何借口来替自己无法掌握制空权开脱。如果当时我离开海军部后他们让我来领导空军，我们现在就是空中霸主。"当他得知坦克的研发取得的进步后，他写道："我是多么无能为力啊！他们不用我的想法。难道他们不是傻子吗？要么他们就是流氓，等着被飞来的碎片所摧毁。"还有一次，当一颗炮弹在附近落地时，他沉思道："要是再偏左 20 码，一切就都解脱了。没有更多的混乱状态需要被解开，再无须去面对更多的忧虑，再没有仇恨与不公正需要去经历。我所有的敌人都会感到高兴，这是对那个老流氓的解脱，对一种盛衰交错的人生是最好的结局。虽然毫无价值，但是给一个不知感恩的国家一份最后的礼物。"

对克莱门蒂娜而言，她对丈夫在战壕里度过的每一天都担心得要命。"我每天都在焦虑和痛苦中度过，"她写道，"晚上我躺在床上，心里就想说：感谢上帝！他还活着！"但她依旧给予他支持，并就他的政治前途提出好的建议。有一次他休假回家，他在国会作了一个非常欠考虑的演讲，克莱门写道："一个伟大的人，他的行为能够必须被普通人理解。"这是一个英明的建议，她以后还会提及：丘吉尔不得不考虑别人对他的行为举止如何看待。

在皇家苏格兰团待了将近五个月后，丘吉尔的军队从前线撤了下来，将与另外一支损失惨重的军队进行合并。41 岁的丘吉尔利用这个时机离开部队，重新开始他的政治生活。他为军营尽了自己的一份力，可以理所当然地为自己服现役感到自豪。尽管他未能有机会在西线某一次典型的攻击中领导他的部下冲到前面去。他是一个受士兵欢迎的、投入的指挥官，皇家苏格兰团发自内心地对他的离开感到难过。50年后在丘吉尔的葬礼上他们派了一支护卫队。

在丘吉尔回到威斯敏斯特后不久，菲尔德·马歇尔·道格拉斯·海格——英军驻法部队总指挥，沿着索姆河进行了他的"大推进"。幸运的是丘吉尔没有参加。仅仅在第一天就有两万名英军士兵牺牲，四万人受伤。战争拖了将近五个月的时间，英军、法军和德军的死亡人数达到好几十万。丘吉尔坚决反对这种在人数或枪支总数上不占优势的、无用的迎面攻击。他在下议院和报纸上都铿锵有力地如是说。

1916年12月，劳合·乔治替代阿斯奎斯在重组的联合政府中担任首相。他想让丘吉尔重回内阁，但保守党依然反对。但在1917年初，一次调查澄清了丘吉尔不应该为达达尼尔海峡战役受到谴责，于是他的行为还是跟原来的一样。他在国会的演讲又一次展现了他的才干以及他对战争本质的理解。丘吉尔又重拾自己的地位。在1917年7月，劳合·乔治终于在与他的保守党同事的争论中胜出，丘吉尔重新回到政府担任军需保障部部长一职，虽然他在中央战时内阁中没有地位，但这个职位是很重要的。这离他被迫离开海军部有两年的时间。这两年也许是他生命中最糟糕的两年。

军需保障部是在战争中组建的庞大的新部门之一。有三百万的工人在生产、供应军需物资。丘吉尔跟以往一样，投入到他的新任务中，督促兵工厂的生产，以便为前线提供最充足的武器和炮弹供应。他无数次地往返于英法之间，去看望他的法国同行，并建立共同的军需项目并去前线视察。战争场景依然像磁石一样吸引着他。他明确地跟海格说在西线是不可能打败德国的。但这未能阻止在1917年夏天和秋天，英军指挥官在伊普尔又徒劳地进行了一次进攻。到进攻结束时，又引起了更大规模的屠杀，造成五十多万人伤亡或者失踪。

1918年初，丘吉尔开始着手计划建造大量的坦克和飞机，他希望用这些坦克、飞机在1919年能发动一种新形式的进攻。他访问过法国很多次，3月20日晚上他正待在离前线不远的军营里，突然被大范围的炮兵拦阻射击声惊醒，当时是凌晨四点半。这是德国为了赢得战争而在西线发动大规模进攻的开始。早在几周前，在布尔什维克革命的余波尚存之际，俄国与德国签署了和平协议，因此德军现在可以自由地将部队从东向西线推进。但德国必须得抓紧，因为去年参战但尚未动用一兵一卒的美军很快将大批地赶来，美国支持同盟国并将会发挥决定性作用。在几周的时间里，德军的攻击将同盟国军队的战线击退了几英里。仅仅用了几天时间，德国人就将 1916 年索姆河之战中被夺去的领土又一一夺了回来。海格准备撤退到英吉利海峡港口。

劳合·乔治派丘吉尔回到法国对形势进行评估。丘吉尔发现尽管事实是英军士兵牺牲或被俘了，但海格的指挥部没有表现出任何忙碌的迹象，缺乏生气。在巴黎，他应乔治·克雷孟梭首相的邀请一起去前线视察。法军指挥官们的决心让他印象很深刻，尤其是被任命为西线首席指挥官的贝当将军和福煦元帅。这条战线从来没有被突破过，因此阻止了德军将突破变为突围的计划。

回到军需保障部后，丘吉尔就睡在自己的办公室里，毫不夸张地说他不分昼夜地加班加点，为的是将所需的弹药武器送去来弥补在法国的损失，催促和哄骗工人们将自己的产量提高到极限。截至 8 月底，英军补齐了在德军一直以来的进攻中丢失的枪支、坦克和飞机。海格在他的日记中写道："丘吉尔确实大大提高了兵工厂的生产力，他精力充沛地想要将士兵从军队解放出来，用替代品来代替他们。"

到 1918 年夏天，以炮轰巴黎开始的德军的进攻开始慢慢地减缓了。丘吉尔乘飞机往返于英法之间，视察指挥岗，收集各种重要的信息。8 月 8 日，英军进行了一次反击，动用了两千多枚炮弹和 456 辆坦克。德军指挥官将这一天称作他们军队"黑暗的一天"。战争的趋势最终开始转变。在以后的一个月里，英法军队毫不留情地迫使德军向后撤退。战争从静止走向移动。坦克大规模地机械化地向前推进，穿过敌人的战线。在前进的军队前面有旋转的炮兵弹幕掩护。全凭武力，庞大的英国军队（那时是战争中曾派出的最大的队伍）跟法国、加拿大、澳大利亚、新西兰和美国的军队一起击败了德军。11 月 10 日，丘吉尔参加了一个内阁会议，讨论和约条款问题，在第二天晚上 11 点的时候枪声终于停歇了。丘吉尔一个人在办公室里，听见外面的人们聚集在大街上。特拉法尔加广场上一片欢呼声。克莱门蒂娜，当时正怀着他们的第四个孩子，跟他会和，他们去唐宁街去向劳合·乔治表示祝贺。丘吉尔后来写道："胜利以一种绝对的、势不可挡的形式来临了，但是在经历了所有的危险和心碎之后来临的。所有敌人的军队和舰队都被摧毁或者被制服了。其中英国功不可没，她自始至终都做到了最好。"

丘吉尔在第一次世界大战中得到了很多经验教训，这些弥足珍贵的教训在第二次世界大战中对英国起到了指导作用。在他的历史巨著《世界危机 1911-1918》一书中，他对很多经验教训进行了思考。这本书在 19231931 年间出版了五卷。他怀疑英国海军上将和将军们的局限性是由传统和落伍的风俗习惯造成的，这一点得到了证实。在波尔战争和第一次世界大战中，他感觉很多军队领导缺乏必要的攻击精神，他在以后将会很重视这一点。同样，在一战中的失败证实他的感觉是对的，他觉得政治家应该明确地制定政策，然后由军队去实施。他对无力的、没有决策力的政治领导深深地感到失望，对那些不能容忍明确的、毫不含糊的决策的任何形式的政府组织，他也深感失望。在战争时期，政治和军事事务混在一起，丘吉尔认为首相应该密切地关注军事政策的制定和执行情况。同时他也被像海格这样的将军震惊了，他们成了非常重要的公众人物，以至于他们实质上是不可动摇的，可以不顾他们政治领导的反对，继续展开无用的进攻。丘吉尔喜欢听取一些非常规的思想，不管是来自军队里还是外面来自平民科学家的或是改革者的。他认为一战中巨大的损失是可怕的，令人震惊的，而且原本可以避免的。他绝不会统治一个视人命如草芥的政府。

在一战后的十年间，丘吉尔得到了至高的声望以及政治上巨大的成功。本书无法涉及所有的细节，但有些跟他后来的故事有关。1919 年元月，劳合·乔治任命丘吉尔担任陆军大臣兼空军大臣，这个新设的职位包括接替传统的陆军战时事务办公室的职责以及负责逐渐增长的军用或民用航空领域。这重新唤起了丘吉尔对飞行的热情，几年前他不情愿放弃了的飞行课程现在又要重新拾起了。但是 7 月时在克里登机场，就在他跟教练刚起飞不久，他遭遇了一次几乎致命的事故。当他的飞机坠地时，丘吉尔想："这下死定了!"他系的安全带救了他一命，很幸运地从撞毁了的飞机里走了出来，但他的教练昏迷了很长时间。跟以前一样，克莱门蒂娜和他的朋友们恳求他放弃这一危险的爱好。这次他永远地放弃了飞行，但他对飞行的着迷持续了一生。

丘吉尔在战后面临的第一个政治上的挑战是组织军人的复员遣散工作。战后英国有将近三百五十万军人，现在大部分人都想尽快回乡过普通老百姓的生活。但士兵们当中普遍对遣散工作缓慢的组织管理感到不满，在加来附近发生了类似兵变的事件。海格建议将他们的头目枪毙。丘吉尔感到整个事件更需要有效的产业形式的组织，而不是光靠军事纪律，因此否决了海格的建议。很快他想出一个办法能更加公平地组织复员遣散工作，就是第一批先遣散在部队服役时间最长的士兵，受过伤的士兵也放在最前面。在几个月的时间里，几百万的士兵离开了部队。军队很快过渡到和平时期，经济暂时的复苏帮助复员回家的人找到了工作。

一个更加棘手的问题在俄国出现了，英军还驻扎在那里，大概是在看守在1917和1918年间被运送过去的战争物资。跟西方很多资产阶级一样，丘吉尔极力反对共产主义。他也对俄国处置贵族的方式感到深深地不安，尤其是那些被废除的皇室家族的成员都在1918年被共产主义者给枪毙了。丘吉尔对布尔什维克的暴行感到愤怒，他说他们是“大群单脚跳跃的凶残的狒狒，破坏城市，残害牺牲者的尸体”。跟很多人不同，丘吉尔想要宽宏大量地对待战败的德国，想对新生的共产主义政权开战，他认为这种政策可以“杀死激进分子，杀掉破坏者”。1919年，一场内战在俄国爆发了，交战的一方是所谓的“白色”军队，他们反对布尔什维克，另一方是新政权的红军队伍。在伦敦，英国政府在究竟是派英军去支持白方，还是将所有的部队都撤回的问题上摇摆不定。这不是一个有益的场面，为数不多的人这时支持丘吉尔去掌管军队。有一次，劳合·乔治要他放弃反共的妄想，他说：“请你原谅我这么说，反共现在让你六神无主。”最终，很明显共产主义者的队伍将要打败他们的对手，英国军队接到了撤回的命令。但在莫斯科的共产主义者和英国左派人的心目中，丘吉尔是一个试图将苏联扼杀在摇篮中的人。

离英国本土很近的爱尔兰又出了问题，这是在战争来临时被暂时掩盖起来的问题。1921年，爱尔兰岛被分割开来。国王在北爱尔兰重设了一个国会，乌尔斯特的九个国家中的六个依然保持与英国的联合。由于新选举出的国会成员都是在都柏林建立了自己的政府的新芬党人，因此南方国家的地位问题依然悬而未决。爱尔兰共和军都是由一些好战分子组成的，他们袭击警察，攻击爱尔兰一切带有英国统治的标志。作为回应，丘吉尔同意成立协警帮助维持治安。更多地被人叫做爱尔兰王室警吏团的雇佣军队伍，是由退伍军人组成的，他们采取以暴制暴的方式，以致形势恶化到暴力的恶性循环状态。终于休战协议达成了，1921年10月，由两名爱尔兰领导：阿瑟·格斯菲丝和迈克尔·柯林斯带领的代表团去伦敦就成立独立国家的事宜进行谈判。时任殖民部大臣的丘吉尔是英国政府的谈判代表之一。谈判持续了好几周。丘吉尔对大英帝国的德行深信不疑，因此他很不理解为什么爱尔兰不想继续待在这个利益共同体中。他害怕独立后的爱尔兰在未来的战争中可能会为英国的敌人打开后门。爱尔兰代表团坚持他们会保持中立。但丘吉尔绝不相信。尽管两个代表团之间有分歧，但丘吉尔非常喜欢迈克尔·柯林斯这个曾经命令对英采取暴力行动的士兵。有一次，柯林斯告诉丘吉尔他的头是有标价的。丘吉尔用一张复印的波尔人发的悬赏布告回答柯林斯，布告上写着："不管死的活的，抓到者一律奖赏。"

一场马拉松似的谈判终于在12月6号凌晨三点钟结束并达成了一个协议。由丘吉尔着手将爱尔兰协议"推销"给下议院，大部分保守党人都将这份协议看做对英国统治的背叛。在丘吉尔做完他精彩绝伦的国会演讲后，下议院终于以302票支持，60票反对认可了这个协议。在爱尔兰，协议被拒绝，一场血腥的内战爆发了，迈克尔·柯林斯牺牲了。丘吉尔依然不屈不挠地与爱尔兰自由郡和北爱尔兰联邦进行沟通以解决他们之间的矛盾。他的政治才能对解决这次冲突起了很大作用，同样也帮他恢复了自己的名誉，部分地掩盖了达达尼尔战役的过失。

作为殖民部大臣，丘吉尔对在国际事务中发挥着越来越重要作用的中东地区进行重新评估。一战爆发时，这里隶属于奥图曼帝国的一部分。英国曾对汉志（今沙特阿拉伯）的阿拉伯人多次承诺，如果他们支持同盟国反对土耳其人，战后他们将能取得独立。同时英法外交官商定了一份秘密协议，即他们同意战后瓜分中东地区，将其纳入自己的势力范围。1917年11月发表的《贝尔福宣言》中，英国同样承诺在巴勒斯坦建立犹太人"民族之家"，条件是不伤害当地已有阿拉伯人民的权利。这三份互相矛盾的承诺在战后不仅不能得到和解，反而为此后几十年埋下了祸根。

在一战的最后一年，艾伦比将军率领的英军征服了巴勒斯坦、约旦及叙利亚的大片土地，英国取得了很大的军事胜利。因此，战后英国军事管委会留在那里有效地管理着大部分地方。英法接到联合国下达的各种"命令"统治这些地区，直到当地居民"能够独立"的时候。丘吉尔非常崇拜托马斯·爱德华·劳伦斯，以阿拉伯的劳伦斯而闻名，在阿拉伯人的起义中帮助带领过他们。1921年3月，丘吉尔和劳伦斯带领一大批人去阿拉伯地区，丘吉尔发现自己扮演着推举国王的角色，这似乎不太可能。在开罗会议上，他让埃米尔·费萨尔就任伊拉克国王，后者曾跟劳伦斯一起带领阿拉伯人发动起义反对土耳其人。接着丘吉尔继续前往耶路撒冷，在约旦河东岸他建立了一个新的实体，取名叫外约旦，让费萨尔的哥哥阿布杜拉出任国王。（这个皇室王朝今天依然还在统治着约旦）在耶路撒冷，丘吉尔分别会见了阿拉伯人和犹太人的代表团。他驳回了阿拉伯人反对犹太人在巴勒斯坦人的土地上定居的提议，他同意了犹太锡安主义者在这片土地上居住的要求，同时也祝他们好运。他对犹太人想返回巴勒斯坦的想法感到兴奋，他相信他们对整个地区的发展能有所贡献。在他有生之年他都将支持锡安主意者，似乎永远都无法理解为什么巴勒斯坦地区的阿拉伯人会因失去自己的土地而表示反对。

随着军队预算的完全削减，丘吉尔帮助皇家空军完成了从战争到和平的转变。皇家空军是1918年由英国陆军航空队和英国皇家海军航空勤务联合组建的。但在休·特伦查德爵士的领导下它艰难地寻求着自己的定位。丘吉尔用它来平息索马里兰和伊拉克可能发生的起义。为了减少派遣大部队的成本，皇家空军派了一个空军中队去轰炸或者用机关枪扫射当地的起义者。皇家空军维护了大英帝国一方的安定，然后在不同的的境况中为生存而战。

1922年10月，丘吉尔生病了，他的阑尾被切除。在那个时代，这个手术是需要好好休息，慢慢恢复的。在丘吉尔恢复过程中，劳合·乔治的政府垮台了，人们要求举行一次普选。丘吉尔所在的邓迪选区的选民发生了戏剧性的变化，所有超过22岁的男性和超过30岁的女性都获得了选举权。作为一个落后的工人阶级的城市，邓迪曾在战后短暂的经济复苏时遭遇了低迷期。丘吉尔只有在竞选活动进行的最后几天才设法视察了一下他的选区。他疼痛难忍，无法站立。他极其糟糕地落选了，开始进入一段政治流放期。丘吉尔曾是劳合·乔治联合政策的铁杆支持者，然而随着工党的崛起，他支持的自由党每况愈下，他对它没有一点信心。他在选举中的失败引起了一个诙谐的评论，说他现在是“没有办公室，没有席位，没有政党而且还没有阑尾”。

在随后的间断期，丘吉尔在他的政治生涯中第二次倒戈。两年后他以埃塞克斯郡埃平地区的保守党国会议员的身份重回国会，他在此后的四十年中一直担任这个选区的代表。也许他只是判断自由党的时代要结束了，后来证明他是正确的。同时他也被保守党温柔地接纳了，他们觉得丘吉尔强有力的演说可以为他们在下议院中造势。还有他认为工党可能提倡他极其仇视的社会主义，这一点也促使他投入保守党的怀抱。1924年10月，在第三次普选之后，斯坦利·鲍德温成了保守党首相，他任命丘吉尔担任财政大臣。这不仅仅是位列第二的最重要的国家部门，它还是将近四十年前丘吉尔的父亲曾经担任的职务。丘吉尔非常兴奋，在以后的五年中他一直担任着这个职务。

丘吉尔在任时对国家经济的操纵最让人记忆犹新的是他灾难般的决定：恢复金本位制，这意味着又一次将英镑的价值固定在某一金值上。“恢复金本位制”是20世纪20年代的一个咒语，很多顾问都推荐它，包括英格兰银行行长及财政部的官吏们。问题是丘吉尔将金本位提高到战前含金值的水平。与丘吉尔同时代的最伟大的经济学家约翰·梅纳德·凯恩斯立刻谴责了这个决定，并写了一本名为《丘吉尔先生政策的经济后果》的书。他认为英币的价值被严重高估，这会对经济产生一个可怕的影响，那就是使得出口商品定价过高。结果就是英国产业不可避免地遭受损失。他正确地估计到雇主将会削减工资，而失业人数将会增加。

丘吉尔任财政大臣时的五项预算同样也很有意思，由于他提议由国家支持，让雇主和雇用人共同出资设立退休金，以此给六十五岁以上的人提供收入，这让他回归到自己改革之初的那些想法。最近一位历史学家将这种想法描述为立法史上里程碑式的事件，影响了一千五百多万人，将他们中的大部分从对穷人法案的依赖中解脱了出来。在国防开支上他沿袭了财政部的路线，提议大量削减开支。（十年后当他呼吁改良军备时他完全忘记了这一点）当然，在20世纪20年代末期，战争似乎是非常遥远的事情。德国还未从摧毁性的军事失败中恢复过来，随后是经济的混乱状态。法国和意大利对英国是友善的。苏联正在修整内务。远东地区的紧张局势使得海军需要资金在新加坡建立庞大的防御工事，但丘吉尔甚至削减了海军的预算。没过几年，纳粹党人开始重新装备德军，对英国的安全造成威胁。

1926年5月，久而未决的煤矿争端导致英国第一次也是唯一一次普遍的大罢工，争端的原因是煤矿所有者想要减少工资，增加工作时间。丘吉尔自始至终都极其反对罢工者。他负责的《英国公报》是政府的传声筒，在其他报刊罢工期间仍继续出版发行。十天时间里他表现得像个报业巨头，每天早上都在报纸上发表他的党派言论。他同样也想要新成立的英国大广播公司（英国广播公司的前身）通过无线电发表政府的方针。该公司的总经理约翰·里思拒绝了丘吉尔，坚持认为公司必须保持独立。但罢工一结束，丘吉尔就表现出和解的姿态，攻击煤矿主，支持矿工的最低工资限额。苏格兰燧发枪手团里他的很多部下都是矿工出身，他同情他们的苦境。

在那些忙碌而极其心满意足的日子里，他的私人和家庭生活都形成了一种形式并持续了好多年。他靠写书赚的稿费是相当可观的，《世界危机》这本书大受欢迎。它被描述为："似一股强有力的修辞和叙述之风横扫密西西比，虽然罕有解释性的深度。"他的新闻报道提供了更加稳固的收入。这些收入加上他做大臣的薪水，使得他相对很富裕。但只要不是国家的钱，他对自己的钱非常浪费。他在法国南部度了很长的假期，经常在那里的赌场赌博，输掉了很多钱。他购置了一辆劳斯莱斯并雇了名司机。盛饭菜的餐具只用最好的香槟酒（佳酿波兰·罗杰）冲洗。他喜欢最好的古巴雪茄，每天都抽好几根。1922年，他买下了卡特威尔庄园，那是一座占地八十英亩的乡下房子，在西肯特一个非常漂亮的地方。工人们用了两年的时间将里面的枯木枯草搬出去并按丘吉尔的想法进行重建，这也花了不少钱。在1924年，温斯顿、克莱门和他们的四个孩子终于搬了进去。（他们的女儿玛格丽特1921年死于败血病，让温斯顿和克莱门伤心欲绝。玛丽在第二年出生。）家里雇佣了八个负责打扫房子的佣人以及三个园丁。家庭生活围着温斯顿转，主要满足他的需求和喜好。一间很大的画室可以一览无遗地望见肯特的旷野，这成了他的骄傲和欢乐的源泉。在这里他可以写东西、学习以及谈论政事。他在这里与客人交谈，与官员们开会。关于国际金融方面的非正式的会议都在这里召开。在庄园里，丘吉尔将池塘的水排干，四周建了围墙来养鹅、天鹅和其他宠物。甚至连喂鸟也整得跟军事行动一样。

在餐桌上，丘吉尔支配着谈话的内容，客人们坐在周围，脑海里都有着说不尽的智慧、娱乐、历史、政治以及奇闻轶事，但对话经常变成丘吉尔一个人的长篇大论。只有克莱门偶尔可以扩大谈话的主题，让其他人参与到辩论中来。丘吉尔主持着他自己的宫庭，在以后的几十年里，他的“朝臣们”都变成了他忠诚的朋友。弗雷德里克·林德曼教授是一位古怪的、极其势利的牛津大学的物理学家，但他深得丘吉尔的欢心，因为他可以将复杂的科学思想简单地用几句话概括，通俗易懂。身为国会议员的商人布伦丹·布拉肯对政治朋友和敌人进行诙谐而无礼的描述，逗得丘吉尔直乐。比弗布鲁克爵士是加拿大一位报业巨头，他是丘吉尔家的常客，经常专门负责丘吉尔发表在《每日快报》上的言论。丘吉尔对比弗布鲁克对决定的事情不达目的誓不罢休的精神十分钦佩。丘吉尔尊重他人，他也会跟他的一些朝臣们进行激烈的争辩，尤其跟比弗布鲁克吵的厉害。但他从来不会心怀怨恨，在早上的时候就又与他们重归于好了。克莱门忍受着丘吉尔这些朋友中的大部分的人：因为她真正喜欢的人很少，大部分人她都不喜欢。跟他的朝臣们一起进入丘吉尔的这个圈子的还包括：博纳姆·卡特、达夫·库珀夫妇、辛克莱夫妇以及其他同一阶层的人，这些人很乐意加入这个圈子，因为有丘吉尔这样一位机智幽默而又非常重要的人物在场。

丘吉尔火焰般超群的个性，对其他内阁成员的事务进行强有力的干预很快就让他在保守党领导班子中树敌无数，跟爱德华时代一样。但在1929年5月，鲍尔温在普选中被击败，拉姆赛·麦克唐纳领导的工党上台执政。丘吉尔害怕接下来会有一场社会主义革命，一切对不列颠和大英帝国有利的事物都将遭到破坏。

实际上，丘吉尔已经渐渐跟不上时代了。他与大多数保守党人和工党人的步调都不一致。最典型的例子就是他对印度任何形式的自治政府都固执地表示反对。丘吉尔对待印度的意向依然停留在维多利亚时代。他相信实行“白人自治”政策的加拿大、澳大利亚、新西兰和现在的南非都是表现文化、政治和语言团结的光辉榜样，是展现大英帝国德行的灯塔。他就是无法接受非白人能和白人一样享有同等水平的自治。在这一点上他毫无疑问地是秉持种族主义的观点，而大英帝国的基业和繁荣正基于此。他对印度自治问题其他方面的关注跟我们今天所说的后帝国观点更有关联性。他担心印度人和穆斯林之间会发生暴力事件。他预言说“不可接触的”、处在最下层的印度世袭阶级将会成为少数而被完全排除在印度社会之外，他们的遭遇会比在英国统治下更加悲惨。但特别地是，他觉得分散印度的权利，让她成为大英帝国“王冠上的珠宝”将可能解决帝国风险。在这一点上他也许是对的。

五年当中，丘吉尔一直在反对后来的《印度自治法案》。当这个法案最终在1935年在国会通过时，实际上他的身边没有支持者。他对印度人使用侮辱性的言语，尤其是甘地被他称作是“一位具有煽动性的中院的律师，现在却摆出一副苦行僧的样子”。他还侮辱了很多国会的同事，如麦克唐纳、鲍尔温、塞缪尔·霍尔爵士以及曾任印度总督的哈利法克斯勋爵。同行们又一次认为他精神不正常，不可靠，与这个时代脱节。越来越多的人认为他是一个落伍而守旧的人。像一位传记记者写的那样，他的信息听起来“破旧而又细弱无力，就像爱德华时代的留声机里播放的录音一样”。

这部分地解释了为什么在政府里过了十年“好日子”之后，在此后的十年他又被卸任了，他将这段日子称作“失意的几年”。在20世纪20年代，他具有乐观的政治心态，到20世纪30年代转入低潮期，还有随之而来的贫困及与他人的分歧。当全国所有的政客都在呼吁裁军并实行安抚政策时，丘吉尔还在鼓吹着他军阀的号角，号召人们为战争行动起来。

渐渐地他又回到了从前的状态。20世纪30年代他有很多文学作品问世。他写的东西大部分都是由他口述，至少有一名秘书，有时是两名帮他记录，从早忙到晚。他会走来走去，那些散文从他嘴里娓娓道来。1930年，他为新闻媒体写了四十多篇新闻稿，广泛地涉及政治以及社会主题。同年，他出版了名为

《我的早期生活》的书，以欢快亲切的口吻记录了他的青春岁月。1931 年，《世界危机》第五卷也是最后一卷出版，主要记录东部地区的战争。次年，一系列的散文面世，取名为《思想与冒险经历》。然后他着手写作一部关于他先祖马尔伯罗公爵的历史小说，全书共四卷，于 1933 年至 1938 年间出版。同样他也有时间于 1937 年完成了一系列的传记散文：《伟大的同代人》。在这些年中他还开始了一项更大的工程，花了很多年，他的《英语民族史》问世了，书中结合美国的历史，总结了他对白人统治的大英帝国的看法。这个工程量巨大，直到 20 世纪 50 年代才写完。虽然丘吉尔在前期的进展中已经赚了很多钱，但在 1939 年发生的事情将他打断之前，他一直在忙着写作本书的第一部分。这些书和新闻稿对维持丘吉尔奢侈的生活方式、他的家庭及卡特威尔庄园是至关重要的。但同时这些书和文稿也解释了他过去的观点以及这些过去的观点是如何塑造他现在和将来的态度的。

这些书中几百万字的历史观点非常吸引人，这些观点记录了丘吉尔所信仰的一些英国人以及他们在历史上的作用，这些是丘吉尔信仰的基石。丘吉尔没有像一个专业的历史学家那样去写历史。在他做大量调研之前他早就开始写了（或者说开始口述了）。他知道自己所要论述的大概要旨。这让在马尔伯罗公爵传记中担任他调研助理的毛里斯·艾什莉大为惊诧。但丘吉尔经常急切地想把事实弄清楚。据报道他曾说道："艾什莉，把事实告诉我，我会把他们糅合成适合我论点的样子。"他的书常常很具可读性：就像他的演讲一样，他的书像自由流淌的溪流，充满了伟大的故事，随着一股强有力的叙述之风，栩栩如生的角色跃然纸上。但在他历史著作中出现的中心论点就像丘吉尔的宗教信条一样。他对由大贵族家庭的核心人物做后盾的英国政府机构、君主政体和国会的德行深信不疑。同时他也相信由英国统治阶层诠释的自由平等。他对辉格党对历史做出的解释也深表拥护：英格兰在世界上的国家中（比不列颠）更加具有特殊的使命。这种概念是在长达几个世纪的男爵与国王的冲突中产生的，也是由内战引起的暴力和 1688 年光辉革命后一切尚未恢复时克伦威尔实行共和体制的政治实验中产生的，他的这次试验将长期议会与温顺的君主政体完美地结合起来。此后英格兰开始进行海外远征，打算打败所有欧洲大陆的专制君主。这是马尔伯罗公爵登上历史舞台的地方，摧毁了路易十四想要统治欧洲大陆的野心。大不列颠（跟如今的一样）此后继续建立一个史上未见的最强大的帝国，她的子民过着世上最富有的生活，享有最自由的民主。这种估计极大地忽略了工业化的进程和科学的发展。这些被归功于英国人部分天赋的展现，但这并不是丘吉尔历史作品中主要兴趣所在。只要英国的政治天平保持平衡状态，她就有责任面对任何威胁到个人自由的专制和军事统治。

这种对历史浪漫而又非常政治化的诠释在丘吉尔大部分政治观点中都有体现，从它对印度和爱尔兰的观点到他对英帝国的信心。这种特点在他对布尔什维克和社会主义的反对中集中体现了出来。在他对英国与欧洲的关系的看法背后也能体现。同样这种特点也解释了他早先对凯撒和极富侵略性的德国的仇视。传统的膜拜对他没有任何意思，而这些信念则顺理成章地成了他的宗教。这些也是在 1940 年他对国家发出呼吁时的关键所在。

在 20 世纪 30 年代，丘吉尔有机会形成并发表了这些观点。虽然 1935 年在史坦利·鲍尔温重新上台后他希望自己能被重新召回政府，但他在印度问题上不得人心的态度让他未能如愿。因此，脑海里深深地印着这个世界观，丘吉尔开始详述下一个开始左右他思想的事件，这个事件也占据了他的生活，将他的事业带向顶峰，这就是纳粹德国的崛起。

作为他马尔伯罗公爵传记调研的一部分，丘吉尔于 1932 年夏天访问德国，游览了他的先祖曾经取得过辉煌胜利的布莱尼姆战场。即使在那时丘吉尔也被街上游行的“成群的坚定的日耳曼年轻人”吓了一跳。实际上在慕尼黑的一家宾馆组织了一次与右翼国家社会主义劳工党党魁阿道夫·希特勒的见面会。但希特勒没有露面。次年当希特勒与纳粹党被选当政后，丘吉尔当时并没有马上关注。但他对希特勒禁止其他政党的存在深深地感到震惊，尤其是当希特勒在所有级别的组织机构中都排除所有犹太人时，他深感震惊。

到 1936 年，丘吉尔开始将更多的注意力投向德国发生的事件上。他对大规模地屠杀犹太人以及纳粹暴徒采取的流氓手段深表谴责，纳粹人会对自己的政治对手实行恐吓，然后集中起来进行谋杀。他同时也为德国重整军备而深感担忧，在这方面他有从非正常途径获得的证据。1916 年丘吉尔在西线见过德斯蒙德·莫顿，而莫顿现在是他的邻居，就住在离卡特威尔庄园只有几英里的地方。他是政府工业情报部门的主管，因此可以得知德国重整军备的第一手的秘密报告，这有违《凡尔赛条约》的条款。莫顿将一些报告透露给丘吉尔，后者把这些信息用在各种文章和演讲中。莫顿这样做到底是获得了官方的许可还是纯粹出于个人的意愿，到现在还存有争议。但他确实是丘吉尔宫廷的常客，丘吉尔从他那里得到可靠的证据证明希特勒无视《凡尔赛条约》的规定，迅速地发展德国的军需工业。丘吉尔是敲响警钟的欧洲第一位高级政治家，他警告人们提防来自重新崛起的纳粹德国日益明显的威胁。

丘吉尔的警告有一段时间无人理会，或者至少是充耳不闻。英国国内的一般想法是一战确实是“一场终结了所有战争的战争”。人们对一战依旧记忆犹新，有很多痛苦的回忆。数百万的人丢掉了性命，他们的名字被列在长长的名单里，刻在战争纪念碑上，全国各地每一行政区、很多所学校和工作场所都能见到这种纪念碑。还有数百万的人不是身体上落下残疾，就是精神上伤痕累累。很多人都对毫无价值的冲突感到惊讶，这点可以从20世纪20年代末期开始出现的很多反战回忆录当中明显地看出来。成千上万的和平主义者加入了像国际联盟协会和和平誓约联盟等队伍，反对任何形式的军备重整。安抚和裁军政策受到大部分民众真挚的欢迎，被看做维护和平最好的方式。

但丘吉尔绝不是一个好战分子。他不希望听到战斗的号令（虽然他对战争题材的喜好还在），他一直认为《凡尔赛条约》对德国人不公平，因此德国人完全有理由拒绝其中的一些条款。英国国内有很多人也有同样的感受，虽然法国有为数不多的人同意这个条约。但丘吉尔第一个看透了希特勒是一个恶魔般的领导，必须勇敢地面对他。他的直觉告诉他安抚德国总理不会终结他的要求来保证和平，相反，这只会鼓励他，让他要得更多。唯一的选择就是重整军备来威慑他。丘吉尔认为对付像希特勒这样的独裁者，维护和平的最好办法就是准备战斗。

随着事件的明朗化，丘吉尔那孤独的声音和他对即将到来的大灾难的预言开始越发地有意义。他受到德国空军的特别关注。另外一个告密者、来自英国外交部的拉尔夫·威格拉姆给丘吉尔传来信息，告诉他德国飞机工厂是如何极大地增加产量的。丘吉尔主要的观点认为总有一天“轰炸机会光临英国”，因此他想办法使人们脑海里呈现一种恐怖的场景：成千上万的燃烧弹被投掷在英国城市里，结果是数百万的人被炸死。希特勒和他的纳粹伙伴们提出了抗议，痛斥丘吉尔是个好战分子。但在1935年鲍尔温邀请丘吉尔加入一个做防空研究的秘密的小组委员会。在他第一次参加的一个会议上，丘吉尔听说了用无线电波探测飞机的实验取得成功的消息（见第五章）。他对此非常感兴趣，但还不知道后来被称作雷达的这个发明被证明是多么的重要。

1936年3月，希特勒对莱茵兰德地区进行了重新武装，这个地区按照《凡尔赛条约》的规定没有德国军队在此驻扎。我们现在知道对德国领导人来说这个时期是关键时期。希特勒打赌英法两国不会设法阻止他，但如果遭到反对，他目前还没有足够的兵力去收复这个地区。正如他所愿，英法政府允许他进行武装。具有先见之明的丘吉尔警告下议院说希特勒很快会通过比利时和荷兰对英国呈攻击之势，进一步对英国的安全造成威胁。

1936 年间更多拜访卡特威尔庄园的人带来有关英国防空漏洞的信息或者军事上没有准备的新闻。很多是现役军官：空军中队队长查尔斯·托·安德森向丘吉尔报告了对皇家空军飞行员的训练如何之少，陆军准将珀西·哈巴特带来关于军队坦克项目是如何不足的详细信息。所有关于英军弱点的故事都与丘吉尔听闻的德军的发展形成对比。实际上，英国早就开始重整军备了，只不过是进度在缓慢地悄然进行着，并且是在非常有限的预算范围内进行的：设计师和生产商在为新一代的飞机和其他战争机器做着规划，但这些规划在十年后才能投入使用。丘吉尔相信这些太微不足道，而且太晚了，需要做的更多，而且要尽快做完。他在公众场合一直这样说，一遍一遍地重复着说。

人们最终开始听从他的意见了，那是在 1936 至 1937 年冬天，丘吉尔跌进了他摇摆不定的政治生涯中的另一个低谷。他对君主体制天生的热情致使他在 12 月突然爆发的退位危机中支持爱德华八世。丘吉尔糟糕地对国家的形势做了误判，他在下议院中被要求下台。这是一个耻辱的时刻。他认为他的政治生涯结束了。他沮丧的心情又来了，甚至有时候晚上睡不着觉。他同时还有经济上的压力，让他认真思考卖掉卡特威尔庄园的事情。他在布兰登·布莱肯的一位银行家朋友慷慨地替他保住了庄园。

1937 年 5 月，鲍德温辞职，内维尔·张伯伦成了首相。他发誓要继续安抚政策，同时也鼓励小规模的裁军。他没有办法将丘吉尔重新纳入政府。1938 年 2 月，安东尼·艾登爵士辞去外交部长一职，因为他无法再支持安抚政策。丘吉尔由此非常钦佩他，但他认为现在看起来未来是残酷的。他告诉下议院："我预测这一天迟早都要到来，到时你们不得不奋起反抗。我向上帝祈祷当那天来临时，不要因为一个不明智的政策而让我们孤军奋战。"

1938 年 3 月，希特勒宣布联合，实际上就是德国接管奥地利。在 24 小时的时间里，成千上万反对纳粹统治的奥地利人被关押起来或者被盖世太保枪毙。丘吉尔在下议院谴责了德国，号召联合起来以对抗德国进一步的攻击。这一次很多人纷纷响应他的号召。国会议员哈罗德·尼科尔森在他的日记中写道："温斯顿用他的生命做演讲。"但是伦敦政府和巴黎又一次无所作为。

目前为止，德国空军的规模比皇家空军大得多，空勤人员感觉无法再保证英国的防空安全。但内阁拒绝增加皇家空军的空防开支。现在轮到空军大臣斯温顿爵士辞职了。丘吉尔又一次因自己的警告未被听取而感到绝望。

1938年夏天，希特勒开始要求将捷克斯洛伐克的苏台德区并入德意志帝国。这个地区有大量的捷克人和德国人，这就引发了一场严重的外交危机。但英国和法国政府再一次决定他们必须让希特勒随心所欲。他们没有就此事征求捷克斯洛伐克政府的意见。9月，首相张伯伦乘飞机往返于英国和德国之间。张伯伦跟法国外交部长达拉第一起对希特勒一步一步地退让。他们相信希特勒说的取得苏台德区是他领土扩张野心的最终目标。在慕尼黑，一系列会议结束时，张伯伦说服希特勒签署了一份声明，声明他不想与英国开战。首相像一个英雄一般回到了伦敦。在克里登机场，他将这份声明向欢呼的人群晃了一下。他说自己将“我们这个时代的和平”带了回来。

丘吉尔有不同意见。在国会上他告诉议员们：“我们已经不战而败。当欧洲整个的平稳状态被扰乱时，我们通过了历史上一个糟糕的里程碑。不要以为这是结束。这只是阴谋算计的开始。这只是浅尝辄止地抿一口这杯苦酒，而以后这杯苦酒会年复一年地被提供给我们，除非通过恢复道德健康和军事力量，我们重新站起来，跟从前一样表明我们对自由的立场。”

作为回应，张伯伦仅仅对丘吉尔的缺乏判断力嘲弄了一番。

1939年3月，无视他在六个月前对张伯伦所说的一切，希特勒的军队公然占领了捷克斯洛伐克其余地区。张伯伦的声誉以及英法的安抚政策被彻底粉碎。事实证明丘吉尔是正确的，事件最终按他所说的方向发展。他看起来是对付希特勒的不二人选。当政府匆忙起草了一份条约发誓要捍卫波兰的领土完整时，新闻界开始了一场要求“丘吉尔复职”的呼声。甚至连工党都重新开始考虑丘吉尔应该回来掌权。

丘吉尔没等多久。快到8月底时，德国与斯大林领导的俄国签订了一份奇怪的契约。意识形态上的敌人变成了军事上的盟友。希特勒下一步的行动方式很明显。放暑假的下议院议员被召回。这个月的最后一天丘吉尔还在忙着写他的历史。他向一个朋友吐露道：“在这样的时局之下还能逃避到其他的时代去真是一种解脱。”

1939年9月发生的事件将实行了很多年的安抚政策推向高潮。丘吉尔在他失意的年代所做出那些可怕的预言最终变成了现实。9月的第一个星期五，德军侵袭了波兰。英国和法国政府都向柏林发出最后通牒，要求德军必须撤回。他们最终徒劳无功地任希特勒为所欲为了好几年。张伯伦最后将丘吉尔召回政府。但后来首相又犹豫了，丘吉尔等了超过 24 个小时，不知道他会被安排什么职位。

9 月 3 号晚上 11 点 15 分，张伯伦在位于唐宁街 10 号的内阁办公室里向全国广播。他告诉英国人民希特勒无视政府的最后通牒，英国将“再一次与德国发生战争”。当时这次广播成了很多纪录片的主题，从播出以来就出现在无数电视节目中。

那天以后，张伯伦正式任命丘吉尔担任新成立内阁的海军大臣。这对已经 64 岁的丘吉尔是欢欣鼓舞的事，他已经十年不执政了，很多人认为他的政治生涯已经终结了。以任何身份重回政府都是值得兴奋的，但重回海军部是令他喜出望外的，他在 1911 到 1915 年曾愉快地担任着这个职务。那天晚上六点钟左右，当丘吉尔进入海军部大楼时，他径直地走向 1914 年战争打响时他曾经工作过的办公室。深橡木的镶板、壁炉上吉本斯华丽的雕刻以及纳尔逊的大幅画像都还在，这里几乎没变。丘吉尔问：“八角形的桌子哪儿去了?”他的旧桌子很快就被生产出来。他同样也要回了他以前用过的图板，那些地图很快就被挂了起来。“这些跟我在 1915 年用的图表一样!”他冲着将要成为他的海军助手的军官大声喊道，愉悦之情溢于言表。对丘吉尔的任命是对他几年工作的奖赏，这几年来他一直呼吁国家要为与纳粹德国不可避免的战争而时刻准备着。在宣战产生的心境下，丘吉尔的任命的确是深得人心的。那天晚上一个消息传到了舰艇上：“丘吉尔回来了。”

第二次世界大战开始了，但英国并没有发生太多的战事。在宣战的那个周末，大部分孩子被匆忙地疏散回家，在月底前回到焦急等待的父母身边。所有的行动都发生在欧洲大陆。德军从西入侵波兰，不到一个月时间就成功地征服了这个国家。同时，苏联红军自东入侵。波兰灭亡了。希特勒将他所有的装甲车队和大部分部队派往波兰，但法国因政治分歧以及担心德国的报复而按兵不动。他们坐在强大的被称作“马其诺防线”的防御墙后面，这是法德两国的边境线。一名英军将军称其为“建在陆地上的战列舰”。同时，英国于 10 月份集结了一支由九个小分队组成的小的远征部队向欧洲大陆进发。

在海军部的办公室里，丘吉尔全神贯注地制定着战争计划。1939 年时英国皇家海军还是一支很强大的队伍。有很多的命令要下达，很多的事情需要组织。

他面临着重大的挑战。他适应了一种工作方式，这成为他以后几年战争时期的一种风格。他有一大堆的会议记录或备忘录可以使所有人都不懈怠，这些备忘录记录着要发给他的参谋们和同事们的信息，有咨询信息的，有哄骗、叱责或者命令行动的。有些诙谐，有些严肃。跟今天的电子邮件一样，由于比原本预期的言辞更加严厉或者苛刻，接收者有可能会误解。他每天都发好几封这样的记录，每个月发好几百封。有些是跟高级别的战略有关的，比如如何对付德军U型战舰的问题，或者是崭新的需要被探究的创新思维。其他一些关注细微的细节，像对付地雷的细节问题等。在现今丘吉尔可以被称作是一个"微管理者"。没有细节可以逃过他的注意，如果没有以他认为合适的方式加以处理，也无可避免地要召来他的暴怒。这使得近距离跟他一起工作的人深深地感到沮丧并且筋疲力尽。但英国皇家海军这支英国最古老、在很多方面也是最保守的部队，因丘吉尔这个人力发电机的出现而被唤醒。他的一个海军副官后来描述了丘吉尔是如何"几乎将人过劳致死，同时又将人们的奉献精神极大地激发出来"。先在卡特威尔庄园替他做记录，后来跟他一起进了政府的凯瑟琳·希尔后来回忆道："当温斯顿待在海军部的时候，那个地方充满了嗡嗡的电流声。当他离开的时候，我们就变得死寂死寂的。"

在战争初期的几个月里，有很多事情牵动着丘吉尔的心。将海军编成战时体制是当前的首要任务。德国通往外界的海底电话电缆在第一天就被切断了。必须组织加强对德国舰队的封锁。丘吉尔坚持为海军配备雷达，在战前作为一种削减成本的措施没有实行。

就像1914年一样，事情进展得并不顺利。部分舰队在斯卡珀湾集结，这是曾在一战时使用过的奥克尼郡一个巨大的泊地。一旦德国海军试图冒险进入大西洋，舰队会在那里出去拦截。士兵普遍地认为这个泊地是完全安全的，这是皇家海军的庇护所。但10月14日凌晨，一个月黑浪高的漆黑的夜晚，一艘U型潜艇在一个小小的航道浮出水面，经过对抗潜艇的防御工事进入了斯卡珀湾。那天晚上这艘潜艇的指挥官四处寻找着最好的目标，然后向停泊在那里的一战时用过的大无畏舰发射了四颗鱼雷。英舰"皇家橡树号"仅仅十一分钟后就沉没了，有810名船员牺牲，其中包括一名舰队司令。令人发指的是其中还有150名十五六岁的小船员，他们当时在船上睡觉。在接下来的混乱中，这艘U型潜艇又溜出了斯卡珀湾回到德国。这名船长在柏林的下椴树街受到希特勒郑重的列队接待，他成了德国第一位战争英雄，创造了U型潜艇强硬而勇敢的神话，这种威胁在接下来的几年中像鬼魂一样经常困扰着丘吉尔。

丘吉尔总是为海军的损失而动容，当他得知“皇家橡树号”舰沉没的消息时，据报道说他眼泪一下涌了出来。他一边哭一边低语着：“可怜的家伙们，被困在深海底那些可怜的孩子们。”损失了这么一艘另一个时代遗留下来的伟大的老式战舰是一场人类的悲剧，但这并没有对皇家海军的能力带来很大的影响。然而它的确让舰队重新变换位置停到福斯湾的罗赛斯。丘吉尔全程跟踪新的海上防御工事的设计与建造，这是他关心细节的典型做法。他命令将防御建在斯卡珀湾。这些防御在后来很贴切地被称作“丘吉尔屏障”。

“皇家橡树号”的损失以及他对在空中对停泊的或者在海上航行的船只进行侦察摄像技术的关心使得丘吉尔想找到一种充满想象力的方式去蒙骗敌人。这是他喜好的一种挑战。他号召建一些“傀儡”船，这些船用木头和帆布做成，在敌人的空中摄像中看起来就跟真船一模一样。他曾在一战担任海军大臣时做过类似的事情。丘吉尔又一次痴迷于细节。在后来一次视察斯卡珀湾时，当他观察了一艘仿真船后他说没有人会上当，因为它的上空没有海鸥飞翔，而真的船只经常被海鸟包围着。他命令将食物要零零碎碎地放在船前船后，以确保不断地有海鸟绕在仿真船周围。

10月份，在打败波兰之后，希特勒要求与英法签订和平条款。丘吉尔在战时内阁的同事跟前一再据理力争要求拒绝这个提议。《每日镜报》说正是丘吉尔这“出彩的备忘录”才使得张伯伦对希特勒的答复变得强硬起来。丘吉尔还想派皇家空军去轰炸鲁尔工业区，但这次他的提议没有得到战时内阁的认可。他的一些同事感觉这次行动有招致纳粹报复性地轰炸英格兰的危险。空军大臣甚至认为鲁尔工业区是私有财产，因此轰炸鲁尔地区是不妥当的。

几个月过去了，丘吉尔极其渴望有所行动，他开始逐渐对战时内阁其他成员消极被动的看法感到愤怒。他想出了一个计划：对莱茵河投掷地雷，以破坏德国主要的运输干线。这个想法首先遭到他的内阁同事们的反对，然后又被法国反对。然后他又想出一个攻击挪威和瑞典的计划，这样做是为了阻止瑞典人向德国出口铁矿石。这将会对德国的战时经济造成致命的打击。但大家盛行的观点是英国不能攻击保持中立的挪威和瑞典。丘吉尔开始对自己这些极度缺乏进攻精神的内阁同事们越来越不满，他们当中很多人是20世纪30年代安抚政策的主要推行人。

经过长达几个月的激烈辩论后，他最终说服内阁对挪威发动战争。具体日期被一再拖延，最终定到1940年8月中旬。海军将用鱼雷轰炸挪威海域，而陆军则主要攻击纳尔维克港，那里有大量的瑞典铁矿石被运送出口。但希特勒为此打击了张伯伦政府。8月9日他的海军和空军联合作战，对丹麦和挪威发动了猛烈的攻击。派空降兵占领核心的飞机场，这是第一次尝试。

英法政府完全被惊呆了。原先计划在纳尔维克港着陆，在最后一刻转为着陆在特隆赫姆。然后又改为向城市的东北两个方向做钳形运动。军队在没有火炮、防空武器以及其他一些基本设备的情况下仓皇着陆。海军也未能与空军进行很好的协调配合，5月初的时候海军被命令紧急撤离。整个战役就是1915年达达尼尔海峡惨败的可怕的翻版。帝国总参谋部部长、埃德蒙·艾恩赛德将军为他的政治领导缺乏清晰的战斗指令而导致的混乱深感恼怒。“经常太迟。总是在改变计划，没有领导力，”他在日记中写道，“一想到我们的无能我就非常难受。”这就是一个国家的高级士兵所说的话。

皇家海军损失了好几艘战船，包括英国航母“光荣号”，虽然德国人也遭受了巨大的损失，包括“布鲁彻尔号”战舰的沉没。丘吉尔被整个事件激怒了。他感觉这揭露了英国所做的战争努力进入了糟糕的境地，缺乏任何强有力的协调主体能够做关键性的决定，并确保这些决定被完成。他不是一个人在战斗。下议院一个为期两天的辩论最后被工党反对者变成了一次谴责。很多保守党人也把矛头转向了他们的领导。前内阁首相利奥·埃默里指着议会前座，引用了克伦威尔曾在国会说过的话：“离开吧，我说，让我们跟着你。看在上帝的份上，走!”

丘吉尔持不同的观点。他曾在战时内阁长达六个月地坚持对挪威发动战争。但身为第一海军大臣他要对一场海军几乎无法取胜的战斗全权负责。他会因与失败的密切关系而遭受责难。但他又怎么去谴责一个自己在其中身居高位的政府呢？他知道他有很好的机会接替已经不被信任的张伯伦。在很多人的心目中将丘吉尔与采取更有力的战争政策联系起来。而张伯伦与20世纪30年代那次失败的政策有关。丘吉尔已经收到好几个建议要他接过权利的缰绳。另一方面来说，如果政府垮台了，他将跟着一起垮掉。他怎么才能在不影响自己的情况下将政府拉下马呢？

5月8日晚上10点左右，丘吉尔在下议院发言，将责难辩论的发条重新拧紧。他在国会上演了一场好戏。国会议员亨利·钱农写道：“一眼就能看出他具有好战的心情，活泼地自娱自乐着，品味着自己所处的这个充满讽刺意味的位置。”丘吉尔没有背叛张伯伦，他对皇家海军在挪威海岸线上糟糕的表现担负起全部的责任。但在最后迸发的演说激情下，他宣布：“让以前战争中的争执去死吧，忘掉所有个人的争吵，让我们保持对共同敌人的仇恨……上次战争从未带给我们像现在这样的危险。我急切地呼吁下议院采取强有力的措施对付这些事情。”在接下来的选举中，保守党跟其他支持者以33票对反对派，有60人弃权。张伯伦由占大多数的213票降到81票。当首相离开会议厅时，人们对着他高喊：“走！走！走！走！”。

遭遇了这样的羞辱，张伯伦第二天决定是该成立“国家政府”的时候了。在战争这个关键时刻，不可能走到人们中间去进行普选。因此首相询问工党是否愿意加入他的政府。工党领袖克莱门特·艾德礼咨询了他的同事们之后明确地表示他们不会加入张伯伦领导的内阁。因此问题来了：谁可以领导可以得到工党支持的政府并号令天下？

那天以后，张伯伦召集了外交大臣哈利法克斯和丘吉尔在唐宁街10号开会。保守党主任干事大卫·马杰森也出席了会议。哈利法克斯是张伯伦自然的接班人。他温文尔雅，具有贵族血统，是约克郡著名的地主。虽然有点疏远，但很多人认为他是顺理成章的领导。他也因全面的判断而受到人们的钦佩。而丘吉尔则被很多人认为是一个轻率的、不能信任的、无法预测的以及很难被束缚的人。此外，哈利法克斯有国王的支持。但丘吉尔是一个最能严酷地进行战斗的人。

根据丘吉尔讲，张伯伦问出席会议的两个人，在他自己辞职以后，他应该向国王推荐谁来接替他。国王肯定会听从他离去的首相的建议。很多年后，在他的战时历史中丘吉尔描述了接下来发生的事情：

“在我的公务生活中我曾有过很多次重要的面谈，这次当然是最重要的。通常我会说很多话，但在这个场合我保持沉默……在接下来的一个很长的中途停顿时我依然沉默。但这个两分钟的停顿似乎比在纪念休战时静默的两分钟要长。”

后来担任丘吉尔私人秘书的约翰·科尔维尔说丘吉尔认为这是个陷阱。如果他毛遂自荐，他可能被看做太过莽撞。如果他说某一个同等的人可以成为首相，那么张伯伦可能会推荐哈利法克斯。因此他背对着张伯伦站着，凝视着皇家骑兵卫队的游行仪式，心里盘算着。

最终，根据丘吉尔所说，哈利法克斯第一个发言。他说他感觉自己不能带领国家打仗，他将会处于绝望的境地。他建议温斯顿是一个很好的人选。丘吉尔没有反对。张伯伦将这当成协议向国王推荐丘吉尔担任首相。

丘吉尔的描述是在这件事发生了七年后写的，就这次会议编造了一个精彩的故事的同时，毫无疑问从好几遍的重复讲述中他也获益不少。这个故事中有几处核心的基本原则是错的，如会议的日期和与会人员。另一方面，从哈利法克斯在会议当天晚上写的日记来看，都是记录同一次会议，但没有提到任何长时间的中断。哈利法克斯说他一想到在这种关键时刻当首相就感觉胃痛，因此他就自己排除了自己。然后他说丘吉尔说："他那充满致意和谦逊的表情很合时宜。"迫不及待地承认他就是这个工作的不二人选。

但这件事到此还没有结束。张伯伦在去王宫辞职之前犹豫了，因此丘吉尔又回到了海军部。那天晚上，他跟几名关系较近的同事一起吃饭，被描述是"安静而镇定"。后来他儿子伦道夫从自己的军营里打电话来询问最新消息。丘吉尔回答："我想明天我就是首相了。"

第三章　行动就在今天

这一天是多么与众不同啊！1940 年 5 月 10 日早上五点半，丘吉尔在海军部房间被叫醒并被告知德军发动了对波兰和比利时的侵略。希特勒等了很长时间，之前已经被预计到了的对西欧民主国家的进攻开始了。虚幻的战争结束了，真正的战争开始了。

随着有电报和信息不断地涌来，丘吉尔被投入到一轮紧急会议当中去了。大量的法国军队还在马其诺防线驻扎，这是一道强有力的堡垒，建筑在法国与德国边境 250 英里的沿线。希特勒轻而易举地过了这条防线，向中立的荷兰和比利时大举派兵，轰炸机场，用空降兵占领关键的防御位置。在最初的几天中，这就是行动所在。

那天早上 8 点，战时内阁进行会晤，同意派英军支援荷兰人和比利时人。一小时后，丘吉尔回到他海军部的办公桌前。早上 7 点开始，英国广播公司就一直在播送希特勒入侵的消息，全国人民都知道一场全面的战争危机开始了。但张伯伦前一天还决定要成立国家政府，现在又犹豫了。他跟朋友说也许政府的改变要拖到欧洲大陆的战争结束以后，也许现在不是更换英国领导的时候。像保守党内一名高级人员金斯利·伍德爵士这样聪明一点的同事跟张伯伦谈话，坚持认为这次危机使得张伯伦成立国家政府更加重要。但张伯伦还在犹豫。

战时内阁在早上 11：30 再次开会。大臣们开始觉得如果要改变政府，这事儿宜早不宜迟。但那天铺天盖地的军事事件将任何的政治辩论都搁置在一边。比利时传来的消息不是很好。有报告说德国空降兵在凌晨一次冒险的突袭中占领了一个重要的堡垒。

下午晚些时候，战时内阁举行了当天的第三次会晤。据传闻，德国步兵和坦克正在涌进比利时，接近列日市。最后，首相发言了，他告诉内阁成员们他打算在今晚辞职，应该紧急成立国家政府。张伯伦最终接受了不可避免的事实，将要辞职了，不顾穿过英吉利海峡传来的令人震惊的消息。他没有告诉内阁他将推荐何人做他的继任者。

跟以前的传统一样，张伯伦直接去白金汉宫向国王乔治六世递交自己的辞呈。国王表达了自己的倾向，他想让哈利法克斯成为首相。当张伯伦说哈利法克斯自己放弃了后，国王知道只有“一个人对国家有信心，那就是丘吉尔”。张伯伦同意了，然后离开。

大概在下午 6 点钟，丘吉尔被国王召见。每个人事先都知道了从比利时传来的消息，因此没有人群聚集，因而丘吉尔安静地溜进了白金汉宫。根据他的叙述，在国家历史上这一最关键的时刻，国王开了一阵玩笑后问他：“我想你不知道我为何叫你来吧?”丘吉尔嘲弄地回答：“陛下，我只是不能想象为什么。”在简短的讨论后，程序就完成了，在几分钟内会议就结束了。国王在他的日记中记载：“他满腔热血，满怀决心。”

丘吉尔以首相的身份回到海军部。国家处在危难之际。不到三百英里的不远处两百万人正在激烈地战斗着。事态的发展速度令人惊讶。在几周内，英国将独自面对历史上最有决心、最凶残的敌人。即将上台的新首相要在这个危急的时刻带领这个国家，他任重而道远。丘吉尔一定对将会面对什么心存疑惑。在从白金汉宫返回的路上，丘吉尔在车里跟他的卫兵透露：“我希望一切不会太迟。”但后来他写道他有一种深深的放松感，因为他终于有权力对整个战局运筹帷幄。他在第二次世界大战回忆录中写道：“我感觉自己仿佛在跟命运一起散步，我过去的生活只不过是在为这个时刻和这次尝试做准备。”

当晚 9 点张伯伦向全国广播，解释说从最近发生的事件可以很明显地看出一个国家联合政府是必须的。他告诉英国人民他已经辞职了，温斯顿·丘吉尔是他们的新首相。他希望每个人都能全力支持丘吉尔。在巴罗因弗内斯，一位名叫小内拉的家庭主妇在为民意测验写日记。在日记中她写道：丘吉尔是一个很受镇上造船厂的工人欢迎的人。如果不得不“与一个男人共度一生，我会选择张伯伦先生；但我想如果因一场暴风雨我遭遇了海难，我宁愿选择丘吉尔”。暴风雨已经来了。

丘吉尔马上开始组合他的国家政府。他着手重组战时内阁，欲将一直存在的复杂繁琐的决策系统简单化。当天晚上晚些时候，他给国王送去一封信，信中概列了他要战时内阁帮他约见的工党、自由党和保守党的一些政要。他的政府将是一个真正联合的政府，代表全国所有的政见。丘吉尔对曾经一度嘲弄他认为战争不可避免的观点、现任枢密院大臣的张伯伦并没有心存仇恨。但这不仅仅是一种大度的行为，因为张伯伦还是保守党的首领，丘吉尔知道没有张伯伦的支持他没办法管理。回顾这戏剧性的一天，丘吉尔后来写道："我认为我对一切都了如指掌，我确信我不会输。因此，虽然早上我很不耐烦，但我依然睡得很香，也不需要在梦里看见欢呼的场景。事实胜于梦境。"

了解我们今天以及一段时间内所做的事件，我们就很难意识到丘吉尔在1940年5月当选为领导绝非是被所有人认可的普遍的选择。白厅的官员并没有因他的任命而受到鼓舞。当时担任张伯伦私人秘书的约翰·科尔维尔回忆道："只要一想到丘吉尔要当首相了，唐宁街10号的工作人员就感觉脊梁一阵发冷。他的唠叨和不安定让人们做不必要的工作，阻止了真正的计划，造成了摩擦。我们的这种感觉是内阁、财政部和整个白厅各个办公室工作人员所共有的。"这也许是有些害怕在国家危难时刻有所变动的公务员的情绪，但对丘吉尔当首相一职人们普遍心存疑虑。他被认为是轻率的、鲁莽的以及好管闲事的。甚至哈利法克斯也感觉丘吉尔是被情绪牵着鼻子走的人，不是一个理性的人。在英国的政治中每个首相都要有相当的政党基础。但同样这又是丘吉尔的弱项。很多保守党人看他不顺眼，从来不会原谅他在三十年前作出的为自由党而抛弃保守党的行为。他被看做一个机会主义者，一个笨拙的人。很多人跟戴维斯爵士的感觉一样，觉得他们仅仅是"不信任温斯顿"。对他的旧的批判难以消除。阿尔弗烈德·立特尔顿几十年前就这样评价丘吉尔："他总是在见风使舵。"很多保守党人也对他的政策持怀疑态度。他曾经在爱德华时代支持劳合·乔治极端的改革，引进了失业保险和国家福利政策。他是20世纪20年代一位颇具争议性的财政大臣。他曾在对待印度自治的问题上将自己孤立起来。虽然他对希特勒和纳粹的进攻所做的预言被证明是正确的，但他没有在保守党内赢得许多朋友的支持，保守党在20世纪30年代时还在支持安抚政策。同时，虽然工党现在拥护他做联合政府的领导，但这更多的是出于对张伯伦的反对而不是对丘吉尔的积极支持。他跟左派的关系也不好。他因在托尼潘帝威胁矿工而被记仇。一些报纸，如《每日镜报》和《每日邮报》都力挺丘吉尔。但政府当局的报纸《泰晤士报》却毫不犹豫地反对他。

毫无疑问，如果他愿意，哈利法克斯可以在1940年5月成为首相。但看起来他似乎将未来看成是一个不可能完成的挑战，也许可以用今天的话“输定的”局势来描述。丘吉尔能成为首相，一方面是因为再没有合适的人选，同样也是因为他的背景，他对军事的热爱以及他的历史使命感使得他（和其他人）觉得这是他的时刻，他上台的时间到了。他从不缺乏这样的自信：他可以领导并将这个国家推向胜利。他就任首相后在5月13日做的第一个国会演讲中重复了前一天对他的内阁同事们所说的话：“除了热血、苦干、泪水与汗水之外，我没有其他可以贡献出来的。”然后他接着以一名战时领袖的身份做了他第一场伟大的演讲。当希特勒的装甲车势不可挡地冲过了比利时的防线时，丘吉尔告诉下议院：

我们所面临的将是一场极其严酷的考验，将是旷日持久的考验和苦难。若问我们的政策是什么？我的回答是：在陆上、海上、空中作战。尽我们的全力，尽上帝赋予我们的全部力量去作战。对人类黑暗、可悲的罪恶史上空前凶残的暴政作战。这就是我们的政策。若问我们的目标是什么？我可以用一个词来回答，那就是胜利。不惜一切代价去夺取胜利；不惧一切恐怖去夺取胜利；不论前路多么漫长、如何艰苦，去夺取胜利。因为没有胜利就不能生存。我们务必认识到：没有胜利大英帝国就不复存在，没有胜利就不复有大英帝国所象征的一切。我精神振奋、满怀信心地承担起我的任务。我要说：“来吧！让我们群策群力，并肩前进!”

这些庄严之词饱含深情，但在希特勒的铁骑迅速地进攻西欧之时，这些话对听到的人而言都是空洞之词。丘吉尔究竟要怎样行动呢？

丘吉尔成为首相之后面临很多的任务，其一就是要召集他的政府。这是在战争在英吉利海峡边上激烈进行的情况下实施的。将进入战争实验室的一些核心成员已经就位了。作为政府的中心，丘吉尔在担任首相的同时，任命自己兼做国防大臣。这在以前是没有先例的。这让他有无上的权利来监管所有的军政事务。这种双重身份让他全面掌控英国的战争努力。实际上没有他影响不到的战争管理事务。这是他领导方式的关键特点。在一战时还没有国防大臣这个职位，在20世纪30年代也没有叫这个名号的大臣。而且不像在20世纪60年代以后，没有一个大的国家部门需要向他这个国防大臣汇报。他任命黑斯廷斯·伊思梅将军做总参谋长，他将领导由12名军官组成的一个小团队，代表丘吉尔参加参谋首长会议，作丘吉尔和军事首脑之间的中间人。丘吉尔称伊思梅为

“显赫的军人”，并告诉他他们必须非常小心，不能将权力分得太明确。他不想在自己的权力下产生教条式的规则。他想要广泛地延伸，在没有束缚的情况下涵盖战争执行的每一个方面。他做到了。伊思梅成了丘吉尔忠实的拥护者，他对丘吉尔充满信心，他是为数不多的在1940年5月走马上任，在其后极其漫长而又充满挑战的五年里一直陪在丘吉尔身边的人。他们的关系很好，有时候关系会变得紧张，但很持久。丘吉尔为伊思梅取了个充满爱意的昵称叫做“哈巴狗”。

战时内阁是政府的心脏。丘吉尔将原来的九名成员减少到只有五名，但其后它的规模有所扩大。正如我们前面提到的，张伯伦做了枢密院大臣，工党党魁克莱门·艾德礼是掌玺大臣，哈利法克斯还是外交大臣，任工党副主席的阿瑟·格林伍德成了没有职务的大臣。这些大臣们为每个部门负责，但不是永久的战时内阁成员——这是将军事权力和决策集中到丘吉尔自己身上的另一个标志。

部门大臣体现了新政府的联合性质。1938年辞职的保守党人安东尼·伊顿爵士是前外交大臣，被任命为战时秘书长。阿奇波德·辛克莱爵士既是工党领袖，也是丘吉尔的好朋友，在一战时曾担任他的副指挥官，进入了空军部。工党的阿尔伯特·维克多·亚历山大接替丘吉尔成了第一海军大臣。

在不到一周的时间里，丘吉尔就任命了他的政府中全部的34名成员。其他主要的任命包括：欧内斯特·贝文被任命为劳工部长，此人曾经是一个贸易协会的领导，在那个时代被称作“平民出身的人”。这是一个很鼓舞人心的任命，贝文全身心地投入到战争努力和全国的团结中去，他的做法使得很多劳动人民在接下来的艰苦环境中坚守着自己的岗位。比弗布鲁克爵士是在丘吉尔的卡特威尔庄园“宫廷”的亲密好友，被任命为新成立的飞机制造部大臣。这位加拿大籍新闻巨头并不受人们的欢迎，他的任命让很多人都深感惊讶。但丘吉尔认识到亟须将英国工厂的飞机生产速度大幅提高，尤其是一些新型战斗机，如“飓风号”以及像喷火式战斗机这样生产量特别滞后的机型。丘吉尔像发电机一样产生一股电流让一切都加快速度，而比弗布鲁克则提供了必须的火花。约翰·安德森爵士成了内政大臣，他是一位经验丰富的管理者，曾在一战开始时组织孩子们疏散。他发明了以自己的名字命名的防空洞，这种防空洞是任何一个只要有花园的人都能建造的。赫伯特·莫里森曾是工党伦敦郡议会的领袖，在党内是一颗冉冉升起的明星，被任命为供应部大臣。非常巧合的是他用自己的名字为另外一种防空洞命了名。

丘吉尔同样在自己的身边聚集了一帮朋友和参谋，他相信他们的判断并喜欢有他们的陪伴。他们在“温斯顿国王的宫廷”里担任不同的工作，他们离核心的工作人员最近。要是在今天，他们都会成为有报酬的政府顾问。但本质上丘吉尔是在唐宁街成立了一个私人办公室，这个办公室直接向他汇报，为他的利益和好奇心而服务。这个办公室的中心是他的老朋友弗雷德里克·林德曼教授（后成为彻韦尔勋爵），一位特别自大的牛津大学的科学家，大家都称其为“教授”。他几乎每天都与丘吉尔见面，就未来几年的很广泛的主题向丘吉尔提出建议。丘吉尔的心腹团队的另一位成员是他的女婿邓肯·桑兹，他承担了各种的巡回任务。丘吉尔的另一个早年的可靠的朋友布伦丹·布拉肯也成为他各方面的政治参谋。在丘吉尔在野时给丘吉尔提供过有价值的秘密情报的德斯蒙德·莫顿成了情报部门的首脑。坐在那个办公室隔壁的他可以直接跟丘吉尔接触，成了丘吉尔与各种情报代理人的中介。他性格外向，很有幽默感，他那沙哑的笑声回响在唐宁街的走廊里。约翰·科尔文后来描述了这些参谋们是如何“跟天命骑士一样”进入政府机构。丘吉尔的政治实验室开始成形了。

被称作参谋长联席委员会的三个部门的军事首脑每天早上都会碰面。他们组成了一个伦敦战争总部，对战争的策略方向进行评估并提出建议。丘吉尔不会参加这些日常的会议，但如果情况要求他会以国防大臣的身份主持会议。伊思梅，参谋长联席委员会成员之一，每天将会议的内容和讨论的事项向丘吉尔汇报。负责向参谋长联席委员会汇报的是联合计划参谋部和联合情报委员会。后者搜集有关敌人行动和意图的最好的情报并进行评估。然后这些情报被呈交给丘吉尔、战时内阁和参谋长联席委员会。设计这种系统的目的是为了保证所有的主要决策者拥有所有的关键的信息。

帝国总参谋部（缩写为 CIGS）这个名字是在帝国的鼎盛时期一直遗传下来的，是战争实验室的另一个关键部门。当丘吉尔成为首相时，埃德蒙·艾恩赛德将军在台上。他是一个令人印象深刻的、活跃的人，在年轻时曾在约翰·布坎写的《三十九级台阶》一书中成为理查德·汉内的原型。但他在挪威惨败时与丘吉尔发生了纠纷，因为他无法忍受看见一个政客时不时地插手指挥一场军事战争，好像他是战地指挥官似的。在丘吉尔掌权后的两星期，艾恩赛德被约翰·迪尔替代，后者是一个强硬的乌尔斯特人，因其能力和战略战术知识而受到丘吉尔极大的赏识。但在战争的这个时期，迪尔似乎很疲惫，缺乏人们希望在他身上看到的活力。久而久之，丘吉尔对那些细节问题长期的注意简直快要了迪尔的命，在总参谋部看来一名首相置身于这些细节是不合适的。丘吉尔对迪尔迟缓的反应感到恼火，戏称他为“磨蹭大王”。但这是在将来的时候。

在张伯伦领导下，战争政策的管理含混不清，没有仔细思考。艾恩赛德在1940年8月评价道：“战略由一些收集古怪信息的古怪的人指挥着。每个人都随意地这么谈论着。”这显然不是指挥战争的方式。丘吉尔在一战时不仅是战争政策的核心管理者，而且在二战的前八个月里还亲眼看着决策如何发生（或者不发生），这样就将张伯伦的决策机构清扫出去，为他自己的机构腾开了地方。他坚定地坐在协调者的位置上，他建立了各种团队来向他汇报或提出建议。战时内阁负责战争政策最终的走向。参谋长联席委员会每天通过伊思梅向丘吉尔汇报。一个新的被称作国防委员会（实施组）的团队包括后勤大臣和后勤主任，在这个系统中传送高级别的战略建议。另一个国防委员会（供应组）主要涉及以可以让服务参谋有时间集中精力进行战略思考的方式来管理和计划战时努力。

这听起来可能最多有点像博弈，至少是领土扩张。但这些新结构组成的权利不仅仅局限于此。一位参与者将实际的效果描述为“革命性的”。核心的信息应该经由合理的方式传送到那些需要知道事情进展的人，然后由他们根据这些信息来做出合理的决定。首先最主要的是要关注战争如何进行这一宏观的（或者策略性的）问题。然后通过关注微观方面（或者战术上的）的细节明察秋毫地决定如何明智地执行它。最后必须确保供应和后勤都在集中完成和支持战略性的作战目的。在这个权力的网络中心人物当然是丘吉尔自己，扮演着他的双重角色——既是首相又是国防大臣。他的肩上担负着理解大的局面以及决定无数的细节方面的问题，以便让战时努力更加有效。丘吉尔现在必须展示自己早年的军旅经历和对军事历史的深刻理解将会让他成为最合适的战时领导，带领一个处在危机中的国家。

丘吉尔将大量的精力投入到面临的任务中去。无止境的战争命令、要求、劝告以及绝对命令开始自上而下地不断下达，通常都是以丘吉尔不断熟悉的备忘录形式下达的。历史上鲜有这么多来自于一个人的命令。二战中没有一个人是可以与丘吉尔相比的——1941年6月苏联被入侵后的斯大林没有下过像丘吉尔这么多的命令，12月珍珠港事件发生后罗斯福也没有这么多命令。丘吉尔在办公室的前几个月与约翰·F·肯尼迪总统的前“一百天”有些类似，虽然两者都面临着严重的危机，但当肯尼迪掌权时国家并没有到生死存亡的关头。在接下来的日日夜夜中，丘吉尔将会询问并向大量的事件下达命令。带有非常灵敏的导火线的火箭进展如何？投弹瞄准器、雷达探测结果进展如何？能在英格兰轰炸都灵和米兰吗？能不能多砍些树来减轻对进口的依赖并节省船运？能不能将印度的常驻部队撤回？能不能在中东建一个更好的油库？海岸线上的岗哨和炮兵连组织得怎么样了？港口防御建得怎么样了？这些备忘录常被他的属下称作“丘吉尔的祷告词”，因为他们通常都这样开头：“祷告告诉我说……”或者“祷告解释了为什么我们不能……”，他会将指令送到参谋长联席委员会让他们去斟酌。他的官员们给这些指令取名并标明出处。因此一份冗长的具体的指令以“名望将降临于第一个……的指挥官”开头，后来被简化成“名望降临于”。正是通过这些指令，丘吉尔试图形成战争的行动和策略。

丘吉尔个人的领导风格最大的特点就是没有任何小细节能逃过他的关注或兴趣。例如：艾登建议在全国成立当地自卫志愿军，有些因年事已高或者其他原因不能参军的退伍军人依然想“尽自己的一份力”，可以利用这些人的技巧和热情组成志愿军。丘吉尔写道：“对数量非常大的新的队伍我不太赞同用‘当地自卫志愿军’这个名字。‘当地’这个词不太具有鼓舞作用……我认为‘英国地方军’会好一点。不要因为已经制作了臂章而犹豫改名字的事情。”因此，仅一分钟的时间，丘吉尔就创造了一个英国人战争记忆中的神话般的名字。

丘吉尔是一个严格的师傅，想要事情按他的方式进行。这是他作为首相的特权。尤其让丘吉尔这位自行其事的人恼火的是迟缓的官场作风。在现在这样的压力之下打一场仗，丘吉尔就想要行动，他想要今天马上行动起来，最好在昨天已经开始行动。他发明了各种做事的技巧以及分清事情的轻重缓急。他的公文递送箱里的文件都以特别的方式堆放着，最紧急的军事文件放在最上面，标有字母“R”（代表娱乐）的文件都放在下面，这些文件是可以慢慢阅读的(可能在周末时)。官员们必须在他已经签署或者授权的事情采取行动。没有什么比他特制的表示“马上行动”的红色贴纸更能代表他想要事情运转起来的欲望。当他把这个标签贴在一份文件或者备忘录上时，里面的命令或者要求被赋予最高优先权。丘吉尔要在当天听到答复。

为丘吉尔工作一定是一件非常困难的事情。毫无疑问他的很多备忘录让官员们疲于应付。但丘吉尔也给政府高层带来了强大的、无休止的精力。这在张伯伦领导下是严重缺乏的，同时也绝不可能在哈利法克斯手下发生。今天所有的管理实践明确告诉我们变化需要从上层开始。首席执行官必须树立榜样，起带头作用。丘吉尔煽动起了一股“变动管理”之风（这个词语对这位老人自己没有任何意义），这股风有着强烈的、发自内心的令人震撼的效果。正当英国需要时，政府的节奏又加快了。内阁办公室高级文职官员诺曼布鲁克爵士后来写道：

“这股信息流涵盖了广泛的话题，像一盏探照灯的光束一样不停地来回晃动，穿透管理的幽深之处，因此每个人，不论他的权利或者职位多么的卑微，都感到有一天这束光可能会照在他身上，照亮他所做的。在白厅这个影响的作用是立竿见影而又非常强烈的。做事效率高的人对他的领导方式立马做出回应。这加快了管理层的节奏，改善了他们的风气。当人们意识到由坚强的意志指挥的一双强有力的手在掌舵时，一种新的方向感和紧迫感产生了。士气高涨。”

丘吉尔的工作时间是这种方法典型的反应，很快这种方法就变成了一种特殊的极其不寻常的常规。当然每天都是不同的。但即使是在国外旅游或者出差时丘吉尔都试图坚持他既定的常规。他每天早上 8 点钟被叫醒。早餐和当天的报纸会装在托盘里送到他的床边。地图资料室的每天报告也会一同送来。这对丘吉尔来说是至关重要的，他想始终掌握世界各地的军队和战船的最新动向。这些报告通常由主管地图资料室的海军军官理查德·皮姆舰长亲自送来（此人在丘吉尔在海军部任职时一直负责地图资料室），然后穿着他最喜欢的绿色和金黄色的晨衣，上面绣着红色的龙，他会坐在床上，后面用枕头撑着，开始处理他的文件。他会阅读信息和书信、内阁文件、外交部电报以及军事报告等等。整个早上都会有一个女秘书或者打字员随时将他口述的东西直接用一台特制的无声的打字机记录下来（他很烦敲击键盘的声音）。很少有时间进行速记，然后再打成定稿。所有他口述的东西都必须立刻记录并标记。打字员由凯瑟琳·希尔领导，她对丘吉尔的喜好和小缺点有透彻的了解。在战争时加入他属下队伍的秘书们刚开始发现他是一个令人恐怖的人，他会大喊：“给我盒子！给我哈巴狗！”意思是叫伊思梅将军来。或者“给我教授！”意思是叫林德曼教授来。在其他时候，他只是伸出手说道：“给我”。期望那个可怜的女人正确地知道他的意思：有时候是递给他一支黑色的钢笔，有时是红色的钢笔，被他称作“氯化苦”的一个纸张穿孔器，一些吸墨水的纸或者是一张红色的“立刻行动”的标签需要贴在一份备忘录的正面。

丘吉尔会长时间地在床上坐起来工作并口述。大多数早上，参谋长联席委员会在首相缺席的情况下会面，伊思梅会赶来向丘吉尔送交他们的审议报告。

其他的官员或者与丘吉尔亲密的人可能会在他的卧室里陪他。每天早上他都会抽好几根雪茄，虽然大部分雪茄在丘吉尔思考或者口述时都熄灭了，再次点燃这些雪茄时会非常小题大做，费很大的力气。战时内阁经常在早上开会，战争刚开始的时候每天都开，后来一周开两次。只要是需要他出席的会议开始半小时前，丘吉尔会洗个热水澡，在他的男仆弗兰克·索耶斯的帮助下穿衣服。在战争时期丘吉尔一直保持着依赖男仆这个从维多利亚时代就有的习惯，不管是在伦敦、在财政部还是在国外，索耶斯都不离他左右。索耶斯是一个身材矮胖、秃顶的人，对他的老板忠心耿耿。丘吉尔经常是一身干净的打扮，在上面的口袋里插着一条膨胀的手绢。然而如果没有安排会议的话，他经常喜欢穿防护服，一件上下衣连在一起的罐式的西服，前面上部有个拉链，空军制服蓝色。他的属下管它叫他的连衫裤。

午餐通常都在下午 1：30 时提供，同时也为丘吉尔提供一个与军事职员、政客或者与他关系亲密的参谋和朋友们面谈的机会。下午基本都是在开各种会议。丘吉尔在唐宁街 10 号、内阁办公室隔壁有个私人书房。会议可以在这个书房里召开，也可以在别馆开，那是一套特别准备的房子，离白厅大楼的大门只有几分钟的路程。丘吉尔的家人在那里有一套小公寓。沿着别馆下一段旋转的楼梯就到了战时内阁办公室，那是位于地下的一个复式建筑，估计不会受到炸弹威胁。假如政府必须在地下展开工作，这种办公室系统、通信系统、休息膳宿区以及内阁办公室构成的网络系统，可以是为其提供一切必要的设施。丘吉尔的地图资料室也设在那里。

每天下午，一吃完午饭，丘吉尔会睡一个小时左右的午觉。跟他关系最近的官员们评论过他是如何迅速地进入睡熟状态的，既使是在最紧张的时候。这个午睡带给他极大的好处，睡醒后他起来，如果有时间的话再洗个热水澡。像一个苏醒的巨人准备开始另一个整天的工作，打字员们正在旁边准备记录他口述的内容，官员们按要求匆忙地进进出出。

晚餐通常是在晚上 8：30 进行。这是另外一个跟高级官员、主要的士兵、水手以及飞行员们进行面谈的机会。这通常是一个很大的场面。晚餐时会提供适量的酒。晚餐有四道菜，以汤作为开始。上汤这个程序对丘吉尔来说一贯都是恢复的时刻。不管之前他处于什么样的心情状态，不管他面临着多大的压力，当他喝汤时心情就会好起来，然后晚餐通常变成一个活跃的、有趣的并具激发性的事件。大多数描述与丘吉尔一起进餐情境的人都会谈到无数的俏皮话以及吃饭时他想出来的打趣的话。人们公开地大谈战略，从各个角度思考新观点和解决挑战的可能办法，自由地讨论政治和军事问题。大概 10 点以后，丘吉尔通常会与他的 CIGS 或者其他军事首领召开更多正式的会议或谈论会。这些结束后，他会按照常规一直做口述到凌晨——给参谋长联席委员会更多的备忘录或者指令，或者马上要做的一个演讲，或者广播发言稿的提纲。他喜欢这些晚上的时间，因为很明显地他的一些最好的想法会在这些时间里产生。艾伦·布鲁克将军后来说丘吉尔是那种一天能有十个主意的人，但只有其中一个是好主意，但他从不知道究竟是哪一个。

工作时间过长使得他的属下疲惫不堪。丘吉尔的秘书之一伊莉沙白·莱顿，有人在她来为丘吉尔工作之前就告诉她："你适应在半夜两点半睡觉的速度之快是很惊人的。"他的高级军官们没有一个人能享受午睡带来的裨益，他们觉得深夜的工作令人疲惫，但有时也是令人振奋的。丘吉尔经常会利用面对面的交谈来弥补充满命令的一天，或者利用这个时间来让那些一直在接受他铺天盖地的无尽命令的人觉得自己是被需要的。不管丘吉尔性格如何乖戾、一天的压力是如何的大，在为数不多的几个小时里他会用一张热情的笑脸跟秘书说话："晚安！非常感谢你！"让秘书们觉得受宠若惊。工作时间会在 2 点以后的任何时间结束，有时也会一直到凌晨 4 点。每周工作 7 天。在首相的乡间别墅，晚饭后通常会放电影，但其他地方周末的日常工作一直是一样的。按这个工作时间按部就班地工作不是一件容易的事情。

尽管他大权在握，但丘吉尔并不是一个独裁者。他支配着谈话，他的角色无处不在，并处在军事和政治战争机器的中心，这就意味着他具有非常大的影响力，但他还是会听取专业参谋们的意见。他想要他们为自己的立场做强有力的辩论，而他则在打断或插入辩论中获得享受。他经常在辩论时言辞激烈，脾气火爆，但丘吉尔从国会开始就对这种情况习以为常，在他一生中很少因此而耿耿于怀。因此如果他的军事首领固执己见地反对他，他经常会做出让步。在战争岁月他没有一次在军事问题上否决过他的军事参谋。

最后，英国的战争努力丢弃了张伯伦时代的自满和迟疑不决。最终，英国终于有了一个有知识、有能力以及能使这台战争机器运转的领导。但在比利时、荷兰和法国发生的事件很快会证明丘吉尔在战争的第一阶段中的影响力是多么的有限。

一个赋予丘吉尔的重大的优先权是在横跨英吉利海峡的战争中给予英国的

同盟国任何的支持。在此后的六个星期里他五次前往法国，有时这会给他带来极大的人身危险。他想处在战争最危险的地方，这是丘吉尔的领导风格。作为首相，他去过的地方比其他的战时领袖要多很多。斯大林只离开过苏联两次——为了参加德黑兰会议和波茨坦峰会。二战时罗斯福只出过三次国，但总的来说他希望丘吉尔来见他，只要记住他自己的无能以及他毕竟是国家元首而丘吉尔只不过是个政府首脑，这一点就不是特别令人惊奇了。希特勒除了他自己最喜欢并常去的巴伐利亚、东普鲁士和柏林以外，再没去过更远的地方。丘吉尔尽力使出浑身解数支持法国与德国的生死存亡之战。但他在这里的作用被一些他无法控制的因素严重制约着。

1940 年春天，法国的军事思想依然受着一战经历的主宰。法国军队依然有挥之不去的一百五十万人的死亡记忆。一谈到国防，他们就会想到马其诺防线，因此在这个防线上法国投入了大量的军费和精力。大部分高级军官的军事知识是在 1914 年和 1918 年间学习的。陆军跟空军之间很少或者几乎没有配合。法军总司令莫里斯·甘默林将军在他的温森斯古堡的指挥部里，没有与高级军官联络的无线通讯设备。在那里他指挥的军事与一天天发生的事件完全脱节，跟一战时将军们坐在离前线后面几英里的舒适的城堡里指挥他们的军队一样。在甘默林和他的副指挥官阿方斯·乔治斯将军之间没有明确的职责划分，乔治斯在整个前线具有命令军队执行任务的权力。整个法国的指挥系统纠结在一起，十分混乱。在德国横扫法国的一次关键时刻，甘默林使用一些道歉的词语下达他的一次命令："我本不希望干预正在进行中的一次战役……"但总司令还能干些什么呢？

在政治上法国也是软弱的，并存有分歧。保罗·雷诺仅仅做了七个星期的首相。他原本打算在德国的猛攻下想打倒法国的前一天撤掉甘默林的指挥权，但他没来得及。法国有很多善战的部队和一些优良的装甲师。但 1940 年法国军队的坦克速度很慢，结构不合理，并且在战场上没有有效的部署。

而纳粹德国的国防军是一支完全现代化的非常有效的战斗队伍。吸取了 1918 年失败的经验教训，军队基本在 20 世纪 30 年代都被完全重新改组。德国的军事思想融合了最先进的技巧，使用行动迅速的装甲师在敌人狭窄的前线发动猛烈的锤击式进攻。虽然最高层的指挥系统有很多将军都怀疑能在一次简单而快速的打击中将法国击倒，但带领战士打仗的中层军官们却有很高的积极性，他们受过尽可能抓住主动权的训练。比如，海因茨·古德里安将军狂热爱好由英国战略家巴兹尔·利德尔、坦克的首创者富勒将军和霍巴特将军等人提出的装甲战争理论（1940 年的英军严重忽略了战争理论）。古德里安曾指挥一个装甲兵团突袭了比利时，他明确告诉他的所有高级军官他们的总体目标是尽快将队伍强推到法国北部的英吉利海峡海岸线边上。只要对这个目标有所裨益，必要时他们可以随时使用自己的主动权。

跟 1914 年一样，英国派出了一支小的远征部队前往法国北部。这支队伍训练有素，有很好的合理的准备。但跟在一战时一样，他们人数太少，不能对战争产生实质上的影响。他们的指挥官戈特子爵是一位勇敢的将军，曾在一战时获得维多利亚十字勋章以及其他一系列的奖赏。虽然丘吉尔非常信任他，但他和平时期荒废了好几年的军事知识却很难补上。对英国军队如何适应法国的行军方式也面临困惑。戈特竭尽全力地以一个忠诚同盟国的身份采取行动，但他对法军士气的崩溃速度之快感到惊奇并有一丝惭愧。

尽管同盟国跟纳粹德国之间的长处和不足对比明显，在 1940 年 5 月和 6 月展现出来的战争结果绝非定数。由法国、英国、比利时和荷兰军队组成的联合军队在人数上稍胜德军一筹。同盟军的坦克比德军多。但德军空军的数量远比同盟军多，没有一种法国战斗机可以与德军的梅塞施米特式 ME109 型战斗机相抗衡。英国皇家空军的飓风号和喷火式战斗机是很强大的飞行机器，但就法国的情况而言，战斗机的数量远远不够。此外，德军在近地支援下很好地使用了他们的斯图卡式俯冲轰炸机。这些飞机在机翼下方安装了一个警报器，在飞机俯冲投掷千磅的炸弹时警报器会发出尖锐的声音，这让它们成为令人畏惧的恐怖武器。甚至最有经验的战士也会在斯图卡波的轰击下被击得粉碎。

使用行动迅速的装甲师，配备了大规模密集的装甲车，地面行动时会有近距离的空中支援，选择在狭窄的而不是宽敞的前线作战，德国军队现在将它的闪电战或快速战争全面铺开了。这种融合了出其不意、速度、力量和数量的战争在波兰非常奏效。在法国和比利时，德军面对的是数量更多的更强劲的军队，但最终结果是一样的。德国空军被塑造成一台完美的战争机器，具有钢铁般的使命感和自信心。德国人完全胜出了，获得了战争中一次空前的胜利。

从他们 5 月 10 日黎明时分开始突袭起，德军一直掌握着主动权。在一次精彩而勇敢的行动中，大约有三百名滑翔机部队占领了巨大的现代化的比利时埃本埃马尔要塞，这座要塞号称是世界上最强大的。仅仅几个小时，良好的防御位置就被颠覆了。同时，一支完整的陆军部队向荷兰北部推进，将荷兰和比利时军队拖延着，同时也诱惑英军向前推进。将同盟国部队从重点打击中拉开，将攻击重心放在比利时上，这是德国总体规划的其中一步。在比利时，德军动用了10个装甲师的力量在阿登森林里发动了闪电战，法国认为这片森林是无法穿越的，因此大部分地方没有布防。13日到16日，在穆兹河沿岸的一系列行动中，德军装甲师摧毁了法国的防御，在穆兹河西边建立了桥头堡。

6天后荷兰政府投降。皇室成员乘坐一艘英国驱逐舰出逃，乔治国王在利物浦火车站迎接了威廉敏娜女王。很快荷兰政府跟着女王开始流亡伦敦。德军向前推进的速度之快是法国将军们无法理解的，他们依然想着一战时一天之内丢失或者占领几百码的土地。他们落后的通讯以及分散的指挥阻碍了有效的抵抗。战争第六天的前夕，当德军装甲师在穆兹河打开突破口，似乎要将他的整个军队分崩瓦解时，甘默林命令他所有的军队撤出比利时。首相雷诺命令政府准备撤出巴黎，转移到图尔。他“心情激动地”打电话给丘吉尔：“我们被打败了。这场战争我们失利了。条条大路通巴黎。”他要丘吉尔派出所有能派出的军队和飞机。

第二天下午，丘吉尔飞往巴黎。5：30在巴黎塞纳河边一个码头召开了一次历史性的会议。雷诺、他的国防部长达拉第还有甘默林跟英国首相举行会晤，陪同英国首相的还有伊思梅将军和迪罗。甘默林向与会各位简短地介绍了前线崩溃的情况。会议陷入了沉寂。丘吉尔用他最好的法语问了战略储备情况：“ou est la masse de manoeuvre.（法语）”甘默林将军耸耸肩摇摇头说：“没有任何储备。”丘吉尔后来写道：“我目瞪口呆了。我们该怎么想伟大的法军和它的高级首领们呢？”

法国向丘吉尔施压，要求派更多的战斗机中队过来。战时内阁已经讨论过此事了。空军中将休·道丁爵士掌管着海军空军战斗机司令部并负责英国的防空。他反对给法国派战斗机，因为这样会削弱英国的空防体系。丘吉尔觉得这虽然是一个极其冒险的做法，但必须做点事情来“援助法国”。他向伦敦发电报说：“如果拒绝他们的要求而导致他们的毁灭，在历史上会留下不好的名声。”战时内阁当晚11点开会讨论了这封电报，同意派遣总共十个战斗中队。丘吉尔立刻赶到雷诺的住所准备将这个消息告诉他。过了一会儿，法国首相才穿着睡袍从卧室走出来。达拉第被叫来加入了他们，他握着丘吉尔的手表示感谢。丘吉尔在英国大使馆上床睡觉时是凌晨2点钟。

接下来的几天，德国装甲师突破后开始向海岸线进发。同盟国的战线眼看就要瓦解了。甘默林被七十二岁高龄但依然充满活力的马克西姆·魏刚将军取代，魏刚试图重振军队，但对已经降临在丧失士气的法军身上的不幸无能为力。5月22日，丘吉尔重返法国，在温森斯会见了法军将领。他很高兴看见魏刚正在让法军将领们恢复信心。但当时第一支德军装甲师已经到达英吉利海峡海岸线，接近阿布维尔。同盟国军队被一分为二。德军装甲师分队向北推进，经过几次激烈的战争，首先占领了布伦，然后是加莱。

战时内阁派帝国总参谋长艾恩赛德视察戈特作战的战场，并要求他将自己的部队向西南移动。戈特在阿拉斯附近组织了一次对向前推进的德军装甲师的反击并取得了成功。这次反击迫使德军第七支精英装甲师暂时停顿开始重组。但计划好的法军援军没有出现，由于害怕自己的人马会被切断，戈特要求取消反击。他不顾对自己的命令，开始向海岸线撤退。

这时，德军战争中心的指挥官冯·伦斯德将军命令他的装甲师暂时停下来。他对装甲师前进的速度感到惊讶，仅仅在三天过一点的时间里就前进了两百多英里。他担心部队已经暴露得太多了。在他的日记里写到敌人一直在“以超强的不屈不挠的意志力”作战，他想让装甲师重组并等待步兵跟上来。他对魏刚正在筹划的特别的反击感到恐惧。德军最高指挥部在究竟是转向南部向巴黎推进还是向北首先荡平那里的英国和法国军队的问题上进行了辩论。这时希特勒亲自赶到冯·伦斯德将军的指挥部里。这是自对法作战打响以来他第一次直接干预并赞同冯·伦斯德的命令。也许他认为如果英国军队在战场上没有被破坏的话他们很有可能会跟德国讲和。希特勒很想跟他的指挥官们展示一切都在他自己的掌控中。德军装甲师在离法国敦刻尔克海港几英里的地方停了下来。

5月27日，一次英法军队的疏散撤退在敦刻尔克周围开始了。德国空军首领赫尔曼·戈林告诉希特勒他的飞机会解决同盟国军队。他们几乎就这么干了。经常受到空中骚扰的同盟国士兵咒骂英国皇家空军不来帮助他们。但这是不公平的，因为英国空军正在打击离疏散海岸边几英里外集结的德国轰炸机群。作为后来夏天将要发生的事情的演练，英国皇家空军击落了大量戈林的轰炸机，但自己也遭受了极大的损失。几天后，天气变得很糟糕，德国空军无法飞行，而疏散撤退工作进入了一个新的场面。各种形状的大小船只从肯特海岸20多英里外开过来帮助海军撤退。成百支这种“小船”帮助士兵们撤离海岸，这现在被称作“敦刻尔克奇迹”。撤退一直持续了几天几夜，筋疲力尽的士兵们艰难地爬上战船、拖网渔船、漂网渔船、小渔船、拖船、快艇和汽艇。海军部开始预计能疏散大约45000人。截至6月4日，撤退最终被取消，有338226人被解救，其中有三分之二是英国人，三分之一是法国、比利时以及荷兰人。

英军驻法国和比利时部队的指挥官戈特是一战时的英雄，他选择与他的部下待在一直缩小的敦刻尔克周围的防御工事面对死亡或者被俘。然而丘吉尔认为他的被俘会让德国得到一个太大的战利品，因此他命令戈特将指挥权移交给一个副手，然后撤退。戈特极不情愿地于6月1日撤了回来，对自己的逃跑行为感觉很不好。他觉得后来人们指责他擅自离开岗位是不公平的，因为他只是遵从丘吉尔的命令。但这并不是戈特生涯的结束，两年后在战争的一个关键时期他继任马耳他总督，当时这个被包围的岛屿处在生死存亡的关键时刻。

在5月的最后几天，丘吉尔面临着另外一个危机。他仅仅当了两个星期的首相，他对权力的掌控并不牢靠。希特勒认为丘吉尔不会长久，英国人很快会意识到继续打仗是一件愚蠢的事情。的确，很多英国的当权派看到欧洲大陆面临的灾难以及不得不独自继续战斗的前景开始恐慌。一位保守党的国会议员在他的日记中写道："所有的都失去了，这种态度在很多地区都很明显。"哈利法克斯是当权派的成员之一，他觉得英国在面临极有可能的完全失败之前，至少应该探索与希特勒进行沟通的可能性。他试探了一下希特勒的同盟者墨索里尼的态度，虽然这时意大利还没有与英国或者法国打仗。在战时内阁中，哈利法克斯认为趁法国还没倒下之前与希特勒谈判尚可保全英国的长远利益，总比以后在强迫之下再谈要好。战时内阁意见不一致。两位工党成员艾德礼和格林伍德反对与希特勒进行任何形式的谈判，因为这个消息一旦走漏会对战争努力有所损害。张伯伦似乎是保持中立的。丘吉尔本能地反对与希特勒进行任何形式的和谈，这并不足为奇。他认为："因战争而倒下的国家会再次崛起，而那些没有骨气地投降的国家会彻底完蛋。"

5月28日，当战时内阁讨论是否要开始谈判时，事情到了危机的关头。哈利法克斯实际上对丘吉尔的领导位置造成了直接的威胁，并不是因为他想篡权，而是他认为首相的想法是错误的，需要走一条新的路线。经过一小时热烈的讨论，战时内阁被终止了。丘吉尔宣布下午五点钟召开全体内阁会议。在这次会议上，他坦率地向25位内阁成员交代了法国危机的局势。新任命的经济战争部长休·道尔顿写道："丘吉尔确实很伟大。他是我们这个时刻所需要的唯一的一个人。"然后他记载了丘吉尔所说的："过去几天里我在认真思考一个问题：跟那个人进行谈判是不是我职责的一部分。"丘吉尔认为英国现在与希特勒和解不会比国家坚持斗争到底能得到更多的优惠条件。丘吉尔接着说道："德国人会要求得到我们的舰队——那时会被叫做'缴械'，我们的海军基地，还有其他的东西。我们会成为一个奴隶国家。"他这样结束自己的演讲："在这里或者其他地方我们都将继续战斗到底。如果到最后英国悠久的历史将要结束，这种方式会比投降更好。我们每个人都躺在自己的血泊中窒息而死。"听到这一席话，桌子周围响起一片欢呼声。内阁成员过来握着他的手，拍拍他的背，向丘吉尔道贺。丘吉尔为这群人自发地表现出的支持感到高兴，这群人当中很多人长期以来都是他的政治对手。他后来写道："毫无疑问，如果我在这个领导国家的关头有任何的动摇，我早就被赶出办公室了。"当晚 7 点，当战时内阁继续他们的会议时，丘吉尔依仗着自己得到的强大的支持做了报告。他的决心在个人和政治方面都得到了体现。再也没有人提出与希特勒和谈的说法。丘吉尔让哈利法克斯屈服了。他赢得了胜利。一位历史学家将这一天描述为改变了世界历史进程的一天，如果丘吉尔同意与希特勒谈判，一切将不一样，"就在那天、那个地方，丘吉尔拯救了英国，拯救了欧洲，拯救了西方文明。"

5 月 31 日，在敦刻尔克撤退的中间，丘吉尔又一次飞往巴黎。他与雷诺以及马歇尔·贝当会面，这是自 1918 年以来丘吉尔第一次与这位具有传奇色彩的战争英雄、被召回就任副首相的人见面。丘吉尔再三重复自己的意见，英国将继续战斗。在主会议后的一次会谈中，丘吉尔怀疑贝当现在成了一个失败主义者，他可能会跟德国签署一份单独的和约。

自从就任首相以来，丘吉尔在下议院没有待多长时间。6 月 4 日，他向下议院汇报了被他称作"奇迹般的救助"的敦刻尔克撤退。但在庆祝从失败和被俘的险境中将这么多人撤出的胜利的同时，他承认："战争并没有通过撤退而取得胜利。"丘吉尔第一次向公众暗示如果法国瓦解，英国将独自继续战斗。在一篇至今广为流传的文章中，他用一些令人激动的词语，一半是想激励英国人民继续战斗，另一半是想向海外的朋友，尤其是美国展现英国的决心。他正式宣布：

"虽然欧洲以及很多古老而有名的国家已经或者可能陷入盖世太保及所有纳粹统治下的令人厌烦的组织的掌控中，我们绝不放弃，我们将会坚持到底。我们将在法国作战，我们将在海上和大洋中作战，我们将具有愈来愈大的信心和愈来愈强的力量在空中作战，我们将不惜任何代价保卫我们的岛屿。我们将在海滩上作战，我们将在敌人登陆地点作战，我们将在田野和街头作战，我们将在山区作战，我们绝不投降。”

这个演讲在下议院中广受欢迎。一位国会议员说它顶得上“一千支枪”。在那些日子里，虽然国会没有广播，但这个演讲被广泛播送，有着强大的影响力。维塔·萨克维尔西在收音机里听完这个演讲的报告后，写信给她的丈夫哈德罗·尼科尔森说：“即使是被播音员重复后它都令我的脊柱颤抖（不是因为害怕）。”

比利时和荷兰这时都投降了。北方的军队被打败了。现在希特勒的军队可能掉头向南开进巴黎。6 月 5 日，对法战争的最后一个阶段开始了。英军在敦刻尔克撤退时没有将重型武器一并撤回，他们将 1400 多门火炮、38000 辆车以及 7000 多吨的弹药都放弃了。如果有进攻袭来，几乎没有剩下可以保卫英国的武器。但丘吉尔知道一旦法国在军事上被打败的话，政治上也会崩溃。损失这么重要的一位盟友会对英国自己的战争努力带来致命的打击。所以他依然不放弃正在迅速瓦解的法国军队，并派出两支新式的装备良好的部队前往法国西北部。

丘吉尔要求与雷诺再进行一次会面，他想知道法国人的想法。但现在巴黎沦陷，想找一个会面的地方并不容易。6 月 11 日，丘吉尔和他的一支小代表团飞往卢瓦尔河上的布里亚尔，在那里举行最高军事会议。一到那个小的着陆带上，丘吉尔立刻就明白了事情变得有多糟糕。他试图营造一种充满信心的气氛，但法国人没有反应。当晚在附近一个临时征募的庄园里举行了会议。令人悲哀的是这个庄园只有一部电话，根本不适合开会。雷诺将军要求将所有的英国战斗机中队都派到法国来。他说：“这里是决定性的地方。现在是决定性的时刻。因此将任何的中队留在英格兰是错误的。”丘吉尔爆发了。“这不是决定性的地方。现在也不是决定性的时刻，”他铿锵有力地说道，“当希特勒和他的空军开始轰炸大不列颠时那个时刻就来到了。如果我们能统率空军，如果我们能保留制海权，当然我们会保留制海权，我们将把所有的都给你们赢回来。”在这样的气氛中没有任何进展。会后丘吉尔听说了情况变得多么地骇人听闻：部队在挤满了难民的街头无法前行，每个人不断地受到德军飞机上的机关枪扫射。开完会回来后他坚信法国军事上完全的土崩瓦解即将到来。他害怕贝当会跟希特勒签署和平协定。只有一次与一位年轻的法国上校、被任命为国防部副部长的夏尔·戴高乐会面以后丘吉尔才高兴起来。戴高乐赞同使用游击战术，雷诺似乎比较喜欢这个方法。丘吉尔认为如果雷诺退位的话，戴高乐可以接替他。但总体来说他处于绝望的心境中。

在回家的飞机上，由于雾太大，飓风号护航机无法跟随丘吉尔的飞机。他选择了在没有护航机的情况下飞回伦敦，因为还有很多事情要处理。在法国的海岸线上空，雾散了。丘吉尔俯视地面，勒阿弗尔港燃烧着，战争在激烈地进行着。这时他乘坐的飞机从 8000 英尺的高空俯冲到大约 100 英尺的高度。这个高度能够辨认出德国士兵。飞行技巧发挥了作用，丘吉尔的飞机在未被注意到、未被打扰的情况飞回了英国。

两天后，德军进入巴黎。然后希特勒的部队向南部和西部推进，不出几日便解决了法国的最后抵抗。军事斗争结束了，但政治纷争继续着。6 月 13 日丘吉尔最后一次访问法国。这一次他飞到图尔与法国领导人见面。地面上一片混乱，以至于没人出来迎接英国首相。丘吉尔的代表团发现了一辆汽车，沿着街道开进了城里，街上到处都是难民，汽车上高高地堆放着家里的物品。丘吉尔甚至找不到吃午饭的地方。最后，一位咖啡馆的老板被说服开门为英国领导人准备了一顿便饭。当丘吉尔最终见到雷诺和其他法国领导人时，很明显最后的投降马上到来了。

接下来的几天里，丘吉尔明确地告诉法国领导人他不会让他们背弃以前签订的协议：两国都不会寻求单独的和平协议。他建议两国结成联盟，有共同的公民权，因此法国可以继续战斗。但这个建议没有任何的结果。任何解救法国的想法都是徒劳的。雷诺于 16 号辞职，由贝当接任。丘吉尔希望法国政府迁往北非地区，带着他们的舰队从那里继续战斗。他尤其担心法国舰队的命运，他不希望他们落到纳粹的手中，因为这会为德国海军在地中海增加决定性的优势。他从法国海军指挥官、舰队司令达兰那里得到了一个承诺：他绝不会将他的舰队移交给德国人。

6 月 17 日当贝当掌权之后，他立刻就停战协议与德国人开始谈判。这实际上就是法国的投降。拖了几天之后，希特勒明确地提出法国人必须公开地接受这些条款。6 月 22 日，法国将军在贡比涅签署了投降协议。为了雪耻，德国人让法国人在一节火车车厢里签署了文件。1918 年 11 月德国人在同一节车厢里签署了停战协定，事件就此画上了圆满的句号。法国的北半部由德军占领。南半部作为一个半独立的亲德的国家由贝当在维系领导。

巴黎沦陷后几天，希特勒在他最喜爱的建筑师阿尔伯特·斯皮尔——一位新闻短片摄影师以及他的党卫军保镖的陪同下，在法国首都的景点周围乘车四处兜风。当他在埃菲尔铁塔前为照相而摆姿势时，希特勒一定想到了他的士兵们为他赢得了如此惊人的胜利。从 1914 到 1918 年整整四年的时间里，德军只前进了几英里。现在从 4 月份开始仅用了 12 周的时间，他的部队就征服了丹麦、挪威、荷兰、比利时、卢森堡以及法国。在过去的十个月里，他为波兰、荷兰、比利时、法国和英国军队安排好了路线。他那趾高气昂的战争机器接下来会将他带到哪里呢?

与此同时，就任首相仅仅六个月的温斯顿·丘吉尔不得不收拾法国投降后的残局，因为事实就是这样，法国投降后带来了彻底的灾难。但这不是他的战斗。他只能旁敲侧击地进行鼓励或者哄骗。在接下来英国的战争中，丘吉尔和他的战争实验室将会发挥主要的作用。

第四章　喷火的夏季

1940年6月18日星期二，这天是滑铁卢战役125周年纪念日。当时英国很可能面临来自英吉利海峡对岸拿破仑的入侵。然而现在，随着法国的战败，英国又一次有这种面临侵略的可能。历史之手一直在不远处默默地指导着丘吉尔。今天他敏锐地感受到了战争的气味。那个下午，他在下议院发表演讲，法国的迅速崩溃意味着英国将独自面对战争。他说："维冈将军所谓的法国之战已经结束。我预计英国的战斗即将打响。"他想要海内外的英国人民知道，英国会作战到底，战斗会进行在陆地、战斗会进行在海洋、战斗会进行在天空。他告诉国会议员们："我期望并坚信我们的战斗机飞行员会有丰功伟绩，他们将会拯救这个国家和民族以及他们的家园和所爱的人免受最恐怖的袭击。"他讲到四个英联邦国家——澳大利亚、新西兰、加拿大和南非——都已经做出保证会支持大不列颠。但有一点是毫无疑问的：海峡对岸有一个非常强大的敌人，而且距离英国南部只有21英里，"资产负债表"显示这将会是一场恶战。丘吉尔争论道："我们有理由去保持警惕，去努力，但是不应该有任何的理由去恐慌或者绝望。"

他用如同莎士比亚戏剧般的华丽辞藻结束了演讲，他回顾了亨利五世在阿金库尔战役前夕（该战役中英军战胜了数倍于自己的法军）对他的军队做战前动员的著名演讲。同以前一样，他激情地说自己相信英国和英国人民的特殊使命。丘吉尔谈到即将到来的英国战争时说道：

"基督教文明的生存依赖于这场战争。我们英国人的生命以及我们体制和我们帝国的连续性有赖于此。敌人所有的狂暴和威力一定很快就会来攻击我们了。希特勒知道他将不得不在这个岛上打倒我们，否则他会输掉战争。如果我们能够承受住这次打击，整个欧洲就自由了，整个世界的生活将会步入广阔的阳光灿烂的高地；但是，如果我们战败，那么，整个世界，包括美国，包括我们过去所知所爱的一切，都会掉进一个新的黑暗时代的深渊。这个黑暗时代，由于出现了反常的科学，会更加邪恶，或许历时更久。让我们振奋精神来完成我们的使命，同样也注意我们的举止，如果大英帝国和它的联邦国家能持续一千年，人们还会说“这是他们最辉煌的时刻”。

BBC邀请丘吉尔晚上9点给英国民众做同样的演讲。国会和民众都收听了这次战时演讲。讲演稿华丽而辉煌的词句成为丘吉尔讲演过的最著名的片段，直到今天它的著名程度跟1940年的那个夏天一样，因为根据这个片段制作的电视纪录片被无数次地播放。丘吉尔的使命中的一个重要部分是在接下来几个月内凝聚民众的士气。他不仅要领导英国的战时政策，而且他必须要用语言的力量鼓励整个国家去战斗，尽管还有许多人悲观地认为敌人拥有绝对的可能性来影响英国的生存。政府首脑必须展示出领导力、指导能力并热情地激励英国人民去战斗。这一点我们现在都知道，他做得非常好。丘吉尔的确是在跟命运作斗争。

然而，具有讽刺意味的是，对很多既在下午时在国会听到丘吉尔说出那些名言，而后又在晚上收音机里听到他做这个演讲的人来说，丘吉尔在广播里的声音表现的非常暗淡。约翰·科尔维尔是丘吉尔的私人秘书，他说当他听到广播里的声音时感到非常疲倦，觉得丘吉尔好像嘴巴里叼着根雪茄烟在读那封演讲稿。哈罗德·尼克尔森当时是信息部的副秘书长，他在给自己妻子的信中写道：“原本我希望丘吉尔不要进行广播演讲，除非他自己感觉状态良好。他讨厌使用麦克风，昨天晚上当我们哄骗他做演讲时，他只是将在下议院的演讲又重复念了一遍而已。现在，在下议院演讲时他的演讲是非常好的，尤其是结尾的几句话。但在广播上听起来平淡无奇。他在此投入的所有精力似乎都烟消云散了。”

当然，丘吉尔的演说风格在广播出现前早已形成了。他已经养成了这种政治习惯，习惯于进行大规模公众演讲和在下议院会议厅进行辩论。在收音机里讲话他似乎从来不会觉得舒适。这大概是由于他已经习惯于面对公众进行演讲并且面对着活生生的人群时他才会爆发出活力。在录音工作室里使用麦克风进行单独演讲对于他而言似乎是一种虚伪的经历。从他成为首相到1940年年末，他总共在收音机里做了7次演讲，其中几次演讲还特别简短。他的许多著名演讲都是在下议院做的。那些演讲对于我们今天的许多人来说实在是太熟悉了，因为在战后那些演讲被制作成留声机唱片而保存下来。

推测丘吉尔是否会成为雄辩的电视演说家这是很有意思的。尽管他生活在电视时代，但是他并没有使用那么多媒体。一些他在1950年进行的政治广播的镜头被保存了下来。他并没有给人留下深刻印象，虽然他看起来比在收音机里演讲更放松，大概是因为在场的电影拍摄制作人员使他勉强有了一批真实的听众。

丘吉尔构造的战争如同史诗般壮丽，而且后来被证明成为二战的决定性战役之一。丘吉尔本人无法领导大不列颠的战争。这的确不得不留给英国皇家空军去做。政府的作用就是要确保这一点：在被忽视了数年之后，皇家空军在这危急时刻有足够的战斗机、正确的指挥和控制系统去跟德国空军战斗。然而，在二战期间，丘吉尔本人有两个额外的任务。首先，他必须要保证并激励英国人民继续战斗的决心。假如1940年3月在敦刻尔克大营救很大程度上使这个国家保持住了继续战斗的信心之前，失败主义情绪在国家的上层阶级中蔓延，那么继续战斗的政治意志力就有可能会遭到破坏。这就是为什么他的演讲在接下来的几个月里变得如此关键。其次，他必须最大限度地取得盟国的支持。当然，最重要的，这意味着必须确保美国的支持力量。

丘吉尔一直喜欢和朋友或竞争对手进行面对面的讨论。二战期间，他五次访问法国，这对于理解法国的地位和法国领导人的不同观点是非常重要的。那么他在二战期间花费大量的时间和精力和美国总统富兰克林·罗斯福培养和建立直接的私人友谊就不足为奇了。两人在一战快结束时，在一个晚宴上进行了简短的会面，那时丘吉尔担任军需保障部大臣，而罗斯福是海军部副秘书长。当时丘吉尔并没给罗斯福留下深刻的印象，他把丘吉尔描述成“一个令人厌烦的人，任何时候都统领着我们”。令丘吉尔尴尬的是他后来忘记了他们这次早期的会面。然而，丘吉尔送给罗斯福他写的《马尔伯罗公爵》，1933年，罗斯福的儿子在卡特威尔庄园拜访了他。当丘吉尔在1939年9月成为第一海军大臣的时候，罗斯福就开始跟他建立了令人瞩目的、历史性的通信往来。罗斯福写信祝贺丘吉尔，信中说道：“如果你愿意跟我保持私人的联系，告诉我你想让我知道的任何事情，我时刻恭候着你的来信。”毫不夸张地说，美国总统直接跟一位政府大臣保持联系，这是极不寻常的事情。罗斯福可能已经想到丘吉尔会成为英国的战时领导人，他想趁早建立关系。丘吉尔请求首相同意自己和美国总统建立电报联系。张伯伦首相渴望用任何方式将政府的观点传递到白宫，因此他同意了丘吉尔的请求。因此丘吉尔和罗斯福开始了长期的合作和对话机制，他在电报中使用了他幽默的个性化签名。最初他使用“海军人士”，到后来他成为首相后使用“前海军人士”，签名象征着从他们掌控着各自国家的海军时，他们之间就建立起了联系。

从1939年末到1940年初，丘吉尔每隔几个礼拜打电报给罗斯福通报英国政府的想法。每一条信息都得到张伯伦的同意。2月，罗斯福在给丘吉尔的一份回电中写道：“我非常希望我们之间能够面对面地进行讨论，但我感激你和我之间保持通信往来，正如你所做的一样。”很明显他非常喜欢跟这位他尊敬的英国政府的核心人物之间保持通信。丘吉尔也意识到了这种联络所带来的价值。当时美国驻伦敦的大使——琼斯·肯尼迪正是约翰、罗伯特和爱德华的父亲。他来自坚定的美爱党派，他是一个蔑视英帝国的反英分子，他认为英国社会太过陈旧没有希望。1940年的关键时期，他坚信英国没救了，并且认为英国的军队会被迅速击败。丘吉尔在肯尼迪的眼中只是一个溃败的陈旧英国的缩影，他认为丘吉尔会主动寻求与希特勒的妥协。因此丘吉尔同罗斯福的直接通信关系是一种能直接传递给美国政府中心不同信息的方式。

当丘吉尔3月份成为英国首相时，通信的语气发生了变化，变得更加私人化、更加友好了。但是丘吉尔依然想传递给白宫更加强硬的信息。他想让罗斯福意识到发生在欧洲的一系列事件对美国的利益造成的可怕的后果。3月15日，丘吉尔第一次以首相的身份给罗斯福发信息，这是他描写的“我们的亲密的，私人通信”的延续。这次他不再委婉地用词，直接对总统说：

“如果有必要，我们会继续独自面对战争，我们不担心这一点。（事实上，这是第一次提出如果法国战败，英国将继续作战的想法。）但是，总统阁下，我相信你已经意识到，美国如果继续保持沉默的话，那么美国的声音和力量会变得毫无价值。你可能会看到一个完全被征服的纳粹化欧洲迅速建立起来，这个分量超出了我们可承受的范围。”

电报中还要求美国借给英国40～50艘驱逐舰、数百架战斗机和防空炮、弹药以及钢材等。

美国人的回应非常迅速。在不到一个月的时间里，美国的货船横穿大西洋为英国送来了几百架战斗机，五十万支步枪和近千门75毫米口径火炮。然而驱逐舰的租借是一个更为复杂的问题，这超出了罗斯福的权限，需要国会的批准。

丘吉尔在下一条信息中坚持说："如果美国的援助要发挥作用，那么一定要快。"在1940年整个夏季，罗斯福所做的就是支持近乎崩溃的英国。但是他也受到几个因素的制约。根据美国法律，作为中立国，在没有取得国会的同意下他所能做的就是给一个作战国提供武器。此外，还有几个美国国内因素在支持英国立场上发挥了制衡作用。德裔美国人、意大利裔美国人甚至还有爱尔兰裔美国人群体都反对提供援助给英国。而且罗斯福即将面临秋季总统选举。为了替自己拉选票，他宣布了几条声明保证美利坚合众国绝不卷入欧洲的战火。丘吉尔继续对罗斯福施加压力并指出两个讲英语的国家所共有的"联合事业"。他继续请求迅速租借驱逐舰，用于加强英国的防卫力量，以此抵御法西斯的潜艇威胁和有可能来自海洋的入侵。他的信息中包括这样的段落："需求是非常紧迫的"和"在漫长的世界史上这是一件需要马上就做的事情"。丘吉尔被很多美国高级官员无法意识到事情的重要性激怒了。终于在8月份，丘吉尔的请求得到了回报，美国达成一致（同意英国的租借条款），美国同意租借50艘陈旧的驱逐舰给英国，作为回报，美国可以租用8个英军在加勒比海和大西洋的海军基地。此外，美国声明：即使英国战败，英国也不能把租借的驱逐舰交给德国，而是应该把舰队撤到海外用于保护英帝国的海外领土。这桩交易就是后来形成的租借法案的基础，很明显这标志着美国向成为英国盟国迈出了一步，这意味着美国将提供更大范围的军事援助——几乎是战争中所缺乏的一切援助。

关键点是通过这些通信在唐宁街和椭圆办公室建立了直线联系，丘吉尔认识到在美国法律条款允许的范围内，他能得到美国总统的同情和美国的军事援助。随着战争的发展，这种"特殊的友谊"得到了发展壮大。这包括200多份电报，几百次电话通话和许多次面对面的会晤。但是对于1940年的夏天来说，这些都是后话。现在来说，多亏这些秘密通信，使得他拥有罗斯福的支持，这也让丘吉尔有勇气和意志力继续进行对希特勒的战争。

法国战败后最让丘吉尔纠结的一件事就是强大的法国舰队的立场问题。正如我们所看到的，丘吉尔已经得到了法国海军总司令德兰上将的承诺，他不会把舰队移交给德国。但是希特勒坚持说贝当和德兰已经签署了停战协定，法国海军舰队已经投降，现在法国新政府的海军部长已经决定把舰队转交给纳粹。法国海军被击败，其中部分实力已落入英军之手。但是大多数有战斗力的舰队现在在安哥拉，就在梅斯艾克巴港口。假如这支舰队用于攻击英军，那么双方在海军实力方面的对比会在一夜之间发生转变。英军高层头脑认真回顾了他们提交给法国海军总司令的方案，给他们多种选择的余地——他可以把舰队移交给皇家海军，他可以把舰队开至西印度洋脱离战场，要不就自沉海底。德兰命令他的舰队司令们不要理会来自维奇政府（傀儡政府）的命令和其所谓的停战协定，不与英国方面进行任何谈判。危机过后，来自伦敦的命令下达至海军总司令詹姆斯·萨默维尔，舰队驶向梅斯艾克巴港。

7月3日下午5点54分，英军战舰的重炮向安哥拉港口的法国军舰开炮。炮击至少持续了十分钟。皇家海军当时就击沉了两艘法国战列舰，并使法国一艘最新的巡洋舰搁浅。此外，海军的战斗机也攻击了法国战舰，使之失去战斗力。总计有1200名法国海军死亡。丘吉尔称这次的决定是一个非常可恶的决定，因为数周前他们还是盟友。“这是我曾遇到的最不自然和痛苦的事。”但是开火命令从决策到执行，期间没有一个人产生丝毫的犹豫。为了避免被纳粹利用来进攻英国，最好就是让他们失去战斗能力。全世界，特别是华盛顿，都看到这个毁灭法国舰队的决定显示英国领导层战时是多么无情和暴力。这是一个痛苦的片段，但是丘吉尔深信这次事件极大提升了英国在国家危机时刻的立场。

同日，苏联驻伦敦大使伊凡·麦斯金拜访了在唐宁街的丘吉尔。麦斯金对丘吉尔的描述是：“他是一个充满了精力和活力的人……”用了许多诸如欢呼和清新之类的修辞比喻。他请求首相明确告诉他法国战败后英国的基本战略。丘吉尔一边抽着雪茄一边微笑着回答：“目前我的基本战略是再熬3个月。”丘吉尔估计德国人的入侵尝试会在夏季的3个月里发动。一旦等到秋冬季节，入侵的时机就不存在了。这是一个适当的目标，能够在接下来的3个月里生存下来的确是一个非常理想的目标。但是要做到是一点也不容易的。

希特勒在北欧的成功不仅震惊了他的对手，同样也使得他的将军们感到惊奇。对希特勒来说从法国北部到都佛悬崖只有21英里宽的海沟了，看起来接下来要做的事再明白不过了。除了入侵英国就再没有别的什么军事计划了。但是7月16日，希特勒发布第16号命令。他提到：“英国的军事形势虽然不可救药地糟糕，但是还没有任何想签署停战协定的迹象，我决定有必要准备并实施登陆彻底地征服。”他命令武装部队最高司令部制定入侵计划。佛郎兹·海德将军作为总参谋长负责这个计划。这个计划被命名为“海狮行动”，这似乎是说跨海作战只不过是趟一条宽一点的河罢了。艾利西·伦德尔元帅则表示了不同的看法。经过挪威战役后，他深知目前帝国的海军力量还对付不了英国皇家海军。他担心英国战舰会对入侵的德国海军造成沉重打击。德国最高指挥部对作战计划进行了数周的讨论。

海曼·乔瑞是一战王牌飞行员，在纳粹党内大概算得上第二号有名的人物。他劝说希特勒听从元帅的劝告。他建议只派空军去执行。实际上他的计划早已开始，德国空军已经与皇家空军交手了。他预测只需四周的时间就可以逼迫英国投降。乔瑞的提议帮助解决了德国海军的关注点。通过毁灭皇家空军从而夺取制空权，对于德国来说空军就有可能使英国屈膝投降。派兵登陆入侵自然就没有必要了。

因此，不论是否计划入侵，希特勒自信能够逼迫英国政府外交谈判从而达成和平交易。7 月 19 日，希特勒在柏林的一个演讲中说到英国人民有一个选择，要么与德国媾和，要么遭受无休止的苦难与痛苦。在英国，现在的心情比两个月前更加遭糕。战时内阁根本就没有讨论这件事。当丘吉尔被问到是否应该表示回应一下，他写道：我想我对希特勒的演讲没什么好说的，没有跟他说话的必要。

后来的大不列颠空战简直被称作奇迹的发生，英国孤军奋战，对付数量和实力都远超自己的强大敌人。这根本无视基本事实，当时的英国是一个幅员辽阔的帝国。世界地图的大部分都是红色的（英国本土和海外属地）。飞行员从四面八方赶来集合，从加拿大、南非、新西兰等地赶来，他们英勇作战，持续了整个 1940 年的夏天。当然在某些数据对比上，德军与皇家空军的数量之比是 2∶1，德军有 1400 架轰炸机，300 架俯冲轰炸机，800 架 109 型单发动机战斗机和约 240 架 110 型双发动机战斗机。皇家空军只有 500 架可维修的狂风战斗机和喷火战斗机。作为航空产业大臣，比佛布鲁克勋爵已经命令昼夜不停地工作来增加产量。中部和南部的工厂每八个月就能制造出 400 架战斗机，不仅能够及时弥补战斗损耗的飞机，而且提高了战机的可用数量。这样有足够的飞机去训练飞行员。

1940 年夏天，英国皇家空军战斗机司令部有一个非常关键的优势。丘吉尔自 1935 年加入秘密防空技术研究会以来，雷达探测技术取得了实质性的发展。1938 年和 1939 年，英国科学家在萨福克海岸沿英国东南海岸设计并建造了一串雷达站，被称之为“链式家庭系统”。这是早期的预警系统，它使得皇家空军能够及时侦察到飞越英吉利海峡的德军战机和轰炸机。每个雷达站都是由一组巨大的高塔组成，通过高塔向海面发射无线电脉冲信号。塔的底部是信号接收器，那里有专业的操作人员，通常成员都是辅助空军的妇女，连续数小时紧盯着阴极射线管。他们通过从敌机反射回来的雷达波来测量敌机的飞行时间。通过从两个或多个雷达站截获的信息可以估计敌机的飞行线路，从而能够比较精确地预测入侵者的路线。

在随后的空战中，高度是一个关键因素。假如皇家空军的战斗机比敌军轰炸机的高度更高，那么 RAF 就占据了速度和出其不意的俯冲攻击优势，因此就很可能给敌机造成重大伤亡。从命令下达到迅速飞行到预定的高度，飞机需要花费 13～14 分钟。但是德军轰炸机穿越英吉利海峡只需要 5 分钟时间。雷达提供的关键优势是给予皇家空军额外的飞行准备时间，使其能及时出现在敌轰炸机的上方。

但是雷达对于皇家空军而言并非是早期预警系统唯一的关键因素。当时的雷达技术还不够发达。雷达对于探测海面比较有效，但是受陆地等高线的限制所能发挥的作用非常有限。因此第二个防御链条就是建造上千个观察哨所。从那里，观察者除了自己双眼之外还装备了战斗机识别鉴定书籍，及时通过电话报告指挥中心敌机的运动过程。在大不列颠空战的高峰时期，超过 5 万名观察者报告了德军战机的飞行过程的关键细节。

通过雷达站和观察哨提供的信息简直像是非常聪明的翻译在阅读敌军的情报。自 1936 年以来，皇家空军战斗机司令官是道丁元帅。他支持雷达技术的发展，并且他坚信全金属制、单尾翼飞机是未来发展的趋势，他的判断帮助皇家空军形成了一定的架构，在战时发挥了防御作用。但是，随着某些科学家的参与，道丁在 20 世纪 30 年代晚期创造性地建立了命令与控制系统，能够分析、翻译并收集来自雷达的情报信息。数千份来自雷达站和地面观察哨的报告被送到位于本特利修道院的皇家空军战斗机总指挥部工作室，距离伦敦北部比较近。情报在这里被处理后形成英国东南部桌面地图。受过严格训练的年轻人头戴耳机在地图上标出代表敌机和拦截者的颜色标签。

关于空中敌人的情报消息从本特利修道院传递到四大战斗机群，每一个战斗机集团负责大不列颠的一个区域。每一个战斗机集团都有自己的指挥中心负责联络本特利修道院。指挥中心列出战斗机中队的名单和准备状态，大约从 2 分钟到 20 分钟，名单上当前单元明细包括飞行状态和作战情况。决定由战斗机集团总部下达，另外还有在沉重打击下的预备计划。通常在前线的战斗机是 11 战斗机集团，由卡斯·帕克副元帅所领导。他的战斗机集团覆盖整个英国东南部。这里是庞杂的通信中心，由数百公里的电话线连接。这种由道丁元帅督造完成的组织机构在大不列颠空站中表现出色。国家的命运往往由皇家空军指挥中心的瞬间决定所左右。

当所有处理后的情报和命令发布后，理所当然最终会下达到飞行员和他们的战机去战斗。皇家空军的命令往往会派两架单引擎战斗机去执行任务。大多数情况下是霍克狂风战斗机和传奇的超级海军喷火战机去对付德军。德军109型战机虽然快速而敏捷，但是它的机翼非常脆弱，飞行员担心一个俯冲就会被击落。当然得让他们从最快速度慢下来。狂风和喷火式战机毫无疑问是英国当时最先进的战斗机。狂风战机是用传统方式建造的飞机，帆布的龙骨采用木质框架。它的最大飞行速度是每小时330英里，低于它的德军对手。但是它最大的优点是建造容易，能够大批量生产。喷火式战机正好相反，它全身结构都是金属质地，也就意味着生产它的设备也更为复杂。该飞机由米歇尔设计，像鸟似的椭圆机翼成为航空经典造型之一。英国空战中的机型能够以每小时360英里的速度飞行，相当于德军的109型战机速度，但是喷火飞机的操控性更好，特别在高度上，飞行员有更开阔的视野。关于喷火飞机相比狂风战机的优点的话实在太多，千言万语也说不完，反之亦然。事实上，这两种战机都是皇家空军所需要的。通常狂风战机用于消灭速度较慢的轰炸机，喷火战机用于对付护航的战斗机。因此如果没有狂风战机或喷火飞机，那么大不列颠空战的结果会大不相同。

皇家空军的飞行员虽然很优秀，可是他们大都缺乏实战作战经验。德军战机一般是4架组成一个编队，空战过程很容易把队形变换为2队，每队1架长机1架僚机。因此德军战机在空中格斗时非常灵活。尽管在一战时的空中格斗已经很好地给双方都上了一课，但是英军的训练在一战后明显缺乏针对性。许多皇家空军司令官依然严格遵守《战斗机攻击手册》，规定每组编队3架飞机，呈“V”字形编队。许多飞行员都要花大量时间确保严格按照队形要求飞行，而没有把精力用在搜索和消灭敌机上。此外，皇家空军的战术是基于假设敌军轰炸机没有护航战斗机的情况下制定的。当法国和比利时战败后，德军很快把他们的战斗机运送到离海岸只有几英里的空军基地，因此他们能够承担护航轰炸机的任务了。皇家空军对面临的新形势明显反应迟钝。一位王牌飞行员在很多年后说：“我们做错了我们可能做错的所有的事。”在那场空战中，过时而又严格的飞行制度夺去了许多飞行员的生命。

当然，皇家空军在许多重要方面比德军都占据优势，比如情报系统、指挥系统和技术层次等。德国空军的最大目的是支援地面部队完成打击任务。这在闪击波兰和法国的战斗中发挥了不可思议的效果。但是德国空军战斗机没有在轰炸前参与作战，而是让轰炸机在没有护航的条件下独自从基地飞行数百英里到达海峡对岸。它也没有任何四引擎轰炸机，就像后来英国皇家空军轰炸机司令部在战争中的那样。海因克和多尼号轰炸机虽然很好，可是它们携带的炸弹比皇家空军轰炸机的炸弹小多了。现在为激烈的空战设置了一个场景，交战双方都有胜过对方的长处，同时也有对自己不利的因素。

从本质上来说，大不列颠空战完全是防御性作战。甚至在丘吉尔那永不休息的大脑里也在寻求各种有利防御作战时机。意大利于 6 月 10 日宣战，随着法国的战败 ，墨索里尼开始威胁英国在地中海和埃及的权威。大约有 25 万意大利军队集结在利比亚，靠近埃及边境线。英军在中东的司令官是阿奇博尔德·韦维尔将军。他手下只有 5 万军队在埃及。因此丘吉尔和战时内阁同意 7 月份加强在中东的驻军实力，大量轻型坦克通过轮船运到埃及，采取先发制人策略打击意大利人。在当时面临入侵的威胁下，这是一个非常勇敢的举动。但这是典型的丘吉尔式的战略，防御中夹着主动出击方式。而意大利人还没有做好攻击北非的准备。韦维尔将军与丘吉尔进行了一系列的会谈。韦维尔是不同寻常的高级官员，他懂点诗和科学，但是在社交场合非常怯懦，尤其在丘吉尔面前说话口齿不清。更为糟糕的是，他居然不是站着对首相说话，总是要求信息并讨论战役实施的各个方面。丘吉尔一点也不看好他，他们的会晤简直是灾难性的。他甚至考虑撤换韦维尔。可是当时国内的形势实在太严峻了，不得不押后处理。

7 月 10 日，大不列颠之战的第一阶段开始了。德军轰炸机率先轰炸海峡航运货船。他们是容克·斯图卡领导的第 87 中队。凄厉的汽笛警报伴随着轰炸机的俯冲动作曾经在波兰、法国军队和群众的心里引起了巨大恐慌，但是在英国水手跟前没有相似的效应。袭击很快被年轻的皇家空军所粉碎，他们驾驶的战斗机迅速而容易地就干掉了俯冲轰炸机。斯图卡遭受严重损失。德军在战斗第一天就损失了超过 20 架飞机，同时牺牲了 23 名飞行员。消息传出后，德国同行甚至称呼斯图卡是“飞行的棺材”。

英吉利海峡糟糕的天气为双方赢得了喘息的时间。到 7 月 25 日，云开雾散，随着能见度的提高，德空军开始袭击更远处的英国船只。这需要出动更多的战斗机进行拦截，对于道丁元帅来说这不是他情愿做的，他更想保持足够的实力以应付来自正面的威胁。受到鼓舞的英国人民咬着牙关期盼胜利的到来。

同时，德军在法国和比利时的港口非常忙碌，他们忙着集合拖船和汽艇，这是可以运载士兵和军火登陆作战的工具。7月，皇家空军侦察机发现大量集结船只，约2000艘。航空照片解译官计算了装进船的设备数量，他说："我们想要的不是这些东西，其实我们更想要来复枪。"当时，他们显然看到了这些危险。但是4年后，盟军将会发现他们在法国北部的登陆行动规定使用特殊制造的登陆艇。德国人已经意识到登陆艇的重要性，并迅速地改进适合登陆的船用于"海狮行动"。

毫无疑问，这个时候被侵略的威胁使丘吉尔承受着巨大压力。一方面对他的军事首领们进行哄骗和推动，另一方面对他们进行恐吓和威胁，这两者之间的平衡界限通常效果良好。处于良好的状态时，在不至于使人们疏远的情况下，丘吉尔知道他能在合理的范围内推动他们去行动。但在压力下他有时会做得太过分。在他位于白金汉郡的周末住宅，即首相的乡间别墅时情况就是这样，7月26日丘吉尔对他的军事首领们的失望使得他直接对他们表现得很无礼。在吃饭的时候他向詹姆斯·马歇尔·康沃尔将军询问了关于他驻扎在威尔士边界的军队的备战情况。当他发现由帝国总参谋长约翰·迪尔交给他的一份报告里的信息不够充分时，他大发雷霆，将报告扔给迪尔并要求这份报告在第二天检查完之后再返回给他。经过一阵尴尬的沉默之后，丘吉尔转向"教授"弗雷德里克·林德曼，他也是首相别墅餐桌上的常客，他问教授有什么消息要告诉他。让在座的人都吃惊的是，林德曼拿出了一个米尔斯手榴弹，接着解释说为什么这不是一个有效的武器。教授宣称他已经设计了一个杀伤力更强的替代品。丘吉尔感到很高兴，几乎带着孩子般的喜悦告诉迪尔立刻废弃米尔斯手榴弹，而采用林德曼手榴弹。毫无疑问，迪尔"咕"地一声把嘴里的汤咽下去，宣布英美两国都签订了订购成百万枚手榴弹的合同，不可能取消。丘吉尔一定知道这是事实，但他继续严厉地指责了迪尔。在进一步询问将军时他暴躁地抱怨说："你们这些当兵的都一样，你们没有想象力。"询问过后首相结束了这天晚上的谈话。他设计的这个长篇的攻击性的演说似乎是用来在丘吉尔的平民支持者面前来羞辱军人们的。军事首领们理解他所承受的压力，也许会原谅他，但这个时刻是这位战争领袖最为幼稚的时期，他的行为最糟糕，对本身也承受着巨大压力的那些人，他表现出极其欠考虑地乱发脾气。马歇尔·康沃尔将军后来将这个晚上描述为"非常疯狂的晚宴"。

7月底，希特勒召开军事会议重新修订入侵英国的计划。海军部长利德尔再三请求把计划推迟到1941年3月开展。希特勒对此很不高兴，他同意把海狮计划推迟到9月中旬。所有的一切都取决于乔瑞和德空军的成败。因此，乔瑞在8月初更改了他的战略。8月13日被设定为“鹰眼日”，这标志着英国空战进入了第二个阶段。现在战争的焦点从空袭海峡航运转移到打击皇家空军或袭击其地面设施上。这对于乔瑞来说是个赌博，但是他确信能够消灭皇家空军，剩下来的事就是等待英国乞降。

但是在“鹰眼日”前一天，德空军攻击了英国海岸的雷达探测塔。这些雷达探测塔高360英尺，很容易被识别。两部安装在肯特的雷达虽然被攻击，但是没有造成大碍。佩文西的雷达站遭到猛烈攻击，损失严重，造成数名操作员伤亡。东部的其他雷达站都不同程度遭到破坏。德空军识别出了皇家空军的空中防御系统的“眼睛”。但是德国人接着犯了要命的错误，他们没有继续轰炸雷达塔台，数日后这些塔台修复后重新开始工作。

在“鹰眼日”当天，乔瑞给每一个作战单位传达了命令：“你们要在最短的期限内彻底地把皇家空军从天空中扫除干净。”但是，当天的天气对德国空军来说很糟糕，厚厚的云层覆盖了整个天空，乔瑞取消了第一波攻击命令。战斗机收到消息后返回了基地，但是轰炸机没有收到命令，他们在没有护航战斗机的情况下继续飞越海峡去轰炸英国南部。晚些时候，随着天空逐渐晴朗，由300架战机组成的编队出发去攻击皇家空军基地。当晚，德空军在战斗中损失共45架飞机。皇家空军有13架战斗机被击落，基地有45架飞机被击毁，但是其中只有1架战斗机。

德国空军的一个主要失败是没有准确评估皇家空军对其造成的损失。情报官员过于轻信他们的飞行员冒失的宣称和一再重复过高估计所消灭的皇家空军飞行员，自然他们也就过低估计皇家空军的飞机数量。在鹰眼日前夕，德国空军情报官员估计皇家空军约有450架战斗机。事实上是600架战斗机。并且德国空军对英国工厂生产战斗机的效率统计出现错误。到8月底的时候，德国人估计皇家空军最多不超过300架飞机了，事实上皇家空军已经有超过700架的战斗机了。或许乔瑞更高兴听到情报官员的汇报数字，每天飞去英国的飞行员却越来越不相信他们，甚至怀疑他们的道德有问题。

随着战斗进入白热化，定期的空袭不分早晨和黄昏，道丁的主要问题已经不再是担心战斗机的数量，而是更担心飞行员的数量消耗。鹰眼日一周后，约有五分之四的中队司令伤亡，或是由于连续作战急需休息。8 月，道丁很不情愿但是又不得不把飞行员的战前训练周期缩小为两周。战前，这个训练周期是 6 个月。所以，在英国空战中，很多只有几个小时飞行时间的初学者就被匆忙地派上了战场。

狂风战机和喷火飞机的飞行员以及地面空勤人员总是在黎明前半小时就做好准备，从凌晨 4：30 到晚上 9：00。战后得以幸存的飞行员的回忆中有一个共同的特征，就是总是感到非常疲惫。毫无疑问，从等待命令到战斗都绷紧了神经。许多飞行员闲逛一整天，打打牌或是下下棋。有人打打盹，有人听听唱片。当命令下达，他们迅速奔向自己的座驾去战斗。通常地面空勤已经做好所有准备，包括救生衣、头盔、耳麦以及氧气罩等等，飞行员要做的就是扳动操纵杆，滑过草地飞向空中，争分夺秒。在最紧张的日子里，飞行员要飞 3 个或 4 个甚至是 5 个独立的科目。其中每一项都是空勤人员的辛苦工作，维护、加油、不定期的维修、为每个机翼装备火炮，接下来等待为下一个架次重复做准备。

所有的空战都会被下面的人尽收眼底。工厂工人、农民、家庭主妇以及在校学生都伸长脖子抬头观望那划过天空的一道道白烟。当飞机坠落到地上时马上会被地方军包围，任何活下来的敌军飞行员都被带到当地的警察机构或者军队去，然后被关押。有时候甚至皇家空军飞行员都会被过分热情的人群追逐。中队长詹姆斯·尼科尔森是唯一在英国战争中获得维多利亚十字勋章的战斗机飞行员。但当他的飞机坠落在地时，手部和面部严重烧伤，一群好战的地方军成员朝他开枪。当然对小男孩而言没有什么可以打击找到并保存一件坠毁的飞机碎片的特点。对很多地面上的人而言，在以少胜多的战斗中战斗的英国战斗机飞行员立刻成为了英雄。

整个 8 月份，丘吉尔忙着为预期中的袭击做准备。他沿着袭击可能发生的海滩视察了那里的防御位置，他下达了地方军、警察和消防员各自应该发挥作用的命令，他批准了万一德国通过跳伞突击队来袭击的话伦敦中心地区的防御计划。每天他都收到被击落德国飞机数量的报告、有关英国飞机和飞行员损失的报告以及有关英国飞机工厂产量大幅增加的报告。他好几次参观了第 11 组在阿克斯布里奇的设备控制室。8 月 16 日再看到大图表上所有的标志都被向前移了，因为新一波的德国飞机接近了英国，当每一个皇家空军的战斗机中队紧急起飞去拦截他们时，在图表上也会有标志，这让丘吉尔特别感动。当他乘坐公务汽车离开时，他转向伊思梅将军说："不要跟我说话，我从来没有这么感动过。"在大约五分钟的沉默后，他又一次转向伊思梅，说出了这样的话："在人类冲突中从未有这么多人对少数人亏欠这么多。"伊思梅被这句话感动了，这句话很快就触动了更多的人。

8月下旬，空战变得越来越令人绝望。18号星期日之后都被称作"最艰难"的一天，一波接一波的德国轰炸机飞过来轰炸皇家空军的机场和飞机工厂。有好几百架战斗机护航的108架轰炸机的庞大队伍飞向肯利的战斗机基地。当更多的轰炸机飞近在英吉利东部的12组储备部时，第11组飞机战队被命令紧急起飞，在空军少将特拉福德·利·马洛里带领下被叫来帮忙。这一天结束时，记录显示有69架德国空军的飞机坠毁，还有31架遭到严重破坏。皇家空军损失了63架战斗机，还有62架受损。但是双方都宣称自己的敌人遭受的损失要严重得多。德国空军方面，这些夸大的数字让人信服，机组人员被告知他们赢得了战争。英国方面，简单的事实是皇家空军知道他们不能再损失这么多飞机了。照这种速度下去，皇家空军在几个星期里就会不复存在。

8月20日，丘吉尔向下议院做了讲话，持续了近一个小时。他说这场战争虽然看不见一战时那样的"大规模屠杀"，但它却是"一场战略、组织、装备、科技、机械以及士气的较量。我们的科学显然是比他们的发达"。然后他谈到了成为一时的英雄们的皇家空军的飞行员，"他们的出色表现是我们每天亲眼所见的"。他说每个人都应该"对英国空军表示感谢，他们不因实力悬殊而气馁，在不断的挑战和致命的危险面前永不停歇，用他们的英勇和奉献扭转着战争的局势"。虽然这个时候英国的战争绝对没有胜利，但丘吉尔又说出了几天前他在车上对伊思梅说过的话："在人类冲突的历史上从未有这么多人对少数人亏欠这么多。"丘吉尔宣布最终在"驱逐舰换基地"的交易中，美国同意借五十艘驱逐舰给他们后，结束了讲话。他说这将会将"大英帝国和美国这两个说英语的伟大的民主国家"联系到一起，他不认为"有任何的不安"。他总结说："即使我愿意我也无法阻止它，没有人能阻止它。就像密西西比河一样，它只管往前翻滚。让它翻滚吧。让它全速翻滚吧，势不可挡、无法抗拒，有益地到达更加宽广的境地以及更好的时代。"他坐下后议员们都站起来欢呼。然后丘吉尔回到唐宁街，他的私人秘书记录说他"在回家的车上，虽然走调，但一直唱着《老人河》这首歌。"

丘吉尔正在完成他作为战争领袖的伟大任务之一。他在团结这个国家，让听到或者读到这个演讲的每个人都心灵颤动。在国际上，他开始说服人们相信英国没有倒下，或者出局，没有像法国那样面对纳粹的进攻时眼睁睁地看着失败来临，反而是有决心继续战斗。同时，他还给国家赖以生存的皇家空军飞行员取了个别名叫“少数人”。一个朋友写道“他的话会永存，只要人们说话和记忆”。随着时间的推移，少数人的称呼成为经久不衰的记忆，不仅是对丘吉尔的演讲的记忆，而且还是对被称作“喷火的夏天”的这几个月的记忆。但是这个夏天还远远没有结束。

8 月 26 日，有三次重大的袭击。战斗机指挥部的压力开始显示出来了，这一天有一段时间当所有飞机都紧急起飞后，第 12 组没有来，由 11 组帮忙。结果德布登的机场没有受到保护，遭受了重大的轰炸袭击。第 12 组的指挥官利·马洛里开始对保卫英国的最好战略有了跟帕克不同的看法。他开始相信他的战斗机在组成三到四个大中队时最有战斗力。另一方面帕克认为最好还是以中队为单位进行袭击，保存其他中队的实力以便对后来的袭击做出反击，同时也是为防止他的军队过早地被卷入战斗。这次争论被称作“巨翅”争议，并且开始对战斗机指挥部的团结精神造成了分裂。

9 月初，英国空战进入生死关头。德国空军集中火力空袭英国皇家空军的基地，试图打破伦敦的空中防御力量。9 月 3 日，德军和皇家空军各自损失了 16 架飞机。两天后，皇家空军损失 22 架，德军损失 21 架。现实情况是，当一个英军飞行员坠机并能存活下来的话，那么他能在几天内恢复战斗力重新回到战场，许多实际战况是坠机往往是被击落，飞行员的存活几率较高。而一名德军飞行员被击落，那么他只能作为俘虏被捕获，德军的飞行员消耗很大。两周内，皇家空军有 103 名飞行员死亡，另有 128 名严重受伤，同时有 466 架战斗机严重受损。替代他们的是 260 名没有经验的“菜鸟”飞行员上阵。皇家空军几乎已经承受不起如此过度的人员消耗。看起来德军马上就要赢得大不列颠空战了。

希特勒命令德国空军不再轰炸英国城市中心，8 月 24 日一小部分海因克 111S 型轰炸机编队从中队中分离出来，结果错误地轰炸了伦敦的郊区。有 9 人被炸死。丘吉尔命令轰炸机司令执行报复行动，在接下来的几个晚上，80 架威灵顿号轰炸机轰炸了柏林。英军轰炸机只是付出了微小代价，但是却使柏林的人群非常愤怒。乔瑞说此前还从没有敌人的轰炸机敢飞过帝国的首都。希特勒对此狂怒不已，生出了取消轰炸英国城市的想法。在柏林的一个小型集会上希特勒宣布英国的城市将会被夷为平地，人群爆发出歇斯底里的欢呼声。

乔瑞在海牙召集空军指挥官们开会。大家一致感到困惑的是为什么皇家空军有那么多的战斗机。根据他们的情报估计，对方的战斗机应该早就被消耗光了。每一次攻击德国人都自我感觉已经达到消灭敌人的目标，但是每一次他们会发现顽强的英国飞行员正在等着他们。德国飞行员嘲笑他们自己的情报官员，所谓的“最后50架喷火战机”没完没了地纠缠。尽管德国空军的损耗承受能力超过皇家空军，但是战斗的情况不像他们预期的那么好。乔瑞命令在不到一个月的时间内执行第二套作战方案。根据希特勒的命令报复英国城市，乔瑞犯了大错并最终输掉了英国空战。

9月7日星期六下午3：30，英国雷达捕获到最大的一群入侵者正在穿越肯特海岸线。这群由轰炸机和战斗机组成的编队覆盖了800平方英里的天空。在本特利修道院，绘图员们看着来自东南海岸的越来越近的战情报告。帕克立即召集数个飞行中队迎战。每一个人都在等着下一刻的战况结果。入侵者飞过来了，他们已经连续轰炸了好几天，他们飞过了肯特的绿草地，来到了伦敦东南部的郊区上空。他们对准了乔瑞设定的目标——伦敦东部的码头和工厂。第一波燃烧弹落地后造成的惨象宛如人间炼狱，后续的轰炸毁坏了仓库和码头。码头是国家贸易的核心。大量的木材、印刷品、橡胶、面粉和其他生活用品瞬间化为灰烬。消防员迅速行动，燃烧的大火照亮了夜晚的天空。轰炸机连绵不绝，直到第二天凌晨4：30。

地面数百英亩的建筑物都在燃烧。大多数的码头工人存活下来，448人死亡，同时还有超过1500人受伤。然而，具有讽刺意味的是，德国空军决定放弃攻击皇家空军的地面基地，因为攻击貌似并不能带来胜利。现在是准备攻击民用和工业目标，试图打击人们的士气。这正是皇家空军作为生命的保护者所需要做的事。战斗机司令在不断的轰炸下根本就存活不了几天。现在轮到伦敦的人来对抗敌人了。

在同一个星期六，有情报传来暗示说德国人准备进攻了。截获的消息和空中拍摄的照片似乎都显示停在法国海峡港口的游艇蓄势待发。参谋总部在下午5：30召开了一次紧急会议。他们相信德国人的攻击可能在第二天来临。当炸弹开始落在码头和英吉利海峡东头时，参谋总部命令英国所有的防御部队“一接到通知就立刻准备行动”。就在那天晚上8点过后，总指挥部、地方军自发地发出了一个代码词叫做“克伦威尔”。这是攻击临近的信号。举国上下，防御军队和地方军都继续保持警惕，等待着。但这是一次错误的警示。希特勒不准备进攻。

丘吉尔视察了好几个遭受德国轰炸的城镇。在8月底视察多佛和拉姆斯盖特时，他被那些房屋被毁或者严重受损的人所处的情况深深地震撼了。他马上说他会勒令财政大臣对希特勒轰炸的受害者给予完全的补偿。这个政策于9月初被战时内阁通过。在海峡东端被轰炸后的第二天，丘吉尔视察了迄今为止损害程度最严重的地区。当他和他的一小组随行人员到达时火焰依然燃烧着。整排偷工减料的房屋被炸成一堆堆的碎石。在一些这样的碎石堆上插着纸制的联合王国的小国旗。今天我们可以想象幸存者会质问一位权威人物并指责他未能给他们提供足够的保护。但是丘吉尔实际上被当众滋扰了。“好人老温尼!”人们大声喊道，“我们早就想到你会来看望我们。我们接受你的看望。以牙还牙地给他们炸回去。”丘吉尔一直是一个很情绪化的人，在面对这些挑衅的回答时他情绪失控了。伊思梅将军在护送他通过人群时困难重重，他听到一位老人说：“你看，他的确很在意，他哭了。”丘吉尔在港口区一直待到天黑，尽管人们都恳求他离开，但他拒绝了。然后空袭警报拉响了，德国空军又回来了。丘吉尔的汽车掉进了一个轰炸造成的塌陷里，一串燃烧弹落在离他们不远处。当一行人最终回到唐宁街时，伊思梅因让首相冒了这么大的生命危险而受到谴责。他愤怒地回应说任何能在这样的远足中控制首相的人，都欢迎他下次来试一试。

星期天晚上，在空袭中又有412名普通百姓被炸死，星期一有370人被炸死。对伦敦的闪电战全面展开了。9月11日皇家空军损失了31架战斗机。很明显英国战争打到了顶峰。四天后德国空军进行了两次大的袭击。派克的军队在两次袭击中间几乎没有时间去添加燃料、重整军备。但利·马洛里的大翅膀从北部飞过来，对德国轰炸机造成了严重的破坏。

丘吉尔选择在这个星期天再一次访问派克的第11军，位于阿克斯布里奇的总指挥部。丘吉尔写的战时传记历史中对这次访问有着大量的记载。他描述说自己坐在最高处，看着下面的图形显示台，有20名年轻人在移动那些代表敌人编队情况的标志物。这像一个“小型剧场”，他和克莱门坐在“前排座位”上。他注意到写在黑板上的派克的飞机中队“准备行动”、“正在行动”或者“返航”的数量。跟这些数字一起的还有利·马洛里的赶来增援的飞机中队的数量。随着战争的进行，越来越多的德国编队在巨大的图形显示台上不停移动着，而派克“以他一个人那低沉而又平静的语调”命令更多的中队紧急起飞。丘吉尔亲眼所见的一切都在“这个精心设计的战争工具”中极其有序而高效地进行着。但毫无疑问在每个人面前上演的这场戏剧其紧张程度是显而易见的。那天下午晚些时候丘吉尔走到面色凝重的派克跟前问道：“我们还有其他的预备军吗？”派克简短而冷淡地回到道：“没有。”丘吉尔看起来非常严肃。他回来写道：“敌人很强大，我们的余地很小，利害关系是无限的。”五分钟过去了。然后标记沿着那个大桌子慢慢地往回挪了一点。德国人回家了。当丘吉尔从他的地下剧场出现时，“警报消除”的声音回响着。当他回到他的乡间别墅，有人告诉他说183架敌机被击落，而英国飞机只损失了40架。（后面证实真正的数字是56架敌机和27架英军飞机）丘吉尔后来写道这一天是英国战争中的“终极日期”，是“一场决定性的战争，像滑铁卢战役一样，这也是在一个星期天”。从那以后9月15日就成为英国战争纪念日。

当时丘吉尔和派克都不知道当德国空军着陆时，德国飞行员吃惊地报告了大翅膀从北面向他们发起攻击的消息。他们原本以为皇家空军几乎没有战斗机了，因此他们无法理解这些喷火式战斗机中队是从哪儿来的。他们沮丧地计算着自己的损失。损失了56架飞机和机组人员对他们来说是一个巨大的打击。这样的损耗率不能再继续下去了。两天后，意识到自己无法取得制空权的希特勒秘密下令推迟海狮行动。在几个星期的时间里，他开始计划进攻俄国，这是战争另一个戏剧化的扩展。

白天对机场和城市的空袭还在零星地进行着。但从现在起对英国的轰炸进入了一个新的阶段，类别上被称作闪电战。德国空军喜欢在夜间对城市和工业中心进行轰炸。在暂缓了一个晚上之后，伦敦在76个夜晚被连续轰炸。整个英国被严重轰炸的城市数量每个星期都在增加——朴茨茅斯、布里斯托尔、普利茅斯、伯明翰和利物浦都榜上有名。最糟糕的一次轰炸是在11月14日晚对考文垂的轰炸。554名老百姓被炸死，1200人受伤。尸体太多以至于不得不将他们排成排地进行集体埋葬。在闪电战中，第二次世界大战成了人民的战争。总共有43000名老百姓被炸死，超过150000人受伤，25000人无家可归。

但丘吉尔是对的，9月15日是决定性的一天。英国战争取得了胜利。不是在传统意义上的胜利，而是在摧毁敌人方面的胜利：皇家空军损失了1173架飞机，510名飞行员牺牲；而德国空军损失了1733架次的飞机，有超过3300名机组人员牺牲、受伤或者被俘。德国空军依然是一支强大的队伍，至少还可以坚持三年的时间。但这对英国而言是一次胜利，因为希特勒计划摧毁皇家空军，取得英格兰上空的制空权，然后可能会入侵英国。但是他失败了。随着入侵计划被秘密地重新部署，并返回到他们的主人那里，皇家空军依然掌控着英国的制空权。英国人民屈服于德国人的淫威之下。在更长的时间范围里，当盟军准备就绪时，英国成为一个基地，从这里发起了对欧洲的进攻以及对希特勒第三帝国的最终攻击。

有关伦敦人民以及整个国家在面对希特勒的闪电战时的团结精神的文章已经写了很多。近几十年中历史学家对传统的“我们都是一个整体”、在此期间分歧都被放在一边的观点进行了严峻的挑战。毫无疑问偶尔会有混乱发生。有时当地政府权力机关在想要管理他们的居民的混乱局面时悲惨地失败了，狭隘的官僚圈子让人们感到失望、愤怒和脆弱。有时人们惊恐地涌出城市，即使他们被告知不能这么做。有时在房屋的主人还在空袭避难所没有返回家里时，他们被炸过的房子还会被抢劫。英国人表现出在轰炸期间任何其他地方的人都会有的特征。恐惧变成了恐怖，又变成愤怒，而后是疲惫，一直演变到成为强烈的复仇欲望。但同样毫无疑问的是在整个这个可怕的夏天，丘吉尔一直在激励着英国人民。他视察了遭受轰炸袭击的地方，这以一种在今天这个更加愤世嫉俗的时代难以想象的方式鼓舞着轰炸的受害者。

在战争年代里，英国人民每个星期都要去影院。这是一个极其受欢迎的娱乐媒体，在播放主要的电影前会播放一些新闻短片，每个电影院都会一周两次地播放一些新闻故事汇编。当时的新闻短片一点都不像今天的电视新闻。这些新闻短片必须依赖 35 毫米的胶卷，经过加工、开发和编辑后，他们播放时经常已经过期好几天了。但是这个时期的有些新闻短片很清楚地抓住了人们对丘吉尔的普遍态度。不像希特勒和墨索里尼的那些有着浓重的舞台表演特点的新闻短片，丘吉尔通常都在视察轰炸地点或者参观工厂。他经常戴着一顶帽子，他会向人群挥舞这顶帽子，或者如果他周围的人群看不清楚他时，他会把帽子放在拐杖的顶端然后举起来在空中向人群挥舞。他经常叼着他标志性的雪茄作为道具。他时不时地举起手指做出“V”的手势来代表胜利。他几乎经常看起来都是目中无人的，甚至在别人看见他被自己亲眼所见而感动时，他那顽固的精神就出来了。这些镜头不是某个聪明的新闻制片人导演的。这也不是信息部或者内阁办公室掌管的。这就是丘吉尔最真的自我。即使新闻摄像机不在那里为他拍照，他照样会去拜访这些地方。就像他自发地去拜访空袭受害者而受到亲眼看见他的人们的热烈欢迎一样，新闻短片的场景将其投射到更广泛的观众中去，传达了同样的鼓励之情。

但是，从1940年夏天开始，被人记住的是丘吉尔的语言。自从他长大成人以来语言就对他起着至关重要的作用。从他嘴里说出的滔滔不绝的词语要么在成百上千的演讲中被使用，要么被记录在几十本书中、几千篇文章中和无数的备忘、会议记录和官方文件中。历史学家大卫·坎纳丁将他非凡的生崖描述为“一个经久不衰的、光辉绽放的并且几乎没有间断的独角戏”。他一生中大部分时间都因他的演说而受到人们的尊重，但人们也对他表示过怀疑。丘吉尔总能说出精彩的词语，但他说的是对的吗？在20世纪90年代，张伯伦曾说过：“丘吉尔的演讲是非常精彩的，人们成群地跑来听他演说，他们说这是伦敦最好的表演。但就我能判断的是他们认为这仅仅是表演，目前人们不准备相信他的人格，对他做出的判断人们更加怀疑。”但在1940年夏天丘吉尔完全理解了公众的心情。他那非黑即白的看待问题的方式使得他将胜利与失败、自由和专制、文明和野蛮之间的斗争呈现得很高贵。大部分英国的成年人都听了他1940年的广播演说，接近四分之三的英国人口。很多人似乎感觉到丘吉尔在表达着他们自己的心声情感，而他这种方式是他们所无法表达的。他的演讲成了对付希特勒的武器。当英国人和德国空军之间只剩下侵略与很可能的失败时，丘吉尔的挑战和他的历史感给予英国人民一种自豪感，他们经历的时刻跟西班牙无敌舰队出航或者拿破仑发出威胁的时刻一样关键。他的演讲坚定了人们的决心——英国会挺过这一关，然后予以还击。后来丘吉尔谦卑地说是他表达出民族的意志，英国人民拥有“勇敢的心，我很幸运地被叫到那里让其发出咆哮声”。但这样会贬低他的作用。一位新西兰编辑写信给BBC说：“丘吉尔先生的演讲跟一艘新式的战舰一样好。”伟大的美国记者艾德·默罗当时从伦敦进行了报道，他观察并很好地总结了丘吉尔“将英语语言动员起来并将其送上战场。”

到1940年9月，丘吉尔成了英国人民无可匹敌的领袖。在一次盖洛普民意测验中他获得了高达88%的支持率。关于他是否是这个职位的合适人选的质疑都被忘记了。保守党人所害怕的他不能被信任、他不可靠以及一个太过我行我素的人都被放到了一边。当他在6月份做出他的“最精彩时刻”的演讲时，观察员注意到在下议院中大多数的工党席位在为他欢呼。现在保守党人无一例外地同样也都支持他。在1940年夏天的这四个月以前，从未有一位首相的声望上升得这么快，这么地引人注目。这是一次非凡的转折。在战争最激烈的时刻，丘吉尔一天晚上对他宴请的客人说他对自己为什么能如此受欢迎感到疑惑。自从他当上首相以来，“一切都错了，除了灾难以外他没什么其他的可以宣布。”他的讲坛只有“血水、汗水和泪水”。但是这些很符合人民的心情。虽然没有人确切地知道随着英国战争进入闪电战，被入侵的威胁增大了，丘吉尔成功地带领这个国家度过了最黑暗的时期。但通向胜利的道路是漫长而艰辛的，丘吉尔还必须证明他有合适的规划以及在他周围有合适的人来迎接这个挑战。

第五章　巫术般的战争

1939年11月5日凌晨时分，在那时仍保持中立的挪威首都奥斯陆英国领事馆的窗台上留有一个包裹。署名仅仅是："一位希望你一切都好的德国工程师。"包裹里装有几张打印的东西，看起来跟德国最新科学研究的细节有关。这其中包括雷达装置的信息、新式的炸弹和炮弹的导火线、俯冲轰炸机的进展、火箭技术的发展、在波罗的海佩内明德的大型试验机构的细节以及对被称作"Y－Geraet"或者"Y－设备"的雷达导航的夜间战斗机的描述。当这个包裹被送到伦敦的科技情报部时，人们非常怀疑地认为这些文件是用来迷惑或者误导英国科学家的。这些报告的复印件下令被毁掉。实际上，随着战争的展开，被称作"奥斯陆报告"的文件中描述的细节一个接一个地变成了现实。报告揭示了科学家之间的战争跟士兵、水兵和空军之间的战争一样。丘吉尔称之为"巫术战争"，他召集来为英国服务的科学家和发明家是他战争实验室的重要成员。

也许自从人类第一次用石头打击野兽以来，他们一直在想办法提高打火石的灵敏度或者石头的破坏力。自从人类第一次使用金属武器打击他们的对手以来，他们一直试图提高武器的有效性和力度。当然自从中世纪末期军火被引进以来，枪支制造者一直在设法提高其武器的准确性、射击速度以及整体的破坏能力。达·芬奇一直以他艺术的天分而闻名，但实际上他一生中大多数时间都在为他的赞助人想办法改进军事机器，发明新的装备来摧毁敌人。换句话说，科技的应用一直伴随着战争技术的发展。

但在工业革命前后，军事与科学世界、士兵与科学家隔绝开了。随着武器行业成为一个专职职业，它开始演化出自己的行规以及风俗习惯等。士兵们认为他们只有自己才懂得战争，不需要那些不懂他们专业知识的外行人来掺和。在19世纪，当兵成了一个天生保守的职业。军官们的决策可以直接导致他部下的死亡，将军们的战略可以以牺牲大量的性命或者国家的耻辱而告终，不想试验性地使用新方法和新思想可能会导致战场上更大的损失。伴随着这种态度演化出了西方很多国家将军官的生命与当兵的世界联系起来的固定习俗，这是一种团队的习俗，不同的兵团中非常微妙但又严格的社会等级制度。对于军官们而言，当兵产生了一种排他性的社会生活方式，这种生活方式来源于传统以及一遍一遍重复的同样的程序。比如在英国，有很多海军不愿意放弃航海而改用汽船，这在现在看起来很令人惊奇的。即使在内燃机主宰这个世界的时候，很多陆军将军依然拥护骑兵的价值。这种保守的观点在如何打仗的问题上（经常有人说每一个新的战争都是用上一次战争的方法去打的），毫无条件地接收命令和权威在军人的脑海里根深蒂固。当科技开始挑战、质疑以及改变世界时，大多数发达国家的陆军和海军选择将他们的思维固化在一个固定下来的、得到验证的系统中。正如这个故事中一位重要的角色索利·朱克曼所写的那样："科学家的习惯是发问质疑，而士兵的习惯则是服从。"

这就是丘吉尔首先进入的桑德赫斯特军校以及后来的第四轻骑兵团——英军的一支精英骑兵团的状况。但正如我们前面看到的那样，丘吉尔并不是一个标准的骑兵副官。他通过阅读来开阔视野。在长假里他不是出去猎狐，而是去遥远的发生军事冲突的地方去体验战争。然后他记录了这些经历，并且对他的高级长官做出的决定提出质疑。虽然丘吉尔在维多利亚时代的思维模式达到顶峰的时刻进入了英国军队，虽然他热心地参加骑兵团的活动，但他并没有持有要爬上军事系统高层所必须的那种思想状态。他的思想太活跃，他的野心让他无法安于一种按照军官等级，缓慢而逐级晋升的职业。

当他在1911年以第一海军大臣的身份重新回到军队时，人们将他与一些极端的思想联系起来，因此他那思想丰富的大脑总被新思想所吸引，这就不足为奇了。从他对皇家海军空勤部队的热情开始，他大力地支持将燃料从煤转为燃油的涡轮发动机，战争来临时他鼓励发展了很多的新技术，从伪装猎潜舰到坦克，再到在40房间进行的密码破译。他想制造一台机械装置来穿过带有倒钩刺的铁丝网进入无人区并能穿过敌人的战壕（后演化为坦克），当他的这种想法被部队以"不太可能取胜"的理由拒绝时，丘吉尔深感沮丧。在他十年之后写的

《世界危机》里依然能看出他的愤怒。在一战前夕的最后十五个月里，他担任着军需保障部部长一职，又一次急切地想找到能提高产量和生产速度的新系统和新的运作方法。在之后的时间他寻求更多的新技术和新策略来让皇家空军充当帝国的警力，就如在签订爱尔兰合约时做的谈判一样与宿敌建立新的协议。年轻的时候他受到自负的、头脑封闭的、保守的军事指挥官的强烈反对。他在印度、苏丹、波尔战争以及在海军部都遇上过这种人。在他写的很多书里都表达了需要有活力的、善于创造的思想。“几乎所有被看做是军事艺术的杰作的战争都是一些运用技巧的战争，敌人发觉自己被一些新奇的临时手段或者装置所打败，通常都是一些稀奇古怪的、灵敏的、出其不意的方法或者策略。”从某种意义上说，这句话概括了他寻求新的极端的方式来解决军事问题。截止 20 世纪 40 年代，这不可避免地意味着科学家与士兵某种形式的合作。

当然丘吉尔是一个意识到自己对科学知之甚少，而且对数学一窍不通，他在学校时就觉得这门学科非常难，同时他数学考试不合格差点导致他没有资格参军。因此在 20 世纪 20 年代丘吉尔与弗雷德里克·林德曼教授建立了深厚的友谊，他非常尊重这位被人称作“教授”的人。林德曼在很多方面来说是最不可能成为卡特威尔庄园的客人的人。他是一个素食主义者，而且还是一个不吸烟的禁酒主义者！他时常穿一件黑色的正式的西服，看起来老是那个样子。吃饭时他穿着晚装。不管天气怎么样，他只要外出就戴一顶圆顶礼帽，带一把雨伞。他是一个似乎很喜欢惹人生气的怪胎。过马路的时候，他从不停下来看看，他只是走下人行道，挥舞着他的雨伞，冲过车辆（当时车流量没有现在这么大）。与人谈话时，他总是直言不讳，充满了挑衅。战前在卡特威尔庄园丘吉尔的餐桌旁当有人问他对道德的定义时，他回答道：“一个能给我的朋友们带来好处的行为我认为就是道德的行为。”克莱门悄悄地对提问的人说：“难道教授不是经常说些可怕的事情吗？”

但林德曼是一个有着伟大地位的、在国际上享有盛誉的物理学家。一战前在柏林做研究时他就认识了爱因斯坦。1915 年他加入了位于法恩伯勒的皇家航空研究院，在那里他做了很多重要的工作，包括找到一种让飞行员可以拔出旋钮的方法，那个时代这种行为经常是致命的。为了验证他的数学计算在实际中是否真的有效，他有可能学过飞行。结果证明那的确是有效的。1919 年，他以实验科学教授的身份进入牛津大学。那时候牛津的科学赶不上剑桥，林德曼对被严重忽视的克拉伦登实验室的发展起了很大的推进作用。

丘吉尔后来这样描述林德曼的价值：能给他用明白易懂的朴实的术语向他解释科学是怎么回事。林德曼渊博的科学知识以及自信使得他能够给丘吉尔总结任何的科学问题，不管是原子的潜能问题还是（我们以前看过的）常规的卵形手榴弹。丘吉尔写道："一天只有24小时，其中有七个小时必须用来睡觉，三个小时用来吃饭和娱乐。如果一个处在我这种位置的人试图扎进一个用一生的时间学习都无法测量的深度，那他肯定会崩溃。我需要掌握的是实用的结果。"这就是林德曼所提供给他的。他写给丘吉尔的备忘录通常只有两页，双倍间距，字体很大。他经常想办法将最复杂最难以理解的科学思想浓缩成精华好让他的老板消化。

1939年在丘吉尔回到海军部时，他要他的朋友跟他一起过来，因此林德曼离开牛津跟随着丘吉尔。当丘吉尔当上首相时，教授继续在他的战争实验室担任着重要的角色。他被任命为新成立的首相统计部门的领导，这个小部门由六到七个经济学家和一名科学家组成。它的作用是充当丘吉尔独立的智囊团，他们四处奔走，深入到战时政府和管理的各个层面。林德曼几乎每天都跟丘吉尔会面，就一些科学问题、军事问题、逻辑问题甚至是经济问题向丘吉尔提出建议。大多数周末时间，他都和其他的随行人员跟丘吉尔在首相的乡间别墅度过。当丘吉尔出国时有时他也会陪同。在战争期间，林德曼向丘吉尔递交了大概两千多份备忘录，平均下来大概一天一份。他的传记中说他给丘吉尔当科学参谋时，给予丘吉尔"比历史上其他任何科学家更多的力量"。无可避免地这个难以相处的好斗的人身上充满了争议性的东西。同样由于他易怒的自负的性格，经常看上去是高傲自大而顽固，因此无可避免地与其他主要的科学家之间有争吵。

但丘吉尔担心白厅机构对新的科学剧变反应迟缓，好的建议要花太长的时间才能一层一层传达到他跟前。因此他想让林德曼待在身边，不仅是为了让他以一种特别的方式给他解释新科技，同时也是为了让他建议这场巫术般的战争还需要些什么。统计部门准备了表格和图表一览表来说明各个战区的军事部门的长处，并保存一个大西洋上货运损失的运转记录。丘吉尔对这些册子感到骄傲，经常向国王、后来向罗斯福总统展示这些册子。

回到20世纪30年代，首相斯坦利·鲍德温曾在国会上说："炸弹总能通过。"他说这话的意思是没有有效地能够防御敌人轰炸的办法。在实行安抚政策的时期，简单地接受英国在未来的冲突中将遭到轰炸这一不可避免的事情成了政府的一项政策。丘吉尔和林德曼不能接受这种失败主义的态度，林德曼在

1934 年 8 月 8 日写信给《泰晤士报》：

星期一在下议院关于扩充我们空军的建议的辩论中，似乎所有人都理所当然地认为没有什么可以防御敌人的轰炸机，目前没有什么办法可以阻止恶意的轰炸，我相信这是真的。没有什么发明或方法来保卫人民的安危，这是命运，而这种想法在我看来根本不大可能发生。面临这样的威胁时采取一种失败主义的态度是不可原谅的，除非很明显地表明所有科学的源泉和创造都枯竭了。

林德曼的信像一个叫醒电话一样，必须采取措施发展防御力量来应付对英国的轰炸。这是巫术发生的地方。

英国成立了一个委员会来调查科学和技术的发展是如何帮助侦察到敌机的。亨利·蒂泽德爵士被要求主持调查工作。蒂泽德被称作英国最伟大的国防科学家之一。他开始是一名化学家，但后来放弃了纯科研，转向想办法将科技的发展应用到解决实际问题中去。蒂泽德是一个出色的主席，以善于提出明确而精彩的问题著称。当时他是伦敦帝国学院的院长，他对学院的发展起到了很大的推动作用，就跟林德曼提高了牛津大学的克拉伦登实验室的地位一样。蒂泽德在很多方面都跟林德曼齐平。的确，他们一战前在柏林就互相认识并成了朋友。但他们在如何将科学带到主流的问题上意见分歧很大。蒂泽德致力于公共管理研究，孜孜不倦地在好几个政府委员会里工作过。林德曼依附于丘吉尔，将政治准线看做是一条出路。当林德曼要求空防部成立一个委员会研究空防科学时，他发现蒂泽德已经在运作这样一个委员会了，他将这看做蒂泽德和空防部对他个人的冒犯。林德曼并没有跟蒂泽德一起工作，他们俩闹翻了。如果他怀有恨意的话，教授是永远不能被原谅的。

在这种情况下，英国在无线电侦破即雷达方面取得了重大的进展。当丘吉尔在 1935 年加入防空研究委员会时，他第一次从蒂泽德和其他人那里听说了雷达的早期发展。雷达起源于探寻一种奇怪的“杀伤性射线”，这种射线可以沿着一束光传送足以摧毁一架敌机的能量。1935 年，担任斯劳市国家物理实验室无线电研究站站长的罗伯特·华特森瓦特受命对此进行调研。他很快证明所需的能量如此之大以至于杀伤性射线在科幻小说里根深蒂固，但在科学现实中并非如此。但华特森瓦特是 20 世纪 30 年代英国科学界敢于直言不讳的标新立异的人物，他有强烈的预感即科技会被用来改变未来。他观察到无线电波会从一架飞机上弹回，在使用达文特里的 BBC 广播电台的短波无线电发射机做了试验后，他发明了一种可以测量飞行物位置的系统。英国空军部很快抓住这项发明的潜力，提前预警袭击者的靠近。在一个“炸弹总能突破”的时代，这个优势将会带来决定性的影响。

休·道丁元帅当时掌管皇家空军的研发工作。他对无线电的发展印象深刻。他同意划拨十万英镑作为实验这个装备的研究经费，这是一大笔钱。先是在萨福克郡奥福德的简易的环境里，后来在鲍德西附近，华特森瓦特和他的一小组科学家发明了20世纪最伟大的发明之一。他们首先找到了使用无线电发射机和阴极射线管来测量飞机的距离，然后是高度，最后是飞机载荷的方法。尽管防御预算经费很少，在华特森瓦特的领导下，雷达技术飞速发展，陆军和空军都开始对他的试验产生了兴趣。我们以前曾谈过，当道丁接任时，皇家空军战斗机司令部制定了一个计划，使用制导雷达系统对英格兰的空防做出部署。但道丁和他的科学家们取得的主要成就在于将科学与作战结合起来，将新科技信息过滤加工后用于有效的战场计划中去。20世纪30年代末在肯特的比金山机场进行的一系列测试中，蒂泽德发挥了决定性的作用。他计算出快速的战斗机在拦截速度较慢的战斗机时所需的角度。这成了后来的“蒂泽角度”，一直被使用到60年代，直到计算机开始从事这种计算。整个过程标志着一次微妙而又主要的变化。飞行员们传统上都是按他们自己的巡逻和观察来操作飞机的，而现在则是在他们的控制者指挥下命中敌人，这些控制者根据严格的科学规则来读取、解释以及预测德国空军的飞行路线，然后发出指令。这被人描述为“对新的空军和科学家之间的关系有着至关重要的作用”。在英国战争中，毫不夸张地说雷达意味着胜利与失败的区别。虽然它不是为皇家空军带来胜利的唯一因素，但没有雷达的话，肯定是要失败的。

在战争之前，一些高级科学家意识到科学会在将来的冲突中起到重要作用。由于害怕政府对战争准备不足，他们起草了一份有七千名科学家的名单，其中有些在大学工作，其余一些是在工业领域工作。每位科学家的名字和专业都被输入到一个叫做“中央寄存器”的卡片索引中。通过这种简单的方法，物理学家、工程师、化学家、生物学家、天文学家和植物学家都被仔细地列了出来。这样一来，比如当商船队需要一位海上冷藏方面的专家时，合适的人选能很快被找到。虽然很多高级官员依然对这些科学家如何适应军事工作心存疑虑，但空军部对他们持欢迎的态度，因为在一项将雷达融入具有可操作性的防御计划中去的工作中他们一直都有参与。皇家空军在三军中是最年轻的队伍，显然他们需要依靠科技来提高其空中作业能力。所以当这种新型的、被称作“专注于军事研究的科学家”首先受到了国家飞行员们的欢迎，这点不足为奇。“专注于军事研究的科学家”是在战争中开始普遍使用的一种充满感情的称呼，用来称呼那些使用自己的创造力、坚忍不拔的精神以及他的能力想出一些古怪而又绝妙的办法来解决问题的科学家们。（他们指的是几乎所有的目前尚未在科技领域取得成就的科学家。）有时候他们加入了军队，但通常情况下他们还是老百姓的身份，通过一些政府的顾问委员会来展开工作。这里经常会有无形的压力。高级军官们通常都是从贵族或者中上阶层中提拔起来的，都有保守倾向。军事科学家们一般都没有多高的社会地位，他们来自各种不同的背景，通常做事都比较极端。尽管如此，军事科学家在以后几年会给军队带来很多好处，毫无疑问他们为同盟军的胜利做出了重大的贡献。

战争中科技取得的伟大的胜利之一就是对德军密码的破译。在 20 世纪 30 年代，德军发展出一种使用恩尼格玛密码机的高度机密的通信方式。这是一种能够通过一系列的动叶片来破译任何密码的电子机械型的打字机。加密信息通过传统的无线电信号进行传输。军事各个方面使用的恩尼格玛密码机在结构上稍有差异，但其基本的工作原理是一样的。每隔 24 小时操作者就将机器后面的动叶片重新设置一下，以便每天都能用一种不同的格式来破译信息。德军坚决相信他们的恩尼格玛密码机是安全的，因为虽然理论上敌人可以破译一份密报，但他们估计这要花费太长的时间，等敌人真正破译后，动叶片早已被重置，新的密码产生了。因此德国人完全信任他们的恩尼格玛密码机，德军最高领导层定期跟纳粹国防军和德国空军通信，发送命令并收到战地报告，报告里充满了有关地址、部队的优势、伤亡人数以及作战计划等等一些宝贵的细节。

战争开始前，波兰情报部门曾截获一个恩尼格玛指令册，甚至还拿到了一台密码机，因而能够破解德国密码系统。1939 年夏天，法国情报部门和英国机密情报局开始对此产生兴趣。就在战争爆发前，政府密码和代码部将大约一百名密码破译者转到位于伦敦北部的布莱池利公园，一座郊区住宅里。另外一些数学家也被招到这里来工作，很多都是从附近剑桥大学招来的。在波兰后来是法国战败后，布莱池利成了同盟国主要的密码破译中心。这里进行的工作量很快就超过了府邸和马厩的承载量，因此在这块空地上又用砖搭建了很多小屋。在几年的时间里，有七千多人在布莱池利工作，还有更多的人在一系列的分部工作，这些分部遍布全国，从多塞特到苏格兰北部都有。他们包括无线电操作员、数学家、密码翻译者、翻译以及数百文书工作人员，其中很多人来自于皇家海军妇女勤务队。

在众多在布莱池利工作的有着超凡性格的人当中，艾伦·图灵是其中最例外的一个。他是一名高级数学家和机械工程师，他是皇家学院剑桥的学员，战前曾写过一篇关于可计算数的先驱性的论文。他来到布莱池利的时候不满三十岁，充满稚气的表情，但一副不修边幅、古怪的样子。他的裤子经常用一根旧带子绑起来，他经常不刮胡子，蓬头垢面，说话时有口吃。他非常害羞，有一段时间养成了一种一连工作好几天然后被累垮的习惯。他的长官从未真正了解他。但他管理着布莱池利著名的第八号小屋，在那里他帮助设计了第一批“炸弹”，这是一台巨大的有六七英尺宽的机器，由三十个高速运转的能处理成千上万个字母可能性的转鼓组成，这些转鼓快速地找出能够与密码字母匹配的明文密电。后来在战争中出现的巨人正是基于此，这是世界上第一台操作计算机，可以进行破译一些最复杂的电文所需的好几百万次的计算。开始时破译一个信号要花费好几天，但巨人将此缩短到几个小时，最后到几分钟。这是一个令人惊奇的突破，图灵继续帮忙创办战后计算机产业。因为是同性恋而受到人们的排挤，他在 1954 年吃毒苹果自杀。

虽然是个例外，很多在布莱池利公园工作的密码破译者中，图灵是唯一一个古怪但又杰出的人物。另外一个人是叼着烟斗、勤学的剑桥数学家戈登·威尔士曼，他第一个意识到密码破译者还有可能每天、甚至每一个小时窃听到德军高级指挥官们之间的谈话。当需要更多的人手时，他开着他的奥斯丁七世车到剑桥外面去游说他以前的同事和学生加入到他的队伍中来。彼得·特温，一位牛津数学家对陈旧的、古典主义者的密码学派很反感，他对这些数学界的年轻才俊能做出什么贡献表示怀疑。斯图尔特·米尔纳巴利是在战前被招募进来的一位国际象棋冠军。乔西·库珀是其中最古怪的人之一。当他思考时有一种特殊的习惯：将右手放在脑后轻抚左肩。他时常落座时没能坐到凳子上而一屁股坐到地上。大部分新来的人都是二十五六岁的年轻人，但也有一些年纪稍大的人，他们一战时曾在海军部 40 号房间工作过。奈杰·德·格雷是一战时最杰出的密码破译者之一。另一位 40 号房间的退伍老兵佛兰克·伯奇既是一位职业密码破译者，又是一位哑剧演员。一些新来的成员是女性，如在六号机房工作的戴安娜·拉塞尔·克拉克，以开着自己的本特利跑车在当地的乡间小路上飞驰而出名。语言学家菲比·辛亚德和芭芭拉·艾伯内西同样也是最早被招进来的。

今天，布莱池利公园（或称X站）的工作非常出名。有很多关于这个地方的小说、电影和电视剧。但在1939年至1945年整个战争期间这个地方是高度机密的部门。很少有人，包括很多在布莱池利工作的员工自己也不清楚密码破译这个工作有多重要。招进来的人被安排在不同的小组中，有着自己的任务，完全不知道其他组都在干些什么。很多新来的人被选中的原因是他们是百分之百可靠的，但在刚进入布莱池利时，有很多人都会被一位掏出手枪的安保军官接见。每个人都被告知绝不能透露自己所做工作的任何信息，也不能了解其他任何人。如果他们违反了，这个军官将会亲手枪毙他们。战后布莱池利公园的秘密也保守了很长时间。在20世纪70年代中期，才出现在那里进行密码破译的故事，人们才知道它对同盟军取得胜利的重要性。

从破译德军的密电以及靠窃听德军战场部队与他们的指挥部之间的对话得来的信息类别上都称作“绝密信息”。在丘吉尔成为首相的几周内这种消息来源就启动了。就像在一战时那样，阅读直接从敌人那里破译的消息对丘吉尔很有吸引力。他确实非常喜欢这种具有魔力的、带有神秘色彩的工作。他不愿意看信息的梗概，而是要求得到破译并翻译后的完整的原始消息。他不喜欢别人将事件轻描淡写地或者将事实歪曲地汇报给他，想给他描绘一幅比现实更美好的画面。每天无论他在哪里，都有一个特制的、褪色的黄色皮质的盒子由一名秘密情报局（SIS）的报信者交给丘吉尔。盒子里装的是最新破译的信息。只有丘吉尔一个人有这个盒子的钥匙，挂在他的钥匙圈上。这个盒子由代号为“C”的（后来在战争中在海军情报部工作过的伊恩·福莱明写的詹姆斯·邦德故事中的代号“M”就是从这里得到的启示）秘密情报局的主管传送到丘吉尔手上。“C”代指的是在二战时一直掌管秘密情报局到50年代的斯图尔特·孟席斯上校。德斯蒙德·莫顿会在绝密信息从孟席斯手上传过来时起协调作用，但所有的都直接送到了丘吉尔手上，他看完之后将信息再返回来。为了保护消息来源不被发现，使用了代号为“小旅店老板”的名字，向所有可能偶然听到这个消息的人暗示这个消息是由一个情报代理人，一个在德国内部某个地方活动的间谍提供的。即使丘吉尔最亲近的副官也完全不知道这些密电。只有少数高级部长、一些参谋长和他们的副手，大约总共三十人知道这些价值极高的高度机密的情报的存在。在以后的几年中，从德国国防军、海军、德军反间谍机关（德国军事情报部），甚至在德国警察和铁路上获取的破译电码揭示了很多德军的军事意图。德国海军使用了一种更加复杂的恩尼格玛密码系统，这个系统增加了额外的动叶片，对密码破译人员增加了极大的挑战。只有在 1942 年 12 月最终破译了这些海军密码之后，太平洋战争才开始转而对英国有利。当时，丘吉尔称这些密码破译者为“能生金蛋的鹅，从来不嘎嘎乱叫”。

1941 年 9 月，首相踏访了布莱池利公园并亲自视察了这些“鹅们”。他对所看到的随意的打扮和古怪的行为感到惊讶。他对孟席斯说道：“我知道我曾经让你千方百计地招聘员工，但我不希望你按照字面意思来执行我的命令。”他这些密码破译人员做了一个简短而又深情的演讲，告诉他们他们的工作是多么重要。但是因为身居高级政府职位的很少有人知道这里的工作进展情况，因此当布莱池利公园投标要求更多的员工和资源时，经常遭到拒绝。但这次他们承受的工作量要求进行大量扩充。因此在丘吉尔视察完一个月后，图灵、威尔士曼和其他两位主要破译人员直接写信给丘吉尔，告诉他说：“我们认为您应该知道这个工作目前正处在停滞状态，有时候完全无法开展，主要原因是我们没有足够的人手。”他们继续就深奥得让人无法理解的老板向首相呼吁：“几个月来我们已经做了通过常规渠道所能做的一切，但因没有您的介入，我们对未能早点取得进展而深感失望。”他们要求更多的打字员，更多的办事员，并要求取消各种瓶颈。丘吉尔收到信后给伊思梅将军发了一封备忘说道：“优先确保他们拥有他们需要的一切，做成之后向我汇报。”然后他用红色的“今天行动”的标签贴在这个备忘上。一个月之内，布莱池利公园大规模的扩充开始了。建筑工程部开始建设新的大楼，一项再招两千名员工的招聘计划开始实施。又一次，丘吉尔的亲自干预起到关键的作用。

在英国战争完全走上正轨之前，在雷达的作用被证明极具价值之前，军事科学家又开始对军事起到辅助作用。一位年轻的研究科学家 R·V·琼斯博士曾在牛津为林德曼工作过，他警告教授说德国人发明了一个复杂的光束系统来引导他们的轰炸机锁定目标。这种光束可以在任何天气的情况下，在白天或黑夜都能使用。林德曼将这一消息报告了丘吉尔，后者立刻意识到其重要性。没等动作迟缓的官僚机构对此情况进行评估，6 月 21 日丘吉尔在内阁召开了一次紧急会议。新任空防部长阿基保尔·辛克莱爵士以及飞机制造部部长比佛布鲁克跟蒂泽德、林德曼、华特森瓦特以及几名皇家空军部高级官员一起出席了会议。琼斯被召来参加会议，但当他那天早上上班发现有命令叫他去内阁办公室时，他认为这实际上是一个玩笑。因此他迟到了半个小时。他一到，丘吉尔就让他把情况简要描述了一下。琼斯只有二十八岁，但他面对高级官员毫不畏惧地讲述了他一段时间以来一直搜集关于德国人发明的一种秘密武器的报告，德国人倾注了无限希望的一种新型的夜间轰炸机。这看起来似乎跟代码“knickebein”有关，有点神奇地被翻译成“弯腿”。这年早期曾有一架轰炸机紧急降落，在一些文件中找到了“弯腿灯塔”的字眼。对被俘的德国空军机组人员进行审问，发现了其使用的特殊的新型无线电设备。在对更多被击落的轰炸机进行搜查后发现了更多关于“弯腿”的信息，其中包括将其与德国西北部一个叫“克里夫斯”的地名联系到一起的信息。同时，空中摄像发现了几座奇怪的塔，看起来不像传统的无线电灯塔。在一次无意中听到德国战犯说道：“他们永远不会找到这个地方。”琼斯觉得可能这个出现的系统中包含着新设备，可以使飞行员通过接收一束光在夜间或者恶劣的天气中降落。很肯定的是这个设备远比降落目的所需的灵敏度要高得多，一架皇家空军的飞机试探了一下后发现飞机接收到一系列的信号都与一束光有关。这时琼斯才意识到这些不是用来降落的，而是用来引导轰炸机命中目标的。

在琼斯讲述他的故事时，丘吉尔和与会的尊贵的高级官员都听着。丘吉尔后来写道：“大约有二十几分钟他说话的语气非常平稳，展开他那些具有偶然性的证据链，其说服力远比不上福尔摩斯的小说。”然后与会者展开了讨论。一些人表示怀疑。他们认为这样的系统是不必要的，反问为什么德军飞行员不简单地用星星来导航，就像皇家空军飞行员被培训的那样。但丘吉尔根据林德曼的建议，对蒂泽德对光束的存在持怀疑态度表示反对，他早已接受了德国人已经发明了这一系统的观点。当争论继续时，丘吉尔生气了，用拳头在桌子上重重地砸了一下。他命令首先调查对此采取怎样的对策。琼斯回到空防部自己的办公桌前协调调查名为“光束战争”的事情。

传统上人们认为短波无线电射束在远距离为飞机导航时其准确度欠缺，随着地球的弯曲他们会像探照灯的光束一样分散开来。但在琼斯的坚持下，以及通过带着俘获的德军设备飞行，皇家空军飞行员发现了从克里夫斯发出一束光，指向东部内陆的德比地区。这给参与人员当头泼了一盆冷水。德比是为喷火式战斗机生产莫林引擎的劳斯莱斯工厂所在地，对英国战争起到至关重要的作用。这束光的发现几乎引起了混乱，人们害怕德国人会在晚上轰炸这些对英国的战争极其重要的工厂。空防部的科学家和在靠近斯沃尼奇的多塞特工作的电信研究机构的科学家们一起全力合作。到8月中旬，横跨法国北部的所有的“弯腿”发射站都被找到（克里夫斯发射站被转移到加来）。然后军事科学家们想出了办法对光束进行电子干扰，以使轰炸机降落在离预定目标 15 到 20 英里以外的地方。这种反击措施帮助清理了由“弯腿”造成的令人头痛的问题，因此被命名为代号“阿司匹林”。到 9 月 7 日德军突然发动对英国的闪电战，大肆轰炸码头和伦敦东区的时候，第一阶段的光束战争已经取得了胜利。

当然，德国人很快就发现他们的光束被识别出来并偏离了方向。当德国空军转向一种名为“X－Geraet”或称“X 装备”的新型系统时，科技战争拉开了新的序幕。这是一种更加复杂的设备，使用超高频短波光束为飞机导航。当这些光束与十字光束交叉时，一位受过训练的导航员能够极其精确地识别出目标，据估计准确在一百码的范围以内。这个系统只有一种队形在使用它，一个特别的“探路者”小组，坎普夫·格佩鲁 100。坎普夫·格佩鲁 100 中的飞机能识别目标并投掷燃烧弹，然后这支夜间轰炸队伍的其他飞机会向有火焰的地区投掷炸药。

1940 年 11 月 5 日晚，坎普夫·格佩鲁 100 的一架海因克尔撞毁在西海湾的海滩上，靠近多塞特的布赖德波特。海水不断冲刷着轰炸机的同时，在坚持打捞抢救这架飞机的陆军和声称既然飞机落在海里，奖赏应该归他们所有的海军之间发生了争执。结果一些重要的电子设备刚开始丢失了，花了好几天时间才找到。即使在最终被恢复后也很难将其拼在一起找出工作原理。看起来似乎德军发射了八束光，但每一次轰炸中只使用其中的五束光。而且他们使用了两种不同的信号，英军称其为“良好的”和“粗糙的”。但依然不可能干扰或扭曲这些光束。

在使用高度机密电文并对光束如何产生进行仔细研究后，到 11 月中旬军事科学家了解到代号为“月光奏鸣曲”的一系列大规模袭击将要开始。但他们无法预测目标，依然不能干扰这些光束。很肯定的是：11 月 14 日晚上当纳粹空军轰炸考文垂时，他们也对伦敦外围地区进行最大规模的轰炸。这次轰炸是闪电战中最糟糕的一次。除了成百的平民的伤亡外，还有大教堂和二十多家工厂遭到破坏。围绕着这次轰炸不断有虚构的事故说丘吉尔知道轰炸目标是考文垂，但他没有对城市发出警报，也没有下令对这些光束进行干扰，为的是不泄露这样的事实：英国军事科学家早就知道德国人的系统是如何运行的。对那些花好长时间来研究如何扭曲光束的人来说这明显不是事实。事实上丘吉尔原以为此次轰炸是冲着伦敦来的。他命令他的秘书到地下避难所，告诉他们太年轻，不值得去送命。丘吉尔自己睡不着，晚上大部分时间都在空防部的屋顶上观望预期中的轰炸机。

到1941年早期，终于找到了一种方法可以成功地阻断X－Geraet系统。这种强大的反击措施代号为“无赖”。在轰炸前的黄昏时分德国人会发出光束，从这个光束上琼斯和他的团队最终能够识别当晚的轰炸目标的位置。但德国人又一次很快地研制出另外一种名为Y－Geraet的装置，或称Y装置，这种装置的早期版本在奥斯陆报告中已经有所提及。这种装置使用一种高度复杂的雷达系统指引飞机飞向预定目标。这个系统被英国军事科学家以更快的速度识别并破坏了。1941年5月，人们认为因为这些信号的扭曲误导德国空军轰炸了保持中立的爱尔兰首都都柏林。这种一方占据优势后，紧接着另一方想出对策来反击的拉锯战一直持续到当年5月，当时大部分德国空军被派遣向东去对付一个新的目标——苏联，因此对英国的闪电战暂时搁置。丘吉尔估计由于英国采取的反击措施再加上德国空军自身准确性的缺乏导致80％的德国轰炸未能命中目标。像他所说的那样，这“相当于一次伟大的胜利”。当然这也意味着有五分之一的炸弹还在攻击英国本土，他们在1940到1941年整个冬天以及初春时期造成了可怕的伤亡。但要是没有军事科学家们的工作，破坏性将会更严重。光束之战向那些曾持怀疑态度的人证明这将是一场科技之战。但丘吉尔早就为确保英国取得胜利做好了准备。

在6月21日召开的会议上，琼斯第一次将德国人的“弯腿”光束汇报给丘吉尔和皇家空军的负责人，但这次会议中一个不幸的后果之一就是亨利·蒂泽德的辞职。随着林德曼与丘吉尔的亲密接触，在他成为首相之后，林德曼和蒂泽德之间由来已久的敌对情绪重新出现，蒂泽德意识到自己的地位可能不保。他同样也承认自己在德国人使用光束的问题上对琼斯的怀疑是错误的。他从处在很多政府防御委员会顶端的位置上撤了下来。但丘吉尔不像林德曼那样对一个人心怀仇恨。他看到了蒂泽德的才能，很快就交给他一项新任务。

在1940年夏天，丘吉尔努力想说服罗斯福增加美国对英国战争努力上的投入程度。我们已经看到他一直非常成功地这么做了，但7月底丘吉尔自己做了一个极具戏剧性而又充满勇气的决定，这个决定将会对英美两国之间战争中以及之后很长时间的合作产生深远的影响。当时英国面临着被侵袭的危险，同时战败的可能性依然存在，丘吉尔决定与美国和加拿大分享英国的科技秘密。他之所以作出这个超凡的决定是基于这样的考虑：如果英国战败，至少新世界可以利用这些最新的科技成果继续战斗。这不是一种无私利的姿态，这是基于想让美国深入地参与战争的动机。但一个正在打仗的国家将自己的高级机密提供给一个非参战国是一种世界历史上独一无二的表示信任的行为。丘吉尔要求蒂泽德主持这次将机密透露给美国的至关重要的任务。

蒂泽德对他的新任务很热衷。他希望自己能成功地“在将美国政府带进战争之前，先将美国科学家带进来”，同时他也希望能鼓励美国人将自己的成果与英国分享，作为对英国的回报。他在微型雷达上收集了一系列能代表英国科学家最先进思想的报告，这种雷达是为空对空的化学战争以及爆破而设计使用的。他还将各种新设备的实物装箱随身携带。这包括后来在轰炸机上使用的三个动力炮塔；能在接近飞机时引燃的近炸信管，后来美国对此进行了大量的生产；还有一种新式的在双筒自动高射枪上使用的预测校正器。但最重要的是装在一个黑色盒子里的代表 1940 夏天英国科学家最高成就的空腔磁控管。

空腔磁控管是由伯明翰大学两位科学家——约翰·兰德尔教授和哈里·不特博士于 1940 年年初研制的。尽管雷达有着重大的价值，但它的局限性是不能发射出真正的短波无线电信号。空腔磁控管是能够解决这一个问题的真空管，它能将高压转化成具有强大动力的短波信号。当与一个接收真空管结合时，空腔磁控管几乎在一夜之间革命性地增强了雷达装置的动力和范围。雷达现在可以跟踪识别人的行动以及悬崖的位置来为海军舰队导航，它甚至可以辨别出潜水艇军舰司令塔的位置。同样它也用来在大雾或黑暗中为飞机和船只进行仪表导航。雷达的探测范围从四五十英里扩展到一百英里。空腔磁控管实际上是一个可以赢得战争的设备。当装有空腔磁控管的盒子在华盛顿一家宾馆里被打开并展现在一群美国科学家面前时，他们几乎都被自己所看到的深深折服。后来记录美国科技战争的官方历史学家将其描述为“简直是带到美国领土上的最珍贵的物品”。

丘吉尔做出的与美国分享英国机密的决定有着深远而重大的影响。美国在华盛顿成立了一家科技办公室，负责协调更多的科技思想的交流。美国派出了由高级军官和顶尖科学家组成的代表团赴英协商若美国加入战争则英美两国的合作方式问题。美国现在不仅仅是英国的一名亲密盟友（丘吉尔的初衷），而且它还投入了大量的工业力量研制生产一些最新的科学装备，其生产规模是英国在此后的战争中远不能及的。

1940 年夏天，在法国沦陷后而英国战争激烈进行时，很明显对英国的重大空袭很快就要来临，但国内的反空袭防御系统很薄弱。枪支不足，高射炮弹需要好几秒钟才能到达合适的高度来试图击中速度非常快的目标，这个过程依然有失误（大部分都未击中）。巨大的凹面声音探测仪被用来测量敌机的高度，但这些令人失望地都无效。负责防空指挥部的弗雷德里克·帕艾尔将军是一个充满想象力的人，他热衷于找到任何能提高炮手精准度的方法。在跟蒂泽德讨论后，他决定从大学以及工业领域招募一批人来应对这个问题。这群人由帕特里克·布莱克特教授领导，此人是剑桥大学的杰出物理学家，在一战时当过军官，了解军队的心理状态。这只队伍被称作“布莱克特马戏团”。

马戏团很快就展开工作，着手将科学原则应用到防空排炮的操作上去。雷达被用来预测敌机的路线、速度和高度。但跟皇家空军在制导位置的高塔上使用的雷达不一样，军队使用的装在高射炮上的便携式雷达距离地面的高度很低，因此受制于附近建筑物，甚至是周围地形上的小山和山谷的强大的干扰。经过实验后发现在雷达周围安装金属网能够为雷达提供统一的反射面，正好可以减少干扰。在几个星期里，军队征用了全国几乎所有可动用的金属网布置在排炮的移动雷达周围。

第二个任务是将雷达信号与枪支的击发控制联系起来以确保排炮触发后炮弹能够在几秒钟内准确地达到敌机将要到达的位置高度。为了寻求能提高枪支的命中范围机制的方法，布莱克特马戏团的工作人员夜以继日地收集大量的统计数据。在里士满公园进行了炮台的最佳布局以及集中火力最好办法的计算工作。1940 到 1941 年整个冬天，当德国轰炸机几乎每天晚上都飞过来对英国的城市进行闪电轰炸时，布莱克特马戏团的工作人员观察了敌人侵袭用的飞机并想出了最好的办法来打击他们。

这个将科学（经常是数学）上的理论应用于观察、评估、检阅，到最后提高军事能力的过程被称为运筹学。它开始在战争中发挥了重要作用，并很快从陆军扩展到海军和空军。所有的部队都有自己做事的传统，运筹学的军事科学家们能够观察评估这些传统，有时候能找到更有效的方法来达到目的。1941 年，布莱克特总结性地说运筹学可以鼓励将数学或者科学思想用到作战方面以“避免用突发的情绪去作战”。这是巫术般战争的中心要诀：科学分析比由来已久的传统方式能取得更好的结果，因此广受士兵、水手和飞行员们的欢迎。

布莱克特自己继续为海军效力，他的运筹小组在致命的大西洋战争中起了辅助作用。人们发现涂成白色的而不是传统的黑色飞机在海上更难被发现。在空军海防总队的飞机被重新涂色后，德国 U 型潜艇沉没的数量增多。同样人们也发现最简单的将投弹的深度重新由一百英尺调整到二十五英尺也可以增强杀伤力。的确，德军损失的激增使得被俘的U型潜艇的船员们以为皇家海军用一种新式武器来对付他们。在大西洋战争打得最激烈的时候，丘吉尔对U型潜艇的威胁深为恐惧，他在唐宁街每两周便举行一次会议，为了将他的团队做出的最新总结和观察结果递交给丘吉尔，布莱克特参加了这些会议（见第七章）。

皇家空军已经接受了一种将运筹学与雷达技术整合到战斗机指挥中的形式。信息处理室处理关于敌人轰炸机接近的信息，指挥中心用他们的图形显示台以及地图上标出的行动标记来确保要求扰乱敌人战斗机中队的命令已经下达，这一切在战前都已经计划好了。很快轰炸机总队就成立了自己的运筹单位，这个单位也提出了各种能提高运行效率的建议。根据计算集中的轰炸机攻击力比大量分散的攻击效果更好。这种思想导致英国从1942年开始了“千架轰炸机”的袭击行动。科学家们分析了飞机是如何被击落的，研究发现大多数出动后返回的轰炸机机身上只有一两个弹孔，但未受到结构上的损伤。科学家们意识到多数飞机坠毁是由于油箱着火或者在长途飞行时点火装置产生了汽油气。如果像氮气这样的惰性气体被注入到油箱中，即使飞机被防空火力的榴弹击中也不大可能突然燃烧起来。这个发现具有长远的价值，但在战争进行时取得的进展是有限的。

海外的皇家空军总队也成立了运筹单位。在开罗成立了一个重要的单位，就有关北非和地中海沿岸的战争提出建议。但科学家人数太少，尤其是数学家特别稀缺，因此很多刚从大学毕业的年轻人就穿上制服，匆匆地赶往中东地区。在这里，为了提高同盟军在地中海的战斗力，科学家们做了重要的工作，他们通过估算炸弹和向敌船投掷的水雷（水雷成功率相对较高）的命中率，找到了发现并击沉德军U型潜艇的最好办法。后来这个小组发现在海上橘色的救生衣和救生艇比传统的黄色更易于识别。在战争结束后很长时间，这个显而易见的简单的发现将会挽救很多落水船员的性命。

运筹小组不仅仅只是建议者，他们经常被放在指挥中心跟参谋部军官一起工作。他们的研究肯定了传统的做事方式有时是最好的。但当他们确实提出新的提议时，这些提议是否实施还是要由将军、海军部长以及空军首长来决定。军事指挥官的确经常会听从科学家的建议，这是科学与军事的平衡正在变化的一个标志。在战争初期，这些“巫术”产生的影响比任何人想象的都要大。

运筹学上另一位关键人物是索利·朱克曼教授。他刚开始是一名动物学家，对猿和猴子的生活作了重要的研究。战争开始时，他正在牛津学习解剖学。在冲突爆发的两个星期里，他和一些同事写了一本内容比较少的书叫《战争中的科学》。在《天空特刊》中登载出来后，这几乎成了运筹学中新科技的宣言。朱克曼继续估算了在闪电战中炸弹在人体上以及建筑物上爆炸时的后果。他发现人体比先前想象的更能承受爆炸，大部分伤亡是由建筑物倒塌等间接性的后果造成的。他开始计算由投掷下来的特定重量的炸弹所造成的伤亡人数。然后他去了北非，在一些从德国人手里夺过来的城镇里以及穿越沙漠的军事护卫队里开始调查空袭造成的轰炸效果。他用俘获的德军文件和地面观察的方式来进行评估。后来，他查看了西西里岛和意大利本土上轰炸对铁路交通的影响。他的发现结果将会在关于轰炸攻击性的谈论（第八章中涉及）中发挥重要作用。

当然，这些工作都是在丘吉尔没有直接参与的情况下进行的。但他对科学家的支持、他对变革和新思想的热衷以及他想要军事与“巫术”结合的愿望都为这粒特别的种子能够长成一片森林创造了合适的气候。这一切都根植于他的战争实验室。但是丘吉尔对那个团队中杰出成员的忠诚既对战争努力起到了帮助作用，同时也是一种阻碍。

1942 年，丘吉尔授予林德曼贵族地位，林德曼成了彻韦尔爵士（以后就用这个名称来称呼林德曼）。丘吉尔还稳固了他在政府的地位，任命他为邮政大臣。但丘吉尔对彻韦尔爵士的科学建议太过依赖。很不幸的是彻韦尔那生硬暴躁的个性使得他与很多杰出的人都有分歧。在彻韦尔坚决反对的人当中，亨利·蒂泽德爵士毫无疑问对战争努力是最大的一个损失。丘吉尔通常都善于用人，自从战争开始以前他就应该坚持要蒂泽德留在他以前那个真正杰出的位置上。但是首相与彻韦尔的友谊让他对蒂泽德的才干视而不见并在 1940 年以后允许蒂泽德退居二线。毫无疑问这是英国战争努力的巨大损失。1942 年 2 月在询问一个国会委员会时，蒂泽德优雅地总结了新科技的地位：“哪一个英国首相会让一个科技顾问不离左右?”然后他继续讲述他对战时英国的观察：“几乎所有阶段的国民生计都跟科学家息息相关。事实上我的一个战场说他要没有被挡住去路的科学家绊倒在地，他就几乎不能到达任何地方。”

但在这个时候，蒂泽德未能在战争实验室充分地发挥作用。他起着各种小作用，但没有任何一个可以与他早期在防空部的工作或者与他 1940 年夏天执行的美国使命能相提并论。这是战争中一次最重要的科技之旅。英国还有一个秘密要与美国分享，这个秘密将会产生更加重大更加深远的影响。

一战前，阿尔伯特·爱因斯坦推理出物质的最小单位——原子是由一些一旦释放就能产生巨大能量的物质积聚而成。在20世纪30年代，柏林的德国科学家成功地将原子分裂开来。然后在1940年早期，两名移居英国的德国人伦道夫·派尔斯和奥托·弗里希做出了一份非同寻常的声明，这两人一直在研究核分裂和如何将原子的能量释放出来。他们计算出了一颗炸弹在释放出相当于大约一千吨烈性炸药产生的能量时所需的铀的量只有一磅左右，不足半公斤，因此既不能用吨来衡量，也不能用几百公斤来衡量。他们的发现被送到蒂泽德手上，那时他还在空战科学研究委员会主持工作。蒂泽德跟乔治·汤姆森在他牛津的实验室里讨论了为这个非凡的等式找到一些军事用途的可能性。汤姆森带领了一批绰号为“贝列尔猎犬”的科学家，之所以有这样的称呼是因为他们总是在追寻最新的科学思想。蒂泽德决定成立一个由汤姆森教授领头的委员会来验证生产原子弹的可能性。一个政府委员会开始考虑生产原子弹的可能性，这在世界任何地方都是第一次。

在汤姆森和他的小团队开始他们的尝试后不久，从一位被流放的在瑞典工作的德国物理学家那里传来了一个奇怪的消息。消息说：“最近见了尼尔斯和玛格丽塔。他们两个都好但是对事件都不乐观。请通知科克罗夫特和莫德·雷·肯特。”其中尼尔斯是指杰出的丹麦物理学家尼尔斯·玻尔，他在战前一直就在研究原子科学。科克罗夫特是指伟大的剑桥科学家、诺贝尔奖得主约翰·科克罗夫特爵士，他一直是汤姆森委员会的成员之一。但没有人知道莫德·雷·肯特是何许人也。有人断定这个信息是使用了密码的，有可能是“Make Ur Day Nt”的变位词——提示德国人正在研制他们的原子弹，英国人要加快速度。汤姆森的委员会被重新命名为莫德委员会，在1940年到1941年的夏、秋、冬三季加快了其工作的节奏。

1941年7月，委员会递交了他们的报告，报告总结说在两年之内有可能造出一种有效的原子弹。当彻韦尔读到这份报告时，他对科学尚未验证的事表示怀疑，而且制造原子弹需要对已经用于其他有利的战时技术的大量资源进行重新分配。但是他对丘吉尔总结说：“我很肯定我们必须实施。要是我们让德国人抢先研制出原子弹并用它来打败我们的话，这是无法被原谅的。”丘吉尔同意德国人有可能研制的任何东西，英国都必须抢在前面研制出来，因此他成立了一个代号为“管合金”的高度秘密的组织来研制原子弹。

但是比英国的研制工程更重要的是丘吉尔同意将莫德报告传送给美国。这份报告在美国被归档后搁置了好几个月，直到哈佛大学校长、美国政府一位高级科技顾问詹姆斯·科南特有机会读到它。最后在 1941 年 10 月，他和其他科学家说服罗斯福总统同意美国政府着手研发制造一颗原子弹。罗斯福提议将英国人纳入到研制中来，但丘吉尔拒绝了，因为他相信他的科学家们会在美国同行之前研制出原子弹（目前他们的确是这样）。但是在 1941 年 12 月珍珠港战争爆发时美国正式进入战争后，他们加快了步伐，一切进展很快就超过了英国。1942 年 9 月，莱斯利·格罗夫斯将军被安排主管这个现在由美国军队监管的项目。三个月后在芝加哥造出第一颗原子弹。但是实践证明制造原子弹的工作远比汤姆森和他在英国的小组所想象的要复杂得多。被称作“曼哈顿项目”的美国原子弹研制工程雇佣了 37 个不同研究基地的 12 万人，成了有史以来一项规模最大的科学实践。罗伯特·奥本海默带领这项科学工作，最终四年后也就是 1945 年 7 月，一颗试验弹在新墨西哥的阿拉莫戈多成功爆炸。在试验现场的代号为“三人组”的其中一名科学家写到：

“突然一道强烈的闪光，这是我见过的或者我认为任何人曾经见过的最亮的光。当我们目光转到原子弹所在的位置时，它旋转着升起。一个新生事物就此诞生，一个新的控制，对人类新的理解，这是人类在战胜自然后取得的成就。对德国的战争提前两个月就赢得了胜利。对日战争也将在一个月内结束。”

原子弹有着奇怪的血统：从德国到英国，任何通过蒂泽德、汤姆森和彻韦尔到丘吉尔，从丘吉尔手上转到美国并整个产生于曼哈顿项目中。只有美国拥有巨大的资源，研制出在未来 15 年能改变世界政治和权力平衡的武器。但英国的战争实验室在发动这个活动中起了关键作用。无论好坏，科学家和士兵之间的伙伴关系在人类已知的最具杀伤力的武器的生产过程中起到了辅助作用。

第六章　将军们

温斯顿·丘吉尔是一个严格的工头，对那些跟他一起近距离工作的军事首脑们尤其如此。他要求很多，喜怒形于色，认为自己永远是对的，而且让他们一直工作到半夜。他时常觉得他手下的将军、海军大臣和空军元帅们没有表现出足够的咄咄逼人的本性，他认为他跟他们所有人都格格不入。总体来说，他们大部分人都很钦佩他，但他们觉得自己对战场上的形势有具体的了解，这就意味着无论在丘吉尔懂行的还是无法做出判断的领域，他们都能做出比他更好的判断。从最好的方面来分析丘吉尔将其看做是一种阻碍。从最坏处讲就是单纯的失败主义。1941 年 10 月，丘吉尔发怒时冲他们喊道："有时候我觉得我的一些将军不想打德国人！"参谋会议的成员都是战争实验室的中坚力量。但丘吉尔是不是对他们过分地诱骗、恐吓了？他让他们发挥了最大的作用还是将他们推得太远？跟他的军事首脑建立合适的关系是赢得战争的基础。但这对丘吉尔和他的首脑们都绝非易事。

在英国战争和闪电战中丘吉尔的军事选择权受到了限制。但大量的备忘依然能源源不断地从他的办公桌上向外发送，其中有询问信息的、有建议优先解决的、有提出目标的，还有些是号召创新的，跟平常一样，其中大部分是要求"当天行动"的。但当时英国处在防御模式，就像丘吉尔跟苏联大使说的那样，他首要的策略是要求生存。尽管如此，他的初衷都是想要把握主动权，试图让敌人退缩。1940 年 7 月，在英国战争快要开始时，丘吉尔下令建立一个高度机密的特殊单位，这个单位在敌人的后方进行破坏和颠覆，以期激发起反抗纳粹统治的起义。这个单位被称作"特别行动执行单位"（SOE)，丘吉尔命令他安排的这个单位的主管休·道尔顿“为欧洲点燃火花”。

这是一个雄心勃勃、咄咄逼人的目标，但在1940年SOE几乎没有能力点燃任何火花。它资源有限并受到持怀疑态度的军事上级的制约。但道尔顿明白他的使命。他说：“循规蹈矩的士兵不可能煽动革命。”这个想法是让一些训练有素的从事破坏活动以及暗杀行动的士兵潜入被占领的欧洲。这些人将以微型单元的方式行动去打击关键的目标，以造成与他们的人数极不相称的一定程度的混乱。自从以一个年轻军官的身份在古巴和南非亲自观摩了之后，丘吉尔对游击战术一直非常热诚。凭着他一生中对非正统的战争方法的热情，他在自己首相生涯的早期就成立了像SOE这种组织就不足为奇了。他管它叫“非绅士的战争部门”，它是一个令人激动的秘密行动的间谍部门。

占领区的欧洲人很快就感受到纳粹铁骑的全面威力。任何的起义都招来残忍恶毒的报复。几十个无辜的人，不论男女只要有任何的反抗占领部队的行为就会被杀掉。成千上万的其他人都被送到集中营。丘吉尔想提供一个榜样来鼓励激发起义活动，同时也提供基本的后勤支持。1941年第一批伞兵降落到被占领的波兰。后来同一年中在挪威和瑞典也有所行动，但SOE只有在南斯拉夫产生了重大的影响。即使是在那时候，著名的军事历史学家约翰·基根还在声称SOE是一个代价昂贵的、举措失当的失败，其取得的正面效果远远比不上牺牲的无辜性命的代价。

当英国陷入进退维谷的境地时，丘吉尔成立了其他两支新的军队，目的是打击纳粹占领的欧洲。突击队员们（这个称呼第一次是波尔人用来称呼其打击敌人后方的力量的）被安排由一战时期丘吉尔的老英雄部下罗杰·凯斯爵士领导。1941年，第一批突击队跟SOE联手对挪威进行了袭击，目的是捕获恩尼格玛技术的核心部件。和突击队成立时一样在很多人的反对声中丘吉尔坚持成立了一个新的伞兵团。陆军首脑认为当时侵略的威胁达到了顶峰，熟练的战斗士兵不能被分到新的单位去。但丘吉尔依然坚持。招募志愿兵的号召一开始就有好几百人响应。在一年的时间里，第一空降师的核心人员被训练了出来。丘吉尔一直关注着他们训练的进展，并在1941年7月亲自观看了一次伞兵空降试验。SOE、突击队以及空降部队都将在以后的战争中取得辉煌的胜利。

在彻韦尔的支持下，丘吉尔还鼓励发展了一个小实验组来研制新型的炸药。这个小组由两位标新立异的发明家来领导，一位是陆军少校米里斯·杰弗里斯，另一位是《空想科学》杂志前任编辑斯图亚特·麦克雷。这两个人都是优秀、极端的思想家，在此后的几年里发明了一些非凡的、稍微有点古怪的设备，从小的诱饵到重炮，大多数设备都有令人难以置信的名称，如袋鼠炸弹和蜂窝等。他们发明了一种带磁性的海军用水下爆破弹，这是一种带黏性的能在爆炸前五秒钟吸附在铁甲上的炸弹，好几次突击队的袭击中都用到了这种爆破弹。他们还研制了一种迫击炮，这是一种能发射一连串弧形炸弹、用来攻击U型潜艇的炮弹，名字叫做“刺猬”。到战争结束时，有37艘德军的U型潜艇确定是被“刺猬”击沉的。杰弗里斯还发明了肩扛反坦克炮，后来逐渐被生产成战车防卫炮并成为陆军最有效的、由步兵操作的反坦克武器。这正是丘吉尔在他的战争实验室中喜欢倡导的那种非常规的、有创意的思想的产物。

有时候他们做的工作会出错，不止一次地发生过爆炸摧毁艾尔斯伯里附近惠特彻奇的兵工厂的事件。毋庸置疑，战时办公室和物资供应部都反对这种非传统的实验，有好几次都试图关闭整个实验工厂。有一次丘吉尔让伊思梅来管理这个小组，要求他留意一下战时办公室和物资供应部的反对意见。后来这个小组由彻韦尔直接领导。它被称为“丘吉尔的玩具商店”，首相很喜欢去惠特彻奇参观一些最新的发明。有一次丘吉尔被描述为“像个度假的小男孩”。

1940年夏天，包括北非在内的地中海战区是唯一一个有可能采取丘吉尔想要的那种攻击性行动的地区。因此在这个地区的战争牢牢地占据了丘吉尔的思想。关于地中海之战有一个策略方面的谈论。第一海军大臣、海军上将达德利·庞德提议放弃地中海东部和英国一直持有的海军基地，将主要目标集中在直布罗陀海峡。7月，丘吉尔否决了这个提议，决定加强在埃及的守军来对抗有可能来自于意大利的袭击。甚至是在这些最黑暗的时期，从敦刻尔克大灾难中运回来的遭受重创的英军残余力量，孤注一掷地重新集结准备保卫国家，反抗可能发生的袭击。丘吉尔劝说参谋总部和战时内阁将这些士兵和军备物资送到埃及去。整个英国近一半的最精良的准备，包括150架坦克还有反坦克武器、高射炮、野战炮兵、步枪和弹药被装载起来。这是一个勇敢的，或许有点鲁莽的决定。这也许是丘吉尔从未真正相信过德国人会进攻的一个标志。他读过的绝密情报时常让他有这种想法。但在这么一个关键的时刻耗尽全国的防御武器的确是有悖常理的。丘吉尔后来写道，这个决定“是既糟糕又正确的”，但一旦他说服了其他军事和平民首脑，“没有人再动摇过”。丘吉尔想把这些供应物资尽快送到埃及，因此他提议通过地中海来运输。在这个地方他的提议被军政首脑们否决了，他们认为这条路线对这些珍贵的物资而言太过于冒险。在经过一次争论之后，丘吉尔迟疑了，后来这批物资在护航舰队护送下沿着好望角绕了很长的一段路，直到 9 月底才到达埃及。

我们前面提过，北非战场总指挥韦弗尔将军于 1940 年 8 月回到伦敦来讨论战略战术问题。丘吉尔对他这个人和他的沉默寡言没有好感，有人怂恿丘吉尔替换他。但是丘吉尔并没有这么做。韦弗尔回到了开罗的指挥位置上，在那里迎接 9 月份到达的增援物资。然后丘吉尔又一次开始施压，要求立刻行动。韦弗尔坚持要拖到一切就绪之后。11 月早期，侦察机拍摄到意大利地中海舰队在塔兰托湾集结的照片。11 月 11 日，英军舰艇搭载的飞机投掷水雷轰炸了意大利舰队。三艘战舰和一艘巡洋舰被击中。这次袭击取得的巨大成功帮助地中海上的海军势力向英国倾斜。这次对意大利舰队出其不意的袭击也为日本海军提供了灵感，他们计划一年后袭击停泊在珍珠港的美国太平洋舰队。

在 1940 年秋天，墨索里尼入侵希腊，一支意大利军队袭击了埃及。对希腊的袭击被勇敢抵抗的希腊军队困住了。然后在 1940 年 12 月 9 号，丘吉尔终于看到了他期盼已久的陆地反击，他将其称为“尼罗河的军队”。理查德·奥康纳将军领导了这次被称为“行动指南”的行动，他只带了两支同盟军分队。然而，这次反击取得了巨大的成功。到 1941 年 2 月反击战结束时，奥康纳通过意属利比亚的昔兰尼加，沿着北非海岸线前进了 500 英里，向西到了贝达富姆。这次突袭沿路荡平了十支意大利军队，俘获了 12.5 万人外加 400 辆坦克和 1200 发炮弹。新闻短片中包含了连续的镜头，里面全是一队一队的一望无尽的意大利俘虏。显然丘吉尔已急切地了解了这个好消息，这是战争开始以来英国陆军取得的第一次胜利。因为他还需要他们的军队在中东地区给予英国支持，所以他给罗斯福总统和联邦首相写了信。但这仅仅是北非战场拉锯战的开始，这里也是英国陆军在此后的两年中主要的战场。

在 1940 年战争处于不利状态时丘吉尔做了很多努力来获取罗斯福的支持。这使得美国为英国提供了丘吉尔迫切需要的旧的驱逐舰还有坦克、大炮和其他武器，这些武器大部分都被送到埃及去支援那里的陆军。但是在提供更多的援助前，罗斯福想要判断一下英国所做的战争努力，尤其是这位首相的决心。1941 年 1 月，他派了自己的好朋友哈里·霍普金斯作为私人特使前往英国。丘吉尔的确很努力地取悦霍普金斯，陪他待了 12 个晚上。他的日程安排由不伦丹·布拉肯仔细地监督。有一次是去多佛检查防御情况，在那里霍普金斯的目光通过狭窄的英吉利海峡看到被占领了的欧洲；他周游了英国，看到由闪电战造成的破坏以及到处都有的勇敢的防御者；他甚至去了北方遥远的斯卡珀湾检查在那里集结的强大的舰队。他同样也跟战时内阁和参谋总部会面。丘吉尔没有告诉他高级机密的事情。在他视察期间，有更多的密电被破译，暗示德国人的侵袭已经取消。但丘吉尔保守了这些秘密，相反地他大谈特谈侵略的威胁，他知道这会对美国产生最大的冲击。

丘吉尔把霍普金斯说得心花怒放，完全赢得了他的信任。在他的视察结束后，他向总统报告说：

“我相当清楚地了解了英国人所做的实际的防御，不仅如此，我还了解了领导这个国家军队的这个人的想法。您称呼的‘前海军军人’不仅仅是一个首相，他还是所有核心战争策略和执行的指挥力量。这个民族的精神和他们反抗侵略的决心无法用言语来称赞。不管进攻有多猛烈，您可以确定他们会反抗，而且是有效的反抗。”

闪电战还在继续而且看不到尽头，这是对1941年丘吉尔领导的英国所作的一次定论。

罗斯福放心了，他开始加大支援英国的力度。美国国会通过了租借法案。美国现在可以制造任何所需的东西出租给英国，战争结束后英国将会全部付清。在这之前，英国必须用黄金支付所有的欠款并将在美国的商业资产进行变卖。这是一个将英国全部储备都耗尽的苛刻的交易，某种程度上会让英国破产。但它又标志着美国将长期致力于英国的战争努力中去。它可以让丘吉尔继续打这场战争。在对美国的一篇广播稿中丘吉尔使用了一句名言：“给我们合适的工具，我们就能完成这个工作。”在下议院中他声明这是“具有纪念意义的慷慨的具有远见卓识的政治家之举”。在给罗斯福的电报中他写道：“因为你们在这非常危难的深刻向英国伸出援手，全大英帝国都祝福您和美国人民。”私底下他承认变卖英国的资产意味着：“我们不仅仅是被剥去皮肤，而且还被盘剥到骨头！”

墨索里尼的军队在希腊和利比亚的溃败将希特勒的注意力吸引到地中海来。某种意义上这是丘吉尔的地中海政策的一次胜利。至少他发现了一个可以发动反击的地方，对德国产生冲击。但在当时，他对军队首领过分谨慎的思维感到失望。已经深入到利比亚的奥康奈不得不取消其反击行动，因为最高机密传来情报说德国人准备干涉希腊。在2月中旬的一次会议上，丘吉尔对帝国总参谋长约翰·迪尔大发雷霆，因为他说他的部队不能分一些士兵出来去希腊。丘吉尔无法彻底了解在这次精心安排的“行动指南”取得伟大胜利之后，再加上有他送去的 30 万人马和所有的增援物资，为什么韦弗尔不能守住希腊，同时在北非继续进行反击战。他大声喊道："在那里你所需要的是一个军事法庭和一个行刑队！"迪尔在丘吉尔式的发脾气的压力下，依然保持缄默，但后来他希望自己当时这样回答："你到底想枪毙谁？"但这是他后来才想起来的。

英国对希腊的干预是一个遗憾的事件。丘吉尔和参谋总长命令韦弗尔停止在利比亚的反击战，派兵前往希腊。韦弗尔极不情愿地听从了命令。1941 年 4 月，当强大的德国开始突袭时，英国、澳大利亚人和新西兰的军队人数远不及德军，所以都被打败了。他们被迫后退，4 月 17 日，丘吉尔同意他们在希腊以一种类似敦刻尔克的方式撤退。派往希腊的 62000 人中有 50000 人被皇家海军疏散了，但他们把大部分枪炮、坦克和运输工具都留下了。克里特岛的防御加强了，最高情报部也获得了德国将对这个岛屿进行空袭的详细计划。但是在伦敦的陆军和情报人员，尤其是代号为"C"的斯图亚特·孟席斯因未能将他们已经破译德国人军事密电的消息传递出去而深感失望。因此克里特岛上没有重新组织防御为德军的突袭做最好的准备。负责克里特岛上指挥工作的伯纳德·弗里堡将军完全可以接触到最高机密部门破译的密电并了解这次空袭的详细计划，但事实上他被告知不要对此采取行动。弗里堡后来说："英格兰的权威人物宁可放弃克里特岛，也不能让最高机密部门陷入险境。"新西兰的防卫军战斗非常勇敢，但就在 5 月末的几天时间里，他们有 15000 人被炸死、俘虏或者受伤，克里特岛正式沦陷。但对德国侵略者来说，成功是在付出巨大代价后取得的。在突袭中有 7000 人死亡，此后德国防空部队再也没有袭击过有防守的地方。

有时人们宣称在东欧采取的行动至少拖延了希特勒对俄罗斯的进攻，一个关键的结果就是让希特勒的军队在这个冬天来临之前无法占领莫斯科。回顾过去他们不大可能有这种效果。更有效的是受 SOE 启发的南斯拉夫的反德政变。这将希特勒拉到巴尔干半岛并开始加速进攻南斯拉夫以确保自己南方腹侧位置的安全。这导致了巴尔干半岛国家好几年的恐怖和镇压活动。正是这个行动将希特勒对苏联的进攻推后了关键性的五个星期。

希特勒的另外一个意图是支持他的盟友墨索里尼，于是他派埃尔温·隆美尔将军前往北非，这个人被希特勒称为自己军队中最勇敢的指挥官。虽然刚开始隆美尔只有少数的军队可供调遣，但这些非洲前辈们很快掌握了主动，打退了在利比亚前进的英国军队。到春天时，隆美尔和他的德意混编军队将英军推到埃及边境上。令英军更加羞耻的是，在英国前线被攻破后，奥康奈将军被德国人俘虏了。这向丘吉尔显示了英国军队的另外一个失败。只有利比亚港口城市托布鲁在隆美尔的快速推进中坚持了下来，作为一个被包围的地区留了下来。

隆美尔发消息给柏林说他的军队筋疲力尽，需要休整。两天后这些信息被破译后装在丘吉尔那个褪了色的黄色盒子里。丘吉尔对这个感到焦躁，他命令韦弗尔发动新的突袭。又一批军备物资包括两百多辆新式坦克被护送去支援尼罗河岸的军队。在丘吉尔的坚持下这次就近取道地中海护送成功。丘吉尔发信号给韦弗尔说："在过去这几天我一直为你而努力工作着，到 6 月底就不应该有德国人继续留在昔兰尼加。"

6 月 15 日，韦弗尔发起了新的名为"战斧行动"的反击战。但隆美尔设法破获了从中东指挥部发出的英军信息，得到了提前预警，他让前线的军队处在完全戒备的状态中。他们等着战斧之战的开始。经过三天的激战，隆美尔巧妙地用计谋挫败了英军，韦弗尔取消了失败的反击。

丘吉尔震怒了。他感觉自己将整个战争努力都扛在肩上。在他看来似乎他所面对的不是谨慎的参谋总部，就是抱怨船员们筋疲力尽的海军上将，还有就是在战场上缺乏战斗意志的陆军将军。他现在开始考虑自己亲自担任军事指挥。另外一方面，不断地对他的将军们进行干预以及递送详细的带有会议记录的备忘录的确让他们感到厌倦。韦弗尔曾向朋友抱怨来自于首相的无休止的"嘲笑"。现实是丘吉尔周围没有合适的将军。因此他不欣赏他们的素质而且他们不能或者不愿意听从他的命令。作为对战败的回应，丘吉尔立刻撤了韦弗尔的职，用印度战场总指挥克洛德·奥金莱克将军替换了他。韦弗尔很快被送到德里去，像丘吉尔说的那样："坐在一棵槐树下面"。奥金莱克的老朋友伊思梅曾经就丘吉尔的做事方式向北非指挥官做出过警告。他的建议很有意思。他告诉奥金莱克：

"那些认为他是一个粗鲁的、傲慢的、只顾自己人的想法是完全错误的。当然他说话跟写作都很直白，但他希望别人同样也对他坦然相待。他尊重传统但嘲笑常规。他具有百科全书般的军事历史知识，无人可及的对战略的广泛了解。同时他还没有完全意识到机械化对复杂的管理安排的影响已经到了何种程度。他会说："当我还是士兵时，步兵习惯步行而骑兵习惯骑马。但现在步兵要求有汽车甚至坦克。"

伊思梅还警告他的朋友他可能每个问题都会受到电报的轰击，"很多看起来似乎是无关并且不必要的。"但他不会对此感到生气。丘吉尔肩负着在每个前线、在陆地上、在海上以及在空中进行的整个的战争。奥金莱克进入了英国军队最难进行的一项工作中。时间会告诉我们伊思梅的建议是否会为他带来比前任更多的成功。

在战斧行动失败后的几天里，整个战争的形式发生了戏剧性的变化。6月22日黎明时分，希特勒发动了巴巴罗萨战役，开始了对苏联的进攻。好几个月的情报都已经预测了此次袭击，因此丘吉尔有充足的时间来思考自己的位置。6月21日星期六晚上，在他的乡间别墅宴请包括美国大使詹姆斯·怀南特在内的客人时，他告诉他们他确信德国人将要进攻苏联。他说他会很快恳请英国去帮助斯大林。怀南特已经跟罗斯福谈论了这件事情，同意丘吉尔的观点，并认为这也是美国将处的位置。他的私人秘书约翰·科尔维尔晚饭后在花园里跟丘吉尔散步时问道："对他的宿敌施以援手会不会将他置于一个困难的境地。"丘吉尔回答道："如果希特勒要进攻地狱，他至少会跟魔鬼搞好关系。"

第二天凌晨时分有消息传来说巴巴罗萨战役打响了。那个星期天晚上，知道有美国的支持，丘吉尔在BBC广播上宣布了英国政府的立场。这是一次充满激情的广播，设想了贫困的苏联人为保卫他们深爱的祖国而奋起反抗希特勒的"杀戮欲"。丘吉尔宣布："任何反抗纳粹主义的人或国家都将得到我们的援助。"他继续说道："因此苏联的危难就是我们的危难，也是美国的危难，这是因为跟世界每一个角落的自由的人和自由的民族一样，苏联人也是为保卫自己的家园而战。"尽管他个人一生中都对苏联持有仇视态度，尽管在年轻时他想要暗中破坏共产主义国家，但现在苏联是英国的盟友，这是官方认定的。

英国最高情报机关已经好几个月发现德国军队在苏联边境集结，丘吉尔曾私下送便条给斯大林，警告他注意可能发生的侵略。斯大林还收到过其他几个，提醒他注意即将来临的袭击。但这是战争中一次最奇怪的失误，斯大林对这些警告完全置之不理，没有采取任何措施让他庞大的陆军或者空军做好战斗准备。结果，当巴巴罗萨战役开始时，德国军队以惊人的速度向前挺进。有三百万德军沿着从波罗的海到黑海450英里的海岸线对苏联进行突袭。总共有来自三个大集团军的120支德军在3350辆坦克的支持下发动袭击。在第一天早晨，德国空军袭击了还在地面上的苏联空军，很多架飞机在能腾空之前就被破坏了。苏联红军数量庞大，但他们不是身经百战的德国步兵和装甲部队的对手。成百上千平方英里的土地被占领。一个接一个主要的苏联城市落到了纳粹侵略者手中，像明斯克、斯摩棱斯克和敖德萨等等。六十万苏联士兵被关进监狱。

在伦敦和华盛顿，人们普遍感觉苏联会在几个月里被灭掉。巴巴罗萨战役对英美关系又注入了一剂强心针。现在是该面对面地商谈了。8月4日在完全安全的情况下，丘吉尔和他的总参谋长们登上了停泊在斯卡珀湾的皇家海军最新式的战舰——HMS“威尔士王子号”。在几分钟内，这艘巨大的战舰就漂离了系船处，全速穿越大西洋。航程中，丘吉尔第一次在战争中歇息了一下。他喜欢船上的生活并找到了时间可以看电影（尤其是像《汉米尔顿小姐》这种历史题材的电影）、下棋，甚至还看了一本小说（C·S·浮尔士德写的《霍恩布洛尔船长》）。8月9日早晨，战舰到达了纽芬兰岛的普拉森舍海湾。他们事先决定在“中立国”领土上会面，不去美国。罗斯福总统乘坐美国庞大的“奥古斯塔号”巡洋舰赶到这里。在航行中养足了精神的丘吉尔走到美国舰艇上去，受到了甲板上管弦乐队的奏乐欢迎。在几个小时的时间里，观察家一直在报道他和与他保持21个月通信往来的罗斯福相处得相当融洽。

普拉森舍海湾的会面提供了很多拍照的机会。8月10日星期天，罗斯福到“威尔士王子号”上参加了在甲板上举行的教堂礼拜活动。像《前进吧，基督的战士们》这样的赞美诗和祷告词都是经过精心安排的。当总统和首相肩并肩坐在一起带领他们的属下唱赞美诗时，新闻短片的相机一直拍个不停。丘吉尔的秘书之一、约翰·马丁在他的日记中写道：“所有的一切都会让你热血沸腾，而不仅仅是感动——两国的舰队士兵有数百人混在一起。这看起来似乎是已经在精神上结为盟友的两国海军的一种婚礼仪式。”这次会面因产生了《大西洋宪章》而闻名，双方本着尊重“所有民族有选择他们生活的那个国家政府形式的权利”的原则，英美两国发表了这个联合声明。这是一个民主国家对自己道德价值庄严的声明，为被占领国家提供参考。它的价值大部分是象征性的。但在高度机密情况下，这次重要会面还做了一些重要的事情。

罗斯福答应给苏联提供大规模的援助，双方同意以英美两国的名义出使莫斯科，谈论苏联的需求并提议与斯大林召开峰会。双方还决定给日本送一张语气强硬的便条，警告他们放弃对太平洋的进一步侵犯。对丘吉尔而言很关键的一项是罗斯福和他的海军首脑们同意在大西洋上为英的运送物资的舰队提供保护，如果舰队遭到袭击，美国海军会对U型潜艇开火予以还击。美国将在大西洋巡逻，一直到冰岛西部。双方的参谋长们进行了很多次有价值的会面。很明显他们之间的想法还是有分歧，如果被卷入战争，美国一方还没有适当的计划。但双方私下进行了很有用的会晤，为将来联合作战打下了基础。对丘吉尔而言，最重要的是他跟罗斯福在一起的一些私人时间里，不仅建立了工作和专业方面的关系，而且还有了一种真正的相互的友谊，这种友谊在此后四年中将是两国间“特别关系”的核心。

丘吉尔从纽芬兰回来后听到了德国在苏联纵深推进的消息。纳粹国防军突破了乌克兰广袤开放的草原，似乎势不可挡。9 月 21 日，德国人占领了基辅，还俘虏了一百万苏联人中的三分之二。希特勒称此为“世界历史上最伟大的战争”。对丘吉尔来说这是惨淡的日子。他担心一旦苏联战败，希特勒的凯旋之师会掉转枪头重新对付英国。他又一次命令在北非进行反击行动，但他的新指挥官奥金莱克告诉他部队要到 11 月份才能准备好。

丘吉尔认为自己身边有合适的人手是关键。韦弗尔不得不走了。迪尔将军也将离开，因为丘吉尔认为他太过谨慎，称他为“磨蹭大王”。这是在合适的时机来临的几个月前，但同年晚些时候他被任命为帝国总参谋长，被派往华盛顿，在那里他将要干一件出色的工作。丘吉尔选择的替代迪尔做陆军首脑的人是阿兰·布鲁克将军（后来的陆军元帅阿兰·布鲁克子爵）。布鲁克是一个乌尔斯特新教徒家族的成员，在陆军中有长期服役的传统。丘吉尔在印度陆军时的密友之一就是阿兰的哥哥维克多·布鲁克，此人 1914 年牺牲。阿兰的另一个哥哥隆纳德在波尔战争时曾跟丘吉尔一起骑马去解救莱迪史密斯。阿兰·布鲁克自己在 1940 年春天在法国服役时表现出类拔萃，1940 年 7 月在侵略即将爆发时被任命为自卫队指挥官。他重振了英格兰南部的防御措施，使用一种流动性更强的策略来灵活地应对攻击，他的这种方式给丘吉尔留下深刻印象。他以狂热的精力对还沉浸在法国的损失的部队进行了重组。丘吉尔很喜欢自己所看到的布鲁克自信地维护自己，就他的立场跟任何人进行辩论——包括首相本人。丘吉尔对此表示尊重，很喜欢犀利明快的辩论。据报道丘吉尔曾跟自己的副官这样谈到布鲁克：“当我捶着桌子对他怒目而视时，你猜他在干什么？他将桌子捶得更猛，反过来瞪着我。我了解这些顽固的乌尔斯特的布鲁克家族，没有人比他们更难对付的了！”经过几夜的促膝长谈，丘吉尔给布鲁克最高的职位。

这样丘吉尔战争实验室的中心合作关系就开始了。到战争结束时这种关系持续了三年半的时间。他们几乎每天都见面，布鲁克成了丘吉尔最主要的军事参谋。对很多旁观者而言他们的关系看起来似乎很紧张。他们在一起激烈辩论，气氛经常很紧张。跟他的前任一样布鲁克也对丘吉尔的微观管理和他对战术细节的干预感到愤怒，但这些是丘吉尔非常喜欢的。看起来丘吉尔似乎想要控制每一场战争计划的每一个方面。在布鲁克看来他是在对战场情况没有完全了解的情况下进行干涉的。还有丘吉尔的工作时间让布鲁克到了崩溃的边缘。首相经常会在深夜或者凌晨时分召开会议，而且他还希望每个人都能保持最佳的状态。但早上时他会悠闲地读读报纸，坐在床上进行口述。而其他人则在规定的时间里紧张地全速运转着。丘吉尔似乎从未体谅过周围处在同样的压力下的人。

但布鲁克被证明是丘吉尔最完美的搭档。他会在首相喋喋不休的言语攻击下继续坚持自己的立场，从不接受那些错误的计划或者赞同那些他认为无需让他的部下冒着牺牲的危险去实施的政策。布鲁克冷酷无情。他在内阁办公室的外号叫“榴弹上校”。丘吉尔却对他很尊重。虽然丘吉尔有时候以一种咄咄逼人的或者大发雷霆的方式，经常对提出的建议进行盘问和指责，但布鲁克知道第二天他会听到丘吉尔急切地提出同样的计划，似乎这是他自己想出来的。内心深处布鲁克非常钦佩丘吉尔以及其他英国的领导。回到 1941 年 5 月，在他成为帝国总参谋长之前，他有机会近距离观察了丘吉尔并写下了如下的评价：“他是我见过的最优秀的人，他对学习有源源不断的兴趣，并逐渐意识到地球上会偶然出现这样的一些人，一些能出类拔萃、鹤立鸡群的人。”在两个人剑拔弩张地就一些令人筋疲力尽的战争计划的细节针锋相对时，有人听见布鲁克会低声抱怨：“那个人！”然后叹口气继续说：“但没有他我们该怎么办呢？”

几年时间里，两个人都被一起工作的紧张关系弄得疲惫不堪。布鲁克发现丘吉尔非常琐碎、不公平而且没有理性，他的想法天马行空，不合实际。他在深夜时写日记，这是完全不符合规定的。草草地记下他的思想可以让他释放每天的压力。翻看他原版的日记，很容易看出他当时写得非常快，没有注意语法或者标点，几乎是以意识流的方式以抒胸臆。1944 年 9 月在又一次激烈争吵后，他深夜筋疲力尽地回来记录道：

“在中午 12 点我们跟温斯顿又开了一次会。他又心情不好。他认为战争应该加快速度，这是最荒谬的想法。他不知道细节，在脑海里只有半幅图画，满嘴胡言，听他胡说八道让我火冒三丈。我从来没有同时对一个人有过同等程度的钦佩和鄙视。”

但事实是在这种又爱又恨的紧张关系中，两个人的优秀品质都得到了展现。布鲁克有足够的自信来承受丘吉尔的恐吓威胁。丘吉尔尊重出生在一个当兵世家的布鲁克，他是个非常专业的战士，经常将军队的最大利益记在心里。当面对坚决的、非常有理由的反对时，丘吉尔从没反对过布鲁克。丘吉尔不受约束的秉性被布鲁克强硬的专家地位缓和了。这将是赢得战争的伙伴关系。

在布鲁克以总参谋长的身份开始工作的那天早上，奥金莱克最终在北非沙漠发动了反击战。在几天的时间里，他的部队前进了五十英里，11月29日他们解除了托布鲁克的包围。丘吉尔对他们的进展感到高兴。然后通过破译的密报让皇家海军定位并击沉了两艘在地中海上为隆美尔的部队运输燃料的舰船。1941年底的时候丘吉尔只有两个野心计划：一是在斯大林领导的苏联被打败前让美国加入战争，二是在中东取得胜利。他给在克罗的奥金莱克发电报："只要你跟敌人打得难分难解，俄国人就不会抱怨没有第二个前线战场。唯一重要的是铲除隆美尔和他的盟军。"

还有破译的密电传来说德国放慢了对俄国的进攻速度，德军指挥官担心漫长的运输线以及俄国人勇猛的抵抗。丘吉尔将好几个最高情报部门的报告传送给斯大林，包括一份详尽的德国作战计划，计划中明确德国的重要目标不是高加索地区的油田，而是莫斯科本身。在没有让苏联人知道情报来源的情况下，丘吉尔将一个接一个的消息传送给斯大林。"斯大林看到这些消息了没有?"他会经常问斯图亚特·孟席斯。苏联人得到了高级别的有关德国的作战计划的消息，这是他们从其他任何来源都无法得到的。

9月份第一次下了小雪之后，11月寒冷冬天开始大肆横扫俄国。德国军队前进到离莫斯科只有三十英里的地方。先遣巡逻队都可以通过望远镜看见克里姆林宫的塔尖。但随着苏联人防御的加强，德国军队停了下来。然后在12月5日，斯大林做了德国人认为不可能做到的事情。用从东亚来的全副武装的、为冬天打仗受过专门训练的新部队开始反击。德国军队对寒冷的状况毫无准备，没有越冬的衣服也没有合适的武器，被迫撤回。莫斯科得救了。至少在这个冬天，斯大林领导的苏联也得救了。

反击战结束后的周末，丘吉尔在乡间别墅里。现在他最大的担心是日本表现出对英国和荷兰边境以及东亚地区独立的暹罗（现泰国）的进攻迹象。丘吉尔跟罗斯福接洽后达成一致：明确表示对暹罗的进攻将会被看做对他们自己国家的进攻。12月7日星期天，丘吉尔跟美国大使还有另外一位美国外交官艾夫里尔·哈里曼吃完饭后，打开一台小收音机准备收听BBC电台九点的新闻。丘吉尔自己差点没听到一则关于日本人袭击美国夏威夷船只的新闻。男管家进来说他也听到了这个报道。丘吉尔打通了白宫的电话，几分钟后罗斯福接起了电话。总统回答说："这的确是真的。他们在珍珠港偷袭了我们。我们现在是坐在同一条船上。”

当时，日本人大胆而出其不意地向美国海军庞大的太平洋舰队发动全面进攻的消息还没人知道。后来确切得知那天早上损失了四艘战舰和两千多美国海军。还有，日本军队还同时发动了对英属马来亚地区、荷属东印度地区和暹罗的进攻。整个世界都进入了战争。但丘吉尔立刻意识到这可能是最好的消息，因为美国至少会成为英国的盟友。他后来写道他当时意识到：

“我们赢得了战争。又一次在我们悠久的岛国历史上，不管如何被暴虐或者被打伤，我们都应该安全而胜利地出现。我们不应该灭亡。我们的历史不会结束。我们甚至不可能牺牲个人。希特勒的命运是注定的。墨索里尼的命运是注定的。至于日本，他们将被粉碎。”

他的属下还在他周围叽叽喳喳个不停时，丘吉尔躺到床上，觉得自己得救了，充满感激地美美睡了一觉。

第二天，英国对日本宣战。然后美国国会宣战。罗斯福将 1941 年 12 月 7 日描述为：“生活在耻辱中的日子”。丘吉尔打算立刻去华盛顿访问，因为他担心美国为了跟日本打仗，会取消对英国来说很关键的支援。12 月 11 日希特勒选择向美国宣战。这是一个非常决定。现在英美两国的领导人必须作为长期的盟友聚在一起。12 月 13 日，丘吉尔又一次乘船去美国。这将是一次很长的旅途。

在通过大西洋时，HMS“约克公爵号”被暴雨阻隔，前进速度缓慢。在航行途中丘吉尔收到关于苏联又取得胜利的好消息，他们在北方的列宁格勒以及南方的亚速海沿岸的反击战都取得了重大胜利。同时也收到关于日本侵袭香港的坏消息。由于航行路途遥远再加上在甲板上无法活动，丘吉尔和他的参谋长们（新任命的布鲁克作为 CIGS 未参加这次出访）有充足的时间来思考产生的全球性的冲突。丘吉尔就大战略问题写了满满三页报告。这些报告显示出丘吉尔对实际的战争展开进程有着深刻的洞察。第一份报告主要集中在 1942 年进行的北非战争，认为对美国和英国而言控制地中海是关键。第二份报告是关于对日的太平洋战争的，准确地预计了这将会是一次海上战争，包含很多为收复失地而进行的岛屿战争。第三份报告对 1943 年的战略目标进行部署，同样准确地预计了与苏联在东部前线的战争是希特勒战争的中心地区。虽然他正确地估计了接下来几年中几件重大的事件，但丘吉尔对这些事件的时间却有点乐观：他认为同盟国对被占领欧洲地区的袭击会出现在 1943 年夏天，而不是 1944 年 6

月。

在海上航行十天之后，丘吉尔最终到了美国，继续飞往华盛顿，罗斯福在那里迎接了他并邀请他待在白宫里面。他们立刻开始谈话，同时英国参谋总部的人员跟他们的美国同行会面，很快地建立了从今往后他们将如何合作的基础，这种联合作战的系统一直持续到战后。他们还达成一致：在英国做大量的推动工作后，本着“德国第一”的原则，即在全球战争中以打败德国作为第一要务对美国的资源进行分配。回顾起来，这是战争决定中最重要的一项。它很容易走向另外一条路。美国对日本无缘无故的袭击感到愤怒，准备先将注意力集中到亚洲然后将欧洲作为第二战场。“德国第一”成为战争努力的指挥塔，这是送给对丘吉尔和他的访问团的一份礼物，同时也是对美国领导者的全球视野的贡献。

他们还对很多未来的计划进行了辩论并达成一致。在华盛顿会谈期间，丘吉尔又一次很惬意地享受着每天跟总统在一起的几个小时的时光。他们每天一起吃午餐，通常哈里·霍普金斯也在场。晚饭是一个更加社交性的时刻，还有其他人在场。丘吉尔写道：“总统亲自精心地准备鸡尾酒。作为一种表示尊重的标志，我将坐在椅子里的他从客厅推到电梯里。”（丘吉尔喜欢喝威士忌和苏打水，不喜欢总统的鸡尾酒。罗斯福对丘吉尔的酒量感到惊讶，但表示宽容。但第一夫人埃莉诺·罗斯福将丘吉尔看成一个酗酒的人。）在丘吉尔作为罗斯福的客人待在白宫的几个星期里，两位领导人的友谊更加坚固。

12 月 26 日，丘吉尔应邀为美国的两院作报告。他花了一些时间为自己的演讲润色，因此效果良好。新闻短片的照相机记录下了丘吉尔最好的、最得到肯定的一次表现。他这样做了开场白：“我情不自禁地想象如果我父亲是个美国人，我妈妈是英国人，而不是其他国家的人，那么我就有可能自己到这里来。那样的话这就不会是你们第一次听到我的声音。”人们被这个俏皮话逗笑之后，报以热烈的掌声。当谈到日本人骇人听闻地袭击了珍珠港时，他问道：“他们当我们是什么人?”他谈到前面“长期艰苦的斗争”，然后做出激动人心的总结：“我们无法得知未来的秘密。但我依然肯定地、不容侵犯地宣布我的希望和信心，在将要来临的日子里，英美两国人民将会肩并肩地一起战斗，为自己的安全和所有人的利益而战，为威严、为正义、为和平而战。”这些最后的话让国会议员们站起来大声欢呼。

几个小时后，回到白宫，丘吉尔躺在床上却无法入睡。因为天气暖和，他想打开窗户。他突然感觉呼吸困难。他感觉到心脏剧烈的疼痛顺着左胳膊传下来。他很快缓过劲儿来，但第二天早上他有点担心地向他的随行医生查尔斯·威尔逊爵士报告了这个突发事件。威尔逊立刻意识到丘吉尔有轻微的心脏病，他将此称为“冠状动脉功能不全”。他一边用听诊器为丘吉尔检查，一边努力思考该怎么办。当时教科书上写的这种病的恢复时间是六个星期的卧床休息。但威尔逊知道如果他要求丘吉尔在这个关键时刻停止工作，很快就会有“首相是一位得了心脏病的病人”这样的消息传出去。这将会是丘吉尔这样一位有能力的战时领导人生涯的结束。另外一方面，如果他忽视这个事情，如果丘吉尔再一次心脏病发作，可能是致命的，“世界上的人肯定会认为是我没有坚持让他休息而杀死了他。”

大夫觉得丘吉尔的心脏病显然不是很严重，所以他决定冒一次险。他告诉丘吉尔：“没什么严重的，你只是过度劳累了。”当丘吉尔抗议说自己现在根本不可能休息，威尔逊回答道：“你的循环系统有些滞缓，你这段时间暂时不能超负荷工作了。”不顾他的年龄（他那时 67 岁了）、他承受的巨大压力以及巨大的工作负担，丘吉尔一直全力以赴。后来战争中，他还患过更多的疾病，但他的心脏病再也没有发作过。威尔逊做出了正确的判断。

几天以后，丘吉尔参观了渥太华并在加拿大国会做了演讲。这一次演讲又被录成了电影，很好地抓住了他演讲的力量。有一次他提到了 1940 年 6 月法国的声明，声明说没有法国，英国人在三个星期里，就会像一只小鸡一样被拧断脖子。“一些小鸡!”丘吉尔说道。笑声消失后他又接着说：“一些脖子!”

丘吉尔确实在佛罗里达休息了几天，他很喜欢在那里温暖的海水里游泳。对有些孩子气的丘吉尔来说，游泳是特别吸引他的。“温斯顿像个陷在沼泽中的河马一样，半截身子浸在水中卖弄着。”温斯顿在他的日记中记录道。毫无疑问他在这几天当中得到了放松，这可是在他的日程中强加进去的。然后回到白宫，罗斯福将一项经过同意的宣言叫做《联合国公约》。这是先前 8 月份签订的《大西洋宪章》的后继约定，对民主原则的进一步声明。召开了有关工业产量的实质性的会议，成立了联合参谋长委员会。最后，双方决定次年晚些时候发动对法国、北非的反击，以确保地中海的安全。正是在这一系列的会议上，约翰·迪尔爵士与乔治·马歇尔将军建立了非常好的关系，后者是美国军队中坚决可靠的总参谋长。当丘吉尔跟其余的英国访问团成员回到英国时，迪尔作为联合行动任务的负责人留在了华盛顿，这个角色对英美关系有着至关重要的影响，迪尔充满热情而又能干地完成了这个任务，直到1944年底去世。那时，这个被丘吉尔称为“磨蹭大王”的人终于证明了自己的价值。

丘吉尔觉得事情已经办完，该回家了，他已经离开了三个星期了。首先他乘坐泛美的波音快速水上飞机去了百慕大，在飞行中他自己开了大约二十分钟。他对飞行的着迷还是没有随着年龄增长而消失。随着大西洋上出现越来越多的德国U型舰艇，丘吉尔迫切地需要回到伦敦去，因此他决定最好的选择就是乘坐水上飞机继续飞到伦敦。这次飞行花了18个小时，快要到终点时飞机稍微偏离了飞行路线，很危险地差一点到了被占领的法国的海岸线附近。在最后时刻它转向东飞往普利茅斯方向，这样一来就形成了一个角度，使得它看起来像一架快要接近的敌人的轰炸机。六架飓风号飞机腾空想要拦截这架飞机，但幸运的是这个误会被及时发现了，丘吉尔跟他的团队安全着陆。

接下来的几个月里英国遭受了一个接一个的灾难。日本用他们的闪电战形式在远东地区取得了极大的进展。1942年2月15日，有着庞大堡垒的新加坡投降了（见第七章）。这对英国在东方的力量和威望是一个耻辱性的打击。丘吉尔将其描述为：“这是我们有历史记录以来对英国军队最大的一次灾难。”在北非，奥金莱克取得的反击战的胜利被隆美尔逆转过来了。虽然托布鲁克又一次挺住了并带来了一些希望，但英军又一次开始撤退。丘吉尔担心在远东和北非的英军没有战斗精神。然后德国海军变换了他们恩尼格码机器的配置，这就意味着当年剩下的大部分时间里他们的密电不可能被破译。大西洋上船只的损失让人们的担忧增加。给俄国运输物资的舰队遭到了在挪威北部行动的德国飞机和战斗巡洋舰的重创。随着压力的增大，丘吉尔情绪变得非常低落。他的女儿玛丽在日记中写道：“爸爸正处于低潮期，由于受到持续不断的令人崩溃的压力，他疲惫不堪。”

随着全球局势的恶化，丘吉尔决定在6月中旬再次跟罗斯福会晤。这次他乘坐五个月前的同一架水上飞机飞越大西洋。他跟罗斯福在罗斯福位于海德公园并可以远眺哈德逊河的家里待了几天。6月20日两个人乘坐总统专列来到华盛顿。第二天当一名助手进来递给总统一张粉红色的纸片时，他们正在白宫开会。罗斯福看完之后一句话都没说就将纸条递给了丘吉尔。纸条上写着：“托布鲁克已经投降，有25000人被俘。”看到这个消息丘吉尔感觉像被雷击了一下。他将大量的人力物力投入到北非战斗中，现在看上去他所有的希望都已化为泡影。他对英国军队无法坚持抗击数量比自己少的敌人而感到绝望，以前是在新加坡，现在是在托布鲁克。后来他描写了这个时刻："这是我能回忆起的战争中最沉重的一次打击，它影响了英国军队的名声。在总统面前我没有试图掩饰自己的震惊。失败是一方面，耻辱是另一方面。"罗斯福问道他能帮他做什么。丘吉尔回答他需要更多的坦克。总统立即叫来马歇尔将军加入他们，在几个小时的时间里马歇尔想出了一个计划：将三百辆最新式的 A4 谢尔曼坦克转到北非去。马歇尔还同意运送一百门火炮。这些很快从大西洋上被运了过去。他们将会在稍后时刻使北非战争真正发生变化。这是罗斯福对丘吉尔友情的伟大体现，同时也体现了美国对岌岌可危的英国战争的努力支持。

几天以后，丘吉尔从华盛顿返回英国，他将在下议院面临一次不信任投票。不断的战败消息使人们对他的领导产生了不满，这是那一年的第二次国会信任投票。辩论为那些想要指责丘吉尔的人提供了一个媒介，但这时候并不适合换领导。丘吉尔以 475 对 25 票赢得了投票。在同一天，隆美尔的军队到达了离开罗只有 80 英里的一个名叫阿拉曼的小火车站。他们在这里暂时停了下来。

听从了一名刚从埃及回来的士兵的建议，丘吉尔决定去沙漠探视那里的驻军，他想亲自评估一下尼罗河上军队的状态。在经历了又一次疲惫的飞行之后，这一次首相乘坐不加压、不加热的自由号轰炸机（丘吉尔让人把他的氧气面罩特别地调整了一下，以便他戴着面罩时还能抽烟）在开罗着陆。查尔斯·威尔逊又陪着他，他回忆起丘吉尔到达开罗时："很有心劲儿，在他这个做事效率很高的人身上有一种兴高采烈的情感，似乎永远不知疲倦。"

丘吉尔很快就提高了第八军低落的士气。他和跟他一起来的布鲁克意识到一定是沙漠军队的指挥出了问题。几天以后，丘吉尔决定替换奥金莱克。他任命哈罗德·亚历山大将军做总指挥。亚历山大是一位老牌学校毕业的优秀的高级军官、一位贵族，以前当过近卫兵，虽然不聪明，但总是很心甘情愿地做自己的工作。他在一战时有辉煌的战争记录，似乎一生都在孜孜不倦地追求任何他下决心得到的东西，他的衣着总是干净整洁，有一张电影明星般英俊的脸。他在敦刻尔克撤退时出色地指挥一个做防卫工作的兵团，被认为是一个安全而又非常能干的人。丘吉尔对他非常崇拜，对他具有的高级指挥所必须的外交技巧很有信心。

布鲁克想任命贝纳德·蒙哥马利将军做第八军的指挥官。但丘吉尔对蒙哥马利持保留意见，倾向于让已经在沙漠的一个兵团担任指挥官的威廉·戈特将军。布鲁克认为戈特太疲惫以至于无法担当这个责任，而蒙哥马利精力更旺盛，更自信。这次布鲁克跟平常不一样的是：他向丘吉尔做了让步，同意任命戈特。在他被任命后过了几天，因乘坐的飞机被在开罗外的德国战斗机击落，戈特牺牲了。丘吉尔这才同意了布鲁克的推荐，决定由蒙哥马利担任第八军的指挥。这被证明是一次有创见的选择。

蒙哥马利（更多地被称为蒙蒂）这位可能将继续成为第二次世界大战中英国最有名的将军的人有着复杂的个性。外表上看起来他非常自信，经常粗暴地对待周围的人，很喜欢自我推销——无论多忙，不管情况有多紧急，他经常让摄影师和拍电视的人为他拍照。但他又是一个不合群的人，他融不进英国军官们的娱乐生活中去，很少进行传统的社交活动。他曾在一战时担任参谋，对制定完整、详尽的战前计划的重要性有着深刻的认识。在两次战争之间，他当了很多年的训练教官，到1939年，他成为了一名备受好评的全能的职业士兵。在1940年5月到6月的法国战争中表现很好，当他被任命指挥一支军队在南部海岸线上等待预期的德军轰炸时，他的攻击精神给丘吉尔留下了深刻印象。但丘吉尔也发现他是一个很难共事的人。在很多方面，蒙蒂跟丘吉尔喜欢的将军类型完全相反。他很谨慎、喜欢算计，他认为只有在自己的军队在人力、枪支和装备都大大超越敌人并具有制空权的情况下，才能进行反击战。他很幸运地在这些条件都在准备中时到了埃及。有了从美国运来的新式的谢尔曼坦克以及野战炮，再加上大量的增援物资，蒙蒂很快就有了压倒德国人和意大利隆美尔的非洲军团的二比一的绝对优势。

但蒙蒂不仅仅是一个优秀的计划者。他给指挥部通了电，这对士兵的士气产生了立竿见影的效果。他认为需要不断地训练来增强体质。他很快让部队每天都进行训练，不断地为战争做准备。他同样相信一个将军应该生活在士兵中间，他经常视察军营并进行鼓舞士气的讲话，这形成了新的战斗精神。蒙蒂将会领导下一阶段的决定性的沙漠战争。如果他失败，隆美尔会突破到开罗和苏伊士运河，希特勒的计划是将非洲军团和在东部的俄国军队联合起来以占领高加索和波斯广大的油田。他的赌注不能再大了。

布鲁克觉得“最终他（丘吉尔）开始听从我的建议了”，因为在这个关键时刻任命亚历山大和蒙哥马利担任核心职位的决定是他做出的。结果，丘吉尔终于在合适的位置有了合适的团队。他可以跟作为自己首席参谋的布鲁克精诚合作了。亚历山大是中东地区最合适的战略总指挥，与留下来制定自己的作战计划的蒙蒂互不干涉。

最高情报部有信息说非洲军团的状况现在的确不一样。蒙哥马利被事先警告说隆美尔将在8月底沿着阿拉姆哈尔法山脊对阿拉曼发动另一次袭击，因此他加强了那里的军队。隆美尔无法突破。到9月份，更多的破译情报帮助皇家海军定位并击沉了在地中海上的三分之一的运货船只，这些是增援非洲军团的，还击沉了德国近一半的运输石油的船只。越来越多的截获的信息报告了非洲军团所处的困境。双方依然在沙漠中对峙，但第八军在蒙蒂的鼓舞人心的指挥下，人数、装备和自信很快地增长着。

1942年10月23日晚上是一个月光明亮的夜晚，在强力炮火掩护下，蒙蒂对阿拉曼发动了一次大反击。他的第八军包括英国、澳大利亚、新西兰、印度和南非的军队。蒙蒂在自己四十英里前线的南部发动了一次佯攻，但隆美尔信以为真。而他的主力在北方推进。双方激战了好几天，但都未能取得决定性的胜利。不过蒙蒂和他的部队的装备重量和坚持与决心开始起了作用。12天后蒙哥马利在日记中写道："河岸决堤了。"隆美尔命令他的非洲军团撤退。在皇家空军的不断骚扰下，隆美尔沿着海岸公路精心安排了一次精彩的撤退，避免了又一天的战争。丘吉尔对这次胜利感到十分高兴。阿拉曼战役是整个战争的转折点。总共有8000德国人和22000意大利人被俘虏，还有35000北非军团和13000盟国士兵死伤。蒙哥马利证明德国军队并不是不可战胜的，同盟国的胜利虽然遥远但的确是有可能的。

在伦敦的一次演讲中，丘吉尔终于有了一些好消息可以宣布："除了血泪、辛劳和汗水，我从来没有承诺过什么。但现在我们有了一次新的经历。我们胜利了——一次杰出而肯定的胜利。这不是终点。甚至连终点的开始都算不上。但它也许是开始的终点。"在11月8日，大批英美军队在法国北非海岸着陆开始了"火炬行动"。这是第一次真正意义上的联合行动，是早在11个月前就在华盛顿开始的合作计划的结果。很快就证明这次着陆是成功的。隆美尔从埃及向西全面撤退，"火炬行动"中着陆的军队将朝着突尼斯向东推进。11月13日，蒙蒂的军队进入托布鲁克，这个地方五个月前的失败让丘吉尔深感难过。11月15日星期天，丘吉尔下令让教堂的钟声响彻全英国。两年前这曾经是德国进攻开始时的信号。现在它是胜利的标志。经过很长时间后丘吉尔的将军们最终给他带来了至关重要的胜利的消息。

第七章 海军司令们

在法国沦陷后随着法国从开罗到波尔多的沿海地带都落入纳粹的控制中，德国人不失时机地沿着大西洋海岸建造U型潜艇。U型潜艇战争现在变得更加致命。在1940年的最后六个月中，U型潜艇在大西洋上击沉了471艘船只，总共超过两百万吨的船运物资。1941年早期，损失继续以惊人的数量增加。丘吉尔深知必须保持大西洋航路的畅通，不仅是运输按租借法案从美国的工厂不断生产的枪支、坦克和弹药，也不光是为运输从加拿大和英国的其他地方来的增援人员和武器装备，还是为运输食物、金属矿石、石油、化工产品和其他所有的进口物资，这些对英国的生存起着重要作用。作为一个贸易国，这可是英国输不起的。

回顾大西洋上的巨大战争，丘吉尔写道："一直以来在战争中真正让我害怕的是U型潜艇带来的危险。相比那个称作英国战争的大规模的空战，我更加担心这个战争。"这是一次仅能从图表上追踪的战争，统计数据也是一个星期或者一个月一次的累积数据。U型潜艇以一种"狼群战术"发起攻击，一旦一艘护卫舰被发现，U型潜艇会在夜间集合，然后集体发出进攻，压住护卫舰的防御，几乎恣意妄为地将商船击沉。U型潜艇使像沙恩霍斯特和格奈森诺这样的表面活动的护卫舰增加了危险性，夹在他们中间的德国战斗巡洋舰在1941年早期击沉或者俘获了22艘船只。远程神鹰号飞机也可以发现护卫舰，然后在空中对他们进行轰炸。"我多么希望能够全面攻击一下这个看不见、摸不着的威胁啊！这个威胁出现在图表、曲线和统计数据中。"丘吉尔写道。1942年2月，被称为"西方途径"的通往英国的大西洋航道指挥中心被迁往利物浦，海军上将珀西·

诺布尔爵士被任命为指挥官。3 月份，经历一些特别惨痛的损失后，丘吉尔跟第一海军大臣庞德上将会面，告诉他这次竞争不得不被看做头等大事，比其他任何事情都重要。丘吉尔给这次战役取了个新名称："大西洋之战"。跟以前一样，他使用的语言引起了新的呐喊。把这次大西洋竞争描述为一场战斗，就跟法国战争和英国战争一样，丘吉尔集中精力，重组了政府部门并将公众的注意力都集中到关乎生死存亡的关键事件上来。

一个新的致力于大西洋之战的委员会成立了。好几个月里，它每周都开会，后来是两个星期开一次，以回顾所有的信息并想出新的想法和政策。会议由丘吉尔亲自主持，出席会议的包括战时内阁的其他部门、海军和空军参谋总部、其他一些核心部门的大臣们以及像韦弗尔爵士和布莱克特教授这样的领头科学家们，他们将行动研究的技巧用到战争科目上。丘吉尔写了一份指令，列举了新委员会行事 13 条。这是一份号召反击 U 型潜艇的权威性文件——跟以前一样，丘吉尔想要对敌人发起攻击。它唤醒了这个新战斗中所有的核心人员的思想。这时丘吉尔将自己的进攻精神、激发性和协调性发挥到了极致。

在战争刚开始时，英国所拥有的唯一能真正对付 U 型潜艇的武器是潜艇探测器，这是海军部在两次战争中间时研制的。这是一种当撞上某个物体时能发射声脉冲并反弹回来的系统，有点像水下雷达。在海军部时，丘吉尔就对潜艇探测器很感兴趣。但当时它的范围有限而且不可靠。它会被船只的航迹或者深水炸弹所干扰。但是到 1941 年，新的反击 U 型潜艇的措施出现了。其中一个就是无线电测向系统，它可以探测到 U 型潜艇向他们法国洛里昂附近的总部发送密码信息时发出的信号。这些信息不能被破译，但这无关紧要，因为目的只是为了找到信号的来源地。如果两个或者更多的无线电站能探测到这个信号，然后他们就可以"锁定"U 型潜艇的位置。这可以远程探测而且准确度非常高。这个叫做"高频方位测定仪"或者叫 HT/DF 的仪器被取了个别名叫"Huff Duff"，这个神奇的东西也开始对战争产生了影响。

1941 年取得的其他进展包括对深水炸弹燃烧的深度重新进行调节、使用新型雷达以及部署移动速度很快的驱逐舰作为护卫舰。希特勒命令 U 型潜艇总指挥卡尔·德尼茨上将在地中海部署一些战舰，这也无意中在大西洋战争中帮助了同盟军。但 5 月及 1941 年 6 月有了决定性的突破，当时皇家海军完好无缺地俘获了德国的 U－110 潜水艇还有两艘气象观测船，取得了他们所有的恩尼格码密码本。用这些密码本布莱池利公园的密码破译人员终于能够破译德国海军的加密信息。通过破译“群狼行动”中来回发送的核心信号，可以确定他们的位置和意图。护卫舰的路线可以被安排到远离伏击中的U型潜艇的地方。这大大减少了船只的损失，1941年前六个月中，一百万吨货物中由每个月平均有四分之一的损失减少到八分之一，到年底的时候更少。这是大西洋战争这一阶段的胜利。但持续时间并不长。

另外一次发生在大西洋上的激烈战争吸引了更多的注意力。在得到当地特工人员的情报警告后，皇家空军的一架摄像侦察飞机于1941年5月21日从苏格兰北部的威克出发，向卑尔根周围的挪威峡湾飞去。这些侦察机的飞行员们的确都是英雄。他们飞行时没带枪炮，有时候在敌占区上空一次飞行好几个小时。速度是他们唯一的武器，如果有战斗机跟在他们后面，他们只靠自己的能力飞到很高的高度来快速摆脱敌机进行自救。在这天下午，一名飞行员发现了一群德国战船，当他飞到低处一看究竟时，又看见了两艘战船，一艘特别大的准备起航。当对拍摄下的照片进行处理和检查时，飞行员发现他找到了俾斯麦号和它的普林茨·尤金号供给巡洋舰，它们准备开往大西洋。俾斯麦号是希特勒海军的骄傲。这是迄今为止最大的德国战船，以装载了八门15英寸口径的大炮而出名。它自身45000吨的重量也比最大的英国战船要重，但速度一样。如果它混进大西洋护卫舰队中会引起极度的混乱。海军历史上最有名的角逐开始了。英国海军部命令斯卡珀湾和大西洋洋面上的船只在从格陵兰岛和冰岛之间被称作丹麦海峡的冰冻的河面上集合，因为他们认为俾斯麦号会试图从那里进入大洋。

在克里特岛上爆发战争的那个周末，丘吉尔正在他的乡间别墅里。5月24日星期六早晨7点钟，他醒来后听到了可怕的消息。在与俾斯麦号的第一次交战中，HMS胡德号被击沉。胡德号是皇家海军的骄傲，是他们最好的战舰之一。丘吉尔询问后发现俾斯麦号仅仅用一枚炸弹穿透了胡德号的弹药库并引起了爆炸。船上1500名船员只有三个人幸存了下来。另外一艘英军战舰——HMS威尔士王子号也因俾斯麦号上的巨大的炸弹的袭击，遭受了重创，它失去了战斗力。但人们没有意识到威尔士王子号设法打击了俾斯麦号，让它的速度放慢了。

“击沉俾斯麦号”的信号发出去后，大西洋上所有可用的船只被命令加入角逐。战舰、巡洋舰、航空母舰以及驱逐舰现在紧急地在丹麦海峡东部海域集合。24日傍晚，海军航空兵部队的剑鱼号飞机从HMS胜利号起飞后发现了俾斯麦号。然而在这个危急关头，负责追踪的巡洋舰队与他们的追踪目标失去了雷达联系。整整疯狂地找了一天，俾斯麦号还是没有找到。俾斯麦号现在正朝哪个方向行进呢？26日，从北爱尔兰起飞的一架卡特琳娜号水上飞机幸运地发现了俾斯麦号。它正在前往布雷斯特港口准备去修理。它距离大海还有700英里。很快，从皇家橡树号上起飞的剑鱼飞机发现了这艘战舰，他们投掷了更多的水雷击中了要害。本土舰队总指挥、托维上将在HMS乔治五世国王号上，现在正跟HMS罗德尼号一起追踪俾斯麦号。但这两艘战舰燃油不足，眼看着就要不得不放弃追踪了。丘吉尔命令庞德上将发送电报说，“不惜任何代价，击沉俾斯麦号”，即使打击结束后一艘英国战舰不得不将其他战舰拖回来也要完成任务。

到目前为止，对俾斯麦的损伤造成它的方向舵被卡住，它只能漫无目的地在海上一圈接一圈地绕圈航行。27日早上，乔治五世国王号和罗德尼号最终靠近了俾斯麦号准备将它击沉。俾斯麦号的重机枪还在发射子弹并对罗德尼号造成了损伤。但这艘德国战舰是一只待宰的羔羊，英国的炮弹和水雷齐发，最终将它击沉。德国指挥官、舰队司令吕特晏斯发出最后一个信号：“船只无法操纵。我们将战斗到底。元首万岁！”当俾斯麦号下沉时，船上2000船员中有大约120人（其中包括吕特晏斯）跟船一起沉入海底。这是皇家海军取得的一次胜利，虽然胡德号被击沉是一个不小的代价。但它还是对德国的另外一艘重型战舰、刚出海的蒂尔皮茨号起到了威慑作用。自此在战争的大部分时间它都隐匿在挪威的峡湾中。

丘吉尔有着指挥皇家海军的伟大经历，在三十年前的1911年他被任命为海军第一大臣。在那时候，他发现军队中的高级指挥人员都非常保守而且对变化充满疑虑。现在在第二次世界大战中，他对自己对情况的了解非常有信心，因此他决定在行动问题上明确表达自己的观点。这导致他在跟海军司令们打交道时出现了紧张的关系，就跟他干预陆军事务时跟将军们的关系一样。但庞德司令很了解丘吉尔，因为他从1939年9月丘吉尔当第一海军大臣时就跟丘吉尔一起工作，到后来丘吉尔当首相时他在联席参谋委员会任职。他知道怎么跟丘吉尔相处，他们建立了很好的伙伴关系。1940年12月，他告诉可坎宁安司令：“首相最近很难相处，他并不是一直这个样子。一个人必须具有广泛的视野，因为他在跟一个伟大的领袖打交道，只要不危险，就必须容忍他的孩子气。”后来庞德跟A·V·亚历山大说起丘吉尔作为第一大臣被替换的事情时说道：“有时候你可以亲吻他的双脚。另外一些时候你觉得自己可以杀了他。”

安德鲁·布朗·坎宁安司令，通常被称为“ABC”，在1943年底前一直指挥着地中海舰队。他是第二次世界大战时英国最成功的海军指挥官之一，被称作是自纳尔逊以来最伟大的舰队司令。他在幕后指挥了在塔兰托对意大利舰队的空袭，策划了1941年3月的马塔潘战役，那次战役中他在夜间对意大利舰队进行了袭击，三艘意大利重型巡洋舰被击沉而英军毫发无损。他有一种天然的本领能在任何时机下接近并摧毁敌人。甚至在组织希腊以及1941年5月的克里特撤退时，在没有空中掩护的情况下，他告诉他的船员们说：“海军不能让陆军失望。”但即使如此，他仍恰当地接受着丘吉尔的细节指令。坎宁安发现这些指令具有破坏性，他觉得这些会让人们对他向敌人发起攻击的意图产生怀疑。但他还是隐忍不发并将自己的任务尽自己所能地完成得最好。但在1941年4月，在对的黎波里封锁的问题上进行了一次争论后，他承认自己“开始感觉自己非常恼怒”，因为丘吉尔告诉他，他应该如何开展工作。他觉得如果情况出现变化，丘吉尔的要求有可能“损失整个舰队”。

但丘吉尔对任何人的指责都不会持续很长时间。他不仅由衷地对坎宁安表示祝贺而且还提拔了他好几次。丘吉尔善于优化实物、概览全局。他非常善于让事情发生，拒绝接受对事物说“不”的回答。当然，他必须将有限的战争供给进行均衡，他对所有需求设定的优先权必然会惹恼任何失利的一方。但他可以做得很过火，他的微观要求使得对他暗示友好的军事首领都转而反对他。有时候他的干预甚至会让陆海空军的士兵冒着牺牲的危险。他的指挥官们对他的一些要求进行抵制并予以反驳。在战争时期这些争论的真相被掩盖了，但在战后出版的一些传记中可以看出丘吉尔当时的沮丧。

我们已经看到了希特勒对苏联的进攻、日本对珍珠港的偷袭以及德国对美国的宣战，这些确实让整个世界卷入了战争。在如此多的海洋上打仗的皇家海军现在压力很大。在珍珠港事件后的第三天也就是12月10日早晨，当电话铃声响起时，丘吉尔还在床上阅读他的文件。是庞德司令打来的。丘吉尔后来写道：“他的声音听起来很奇怪。他发出了类似咳嗽和喘息的声音，刚开始我听不清他说的话。”他带来了令人震惊的消息。为了阻止日本偷袭珍珠港而在之前被派往远东地区的两艘战舰HMS威尔士王子号和冲击号被日本飞机击沉。丘吉尔心烦意乱。仅仅在几个月前他还乘坐威尔士王子号去纽芬兰跟罗斯福会面。他对船上的很多船员都很熟悉。“在所有的战争中我从未受到过这么直接的打击。”他后来写道，“当我翻身蜷缩在床上时，这个消息带来的恐惧感传遍了我的全身。”在珍珠港劫难之后这么快就发生了两艘战舰沉没的事，这意味着在太平洋上已经没有同盟国的大型军舰了。丘吉尔反思道：“日本是这一大片海域上的霸主，我们在任何地方都是软弱而毫无掩盖的。”

威尔士王子号和冲击号的沉没以及对俾斯麦号的追逐都证明了海上空军力量的重要性。先是俾斯麦号被发现并受到海军飞机的致命打击；威尔士王子号和冲击号将自己的空中掩护落在后面，然后被日本轰炸机击沉。然后在 1942 年 6 月的中途岛之战主要是航母上飞机之间的战争，这将是太平洋海军战争中的转折点之一，美国海军飞行员在与日本皇军交战时遭受了四艘航空母舰的损失。但海军部还有一些人依然无法意识到或者接受在海上战争中正在发生的变化。重型战舰作为大炮的流动钢平台的那种日子已经过去了。尤其是太平洋上的未来就取决于航空母舰。美国很快开始了一个大型的建造航空母舰的计划。到太平洋战争结束时，美国造船厂已经建造了 24 艘巨大的 27000 吨重的埃塞克斯级别的母舰。他们会让美国海军在太平洋这一大片水域上重新取得制海权。

但在远东地区的灾难般的战败之仇还未报之前，实现这个目标还要一段时间。新加坡沦陷的耻辱比其他任何事件更能显示英国军事在亚洲地区的弱点。新加坡是一个小岛国，位于五百英里长的马来半岛的顶端。在 20 世纪 20 年代，它被选作用来建设一个大型的海军基地以及一个装备重型机枪的堡垒，这是英国在这个地区权力的中心。突出海面的装备了重型大炮的巨大防御工事被建造起来以保护这个城市和商贸中心不受海上的袭击。但新加坡的陆地防御基本不存在，而日本就是沿着马来半岛从陆地进入新加坡的。毫无疑问，这是缺乏远见和计划造成的灾难，一次历史性的大失误。人们就谁应该为此事负责争论了好几年。当然丘吉尔有一部分责任，因为他在 20 世纪 20 年代担任财政部长时，在新加坡建造堡垒时严格控制支出。从 1939 年开始他首先是一名高级官员，然后又是疏于建造合适的防御工事的政府领导人。但人们从来没想象过跟德国、意大利和日本同时开战，因此从 1939 年 9 月起所有的计划都集中在欧洲以及北非地区。尽管他自己有过失，但当别人告诉他在抵御陆地攻击时没有有效的防御措施时，丘吉尔还是感到愤怒。他写道自己“非常吃惊”。1942 年 1 月，他对联合参谋总部大发雷霆：“如果不是要建一座城堡的话，一个岛国要堡垒干什么？”他继续说预备完善的陆地防御“是一种基础的和平时期的准备，这是不可思议的，建造一座堡垒需要二十年的时间。在谈论这些事情的时候为什么你们当中没有一个人跟我提起过这事?”

在沿着马来亚的一次混乱而疲惫的撤退后，成千上万的同盟军挤进新加坡。亚瑟·珀西瓦尔担任指挥。丘吉尔要求他坚持战斗，还说在最前线战斗的第十八军“有机会将自己的名字载入历史史册。大英帝国和英国军队的荣誉处在危急关头。”但日本毫不留情地向前猛攻，萎靡不振的防御者发现自己处于绝望的境地。饮水供应断了，一百万城里的居民处于绝望中。炮弹和燃料储备也快没有了。丘吉尔跟布鲁克讨论了这种情况后同意再坚持抵抗是不现实的。通过地区指挥传话，他们允许珀西瓦尔在合适的情况下暂停抵抗。2月15日星期天，珀西瓦尔和他的指挥官们手举白旗撤出要塞，表示无条件投降。六万两千人被俘，开始在日本战俘营和囚犯劳动营中度过了充满恐惧和酷刑的年岁，他们中有一半人死在里面。丘吉尔后来写道这是“最可怕的灾难，也是英国历史上最大规模的投降”。

当晚丘吉尔在BBC广播上宣布了新加坡沦陷的消息。这是一次饱含感情的讲话，其中丘吉尔回顾了战争的进展情况，他问道：“我们要上还是下?”他坚持认为在美国和苏联两个盟友的帮助下，胜利最终是肯定的。但他承认英国的情况很危急，国家在每个前线的斗争都很艰难。他以典型的用词华丽的修辞结束了演讲，他说在灾难般的失败的阴影下，现在是这样一种时刻：

“需要英国民族和国家显示他们的素质和才华的时刻。这是需要从不幸中提取取得胜利的关键动力的时刻。我们必须牢记我们不再孤独。我们处在一个大团体当中。到目前为止我们还没有失败。我们不会失败。让我们一起坚定地向前进，冲进暴风雨中并穿过它。”

有趣的是，第二天哈罗德·尼克尔森在他的日记中写道丘吉尔的广播并不受人喜欢：“整个国家处于极度紧张和愤怒当中，并不是一些好听的言词就能打发得了的。”在战争的这个时刻，丘吉尔的魔法似乎失去作用了。

世界大战对成本的算计是很精确的。皇家海军和英国陆军都没有能够在战线拉得如此之长的如此多的前线上进行有效的斗争。还有丘吉尔从未真正重视过远东战争。他从未研究过日本社会，对日本的军事文化知之甚少。他跟他的军事参谋们都有这样一个共同的倾向：低估了这个新的敌人的力量。再加上他从未视察过澳大利亚，因此他根本不了解澳大利亚人的恐惧：他们害怕日本人毫不留情地横扫这个地区会对英国带来威胁。他就是不明白为什么澳大利亚人感觉有必要将自己的军队从中东撤回。

对丘吉尔而言，远东地区的核心前线是印度的防御，那是帝国王冠上的一颗明珠，在他作为一名年轻的海军军官在那里服役时那里对他非常重要，在那里他曾为帝国的利益而战。在印度进行防御意味着保卫缅甸，对丘吉尔而言这个地区也是反对日本的一个关键。1942 年 1 月，他认为为了建立缅甸首都仰光的防御体系应该放弃新加坡。但让他遗憾的是在其他事情的压力下他没有能对此进行实施。缅甸在春天落入日本人手中。感受到这个时期英国在亚洲地区的薄弱，几个月后印度国大党举行了一系列反对英国统治的示威游行和暴动。随着德国突进俄国东部，对印度的西北边境造成潜在威胁，同时日本也向东推进，在很多人看来英国对印度的统治可能到头了。

回到大西洋，当德国海军更换了他们的恩尼格码机的构造后，对英国造成了致命的打击。在俾斯麦号航行时，有五艘供给船分布在大西洋上的各个地点以便这艘大型战舰能在海上补充燃料。布莱池利公园破译了他们的密码，得知了他们的地点并将信息传送出去。在俾斯麦被击沉后，四艘供给船被追踪并击沉。第五艘船被偶然发现并击沉。U 型潜艇舰队指挥德尼茨司令开始怀疑英国人在译解他的恩尼格码信号。后来 U－570 在半岛东部被一艘英国驱逐舰俘获，德国人害怕皇家海军可能已经得到了 U 型潜艇的恩尼格码机和密码本（实际上这时还没有）。由斯蒂姆尔船长负责对可能的密码破译进行了调查，他是一位经验老道的海军信号专家，他有一副几乎是连环画里的普鲁士人的长相，有一个玻璃假眼和瘸了的腿。斯蒂姆尔得出结论说根本不可能破译恩尼格码，但德尼茨还是想对整个系统进行巩固加强。于是在恩尼格码机上又加了第四个动叶片，这就意味着密码交换增加到了 26 个。这个新系统在 1942 年 2 月 1 日开始使用。

一夜之间这导致布莱池莉公园对德国海军密码的破译工作完全中断。密码破译人员将这个新的似乎无法破解的密码叫做“鲨鱼”。这使得大西洋战争到了一个重大的危机时刻。同时它又让德国 U 型潜艇在美国东沿海地带取得了辉煌的战绩。对英国在必须有护航舰的问题上得到的惨痛的教训置之不理，单个的船只不断地在美国海岸上下航行，甚至在港口城市没有管制。U 型潜艇的船员们享受着战争中最轻而易举的猎杀行动，他们将此称之为“欢乐的时刻”。在 1942 年 1 月他们击沉了 31 艘美国船，2 月击沉了 69 艘，在后面的六个月里沉船数量不断上升，直到后来美国采取了明智的预防措施和实行了一种联合护航的系统之后情况才有所好转。

1942 年夏天开始，在大西洋上损失的船只数量也达到了惊人的程度。在德国采用了新的恩尼格码系统的六个月里，U 型潜艇将大西洋护航舰队中的六百多艘船、将近三百万吨的船装物资（再加上在美国东海岸线上损失的所有船只）击沉。照此速度，新造出来用以替代沉船的船只数量远远赶不上被击沉的数量。撇开大量的人员牺牲不说，英国竭尽定额的很多的供给物资以及一些战争必需的原材料都沉入了大西洋底。到目前为止，德国人还破解了英国海军的暗号，他们的密码破译人员追踪到从北美发过来的护航舰队的路线和命令。英国海军部对布莱池莉的工作人员施压要他们破解恩尼格码。在 8 号房间的阿兰·图灵基地，密码破译人员夜以继日地工作着。但他们的行动是盲目的，进展不大。

1942 年 11 月，丘吉尔又一次面临着大西洋上一次可能导致灾难的情形。第二个名叫内阁反 U 型潜艇战争委员会的委员会成立了。跟 1941 年的一个成功委员会一样，这个委员会依然由丘吉尔领导，包括高级部长、军事首领以及一些顶级科学家，像罗伯特·华特森瓦特、彻韦尔爵士和布莱克特教授。科学家的参与是核心，这个委员会不断地将科技思想应用到大西洋战争中去。很快就有了一系列重要的进展。在海面航行的 U 型潜艇发展了一种可以捕捉传统的雷达信号的技术，因此他们知道何时会被同盟军飞机发现。然后他们将可以潜入水面以下以躲避空中袭击。但新型的更加复杂的短波雷达（是由伯明翰的空腔磁控管技术发展而来的）不能被 U 型潜艇探测到。这极大地提高了巡逻的飞机袭击并击沉 U 型潜艇的能力，尤其是在他们从比斯开湾出发或者完成任务回到这里的时候。在飞机上安装了一种新型的被称作“利氏灯”的探照灯，以便他们利用短波雷达在夜晚袭击 U 型潜艇。一种新级别的护卫舰被研制出来，然后四艘组成一个独立的小型舰队分布在洋面上捕获 U 型潜艇。还建造了好几艘护航航空母舰，护航舰可以有飞机陪同，这就增大了捕获 U 型潜艇的范围。负责行动研究的军事科学家们根据计算得出结论说 U 型潜艇能装载的水雷数量显然是有限的。因此一艘大的护卫舰损失的概率要比小的低。因此护卫舰被扩大了。所有这些都起了作用，但仍然需要一些妙计来克服“鲨鱼”。

实际上，10 月 30 日已经有了幸运的突破，但它的影响力需要一段时间才能被人意识到。在那天早上，一架桑德兰水上飞机在东地中海上巡逻时捕捉到了用雷达跟踪报告可能是潜艇进行联系的信号。一支海军最新式的驱逐舰队在那个地区巡逻，在飞机的协助下迅速赶往那里。船只的水下探测声纳感应到潜艇的存在，于是他们开始投掷深水炸弹。整个下午和晚上，驱逐舰围成一圈，向海里投掷了更多的炸药。U 型潜艇潜入到水下 500 英尺，这是它在水中最深的位置，但炸弹依然能到达。潜艇里面的汗臭味、恐惧感和柴油机燃料的气味变得越来越糟糕。大概到晚上 10 点在自己最低的位置它被击中了。船长觉得自己别无选择只有浮出水面。当 U－559 一出来，驱逐舰中的一艘名叫“爆竹”的向它开火，在军舰司令塔上打出了很多弹孔。U 型潜艇上的船员们弃船跳进了海里。“爆竹”号船长觉得自己可以捕获这艘潜艇并将其拖到港口去。因此一支登船队伍很快被派去艰难地登上了那艘 U 型潜艇。这只登船队伍中有一名叫安东尼·法松的中尉，他对每艘 U 型潜艇上装载的秘密的无线电文件的重要性很了解。他下降到那艘还亮着灯的 U 型潜艇上。它的船身千疮百孔，正在进水。在船长室里，法松打开了一个橱柜，拿了一把钥匙并打开了一个抽屉，那里面他找到了一些书和纸张。在另外一名登船的士兵科林·格拉茨尔的帮助下，法松将好几摞这样的文件拿到了军舰司令塔上。当他们第三次返回船长室的时候，U 型潜艇突然开始下沉。司令塔里的军官们想尽办法将大部分文件带下了潜艇，但法松和格拉茨尔被冲入的海水困在里面，跟 U 型潜艇一起沉没了。他们两个人被追授乔治十字勋章。

当法松和格拉茨尔从 U－559 上俘获的密码本最终到达布莱池利公园时，他们提供了遗失的链接。密码破译人员现在可以用密码语找到他们的蛛丝马迹并使用炸弹。12 月 13 日早晨，从第八室传来了喊声：“出来了!”他们破解了恩尼格码密码。他们现在可以读懂“鲨鱼”了。几天的时间里他们就找到了 15 艘 U 型潜艇的位置。几周的时间里，可以继续将护卫舰队从等待着的群狼攻击中撤退出来。到 1943 年 1 月和 2 月，船只的损失数量减少到突破前的一半。这是大西洋战争中的决定性时刻。但情况在最终好转之前会有一段非常糟糕的时期。

在 1942 年的最后几个月，英国和美国之间结成的利益同盟开始出现分歧。美国海军司令金和曾在菲律宾带领美国守备军的一位极具个人魅力的指挥官道格拉斯·麦克阿瑟将军两个人都坚决认为太平洋上需要更多的战争资源。这对罗斯福和丘吉尔在珍珠港事件后不久达成了德国第一的原则提出了挑战。美国陆军总参谋长马歇尔将军以前一直支持火炬行动以及爱北美登陆的计划，现在却认为当务之急是在 1943 年对法国北部发动袭击，而不是继续在地中海作战。罗斯福建议丘吉尔说他们两人应该跟斯大林会面，以展望以后的战略战术问题。但斯大林宣布说在斯大林格勒战争的关键时刻，他不能离开莫斯科。丘吉尔和罗斯福决定在斯大林缺席的情况下继续他们的会面，他们计划在摩洛哥的卡萨布兰卡会面。这次峰会被很恰当地以代号“标志”相称。

1943年1月12日，丘吉尔乘坐解放者号轰炸机出发，经过9个小时的飞行到摩洛哥。他还带着往常的随行人员，包括他的医生查尔斯·威尔逊、他的私人助理约翰·马丁、他的侦探汤米·汤普森和他的男仆弗兰克·索耶斯。跟往常一样这是一次不舒服的飞行，有一次丘吉尔醒来发现有一根管子过热，他害怕这会点燃机舱里的汽油。但他们还是安全到达了，摩洛哥冬天温暖的太阳让人惬意地放松。“美好的太阳、橘子、鸡蛋以及剃须刀片。”马丁写道。这四样当时在英国是很难见到的。他们住进了卡萨布兰卡北部海岸上的一家小的不引人注意的宾馆。丘吉尔和罗斯福都有他们私人的别墅，整个院子都封锁起来并由美国士兵把守。参加这次会议的有英美两国的参谋部，他们每天都单独会面，然后作为联合参谋通常一起举行两次日常会议。英国对他们自己的立场和观点做了充分的准备。丘吉尔跟他的参谋们已经就所有的核心问题进行了讨论并达成了一致。而美国一方则没有好好准备，在一个统一的立场上未能达成一致。

正式的会议在1月13号召开，军事首脑们的分歧立刻就显现了出来。美国人想要对北欧进行一次袭击。英国人想要集中在地中海取得胜利，认为1943年对法国的袭击太过冒险。他们的争论一直拖延到1944年，那时有了更多可利用的资源而且U型潜艇的威胁已经被击败了。好几天时间里，双方都困在次年他们应该采取的战略分歧中。布鲁克将军在他的日记中记录道：跟美国人“非常”激烈的会议上似乎“未取得任何进展”。第五天的时候他写道：“这是令人绝望的一天！我们离达成一致还很远，这是以前从来没有的！”英国参谋部害怕美国人已经将欧洲的资源重新分配到太平洋战争中去了。美国人认为英国人痴迷于地中海是出于自己的利益考虑，将苏伊士运河作为与印度的连接通道是英帝国一直以来所关心的。

在这些事情在经过反复讨论时，丘吉尔和罗斯福却相处得非常融洽。在地中海战略问题上总统似乎比他的总参谋长马歇尔还要放松些。同样，丘吉尔回应美国的顾虑时答应在德国被打败之后，立刻继续对日本发起战争。首相和总统的友谊之花盛开在冬天的阳光中。丘吉尔处于适宜的环境中，他的军事参谋们在他周围，定期见见罗斯福，他处在一台全球战争机器的中心。在会议开始几天后参加进来的哈罗德·麦克米伦写道：“我从来没见过他的状态这么好过。他总是胃口很好，解决了大的问题，玩一个小时的弹子游戏或者纸牌游戏，通常都是很开心的。”

1月18日联合参谋部最终在战略问题上达成了一致。很多美国人感觉跟英国陆军元帅约翰·迪尔爵士打交道很舒服，他担任英国驻华盛顿使团的首领一年时间，跟马歇尔保持着非常好的关系。在将两方人聚合到一起的事情上他起着中心作用。联合参谋部将讨论的结果报告给丘吉尔和罗斯福，他们欣然接受了这个新的计划。有备而来的英国代表团想要的目的大部分都达到了。打败德国依然是第一要务。克服U型潜艇的威胁以及取得大西洋战争的胜利是首要目标。地中海战略得到了支持，双方同意在同盟军将北非军团从北非驱逐出去以后对西西里岛发起攻击。美国同意此后英国对缅甸发起攻击。在欧洲，波利乐舞行动即在英国组建美国军队的行动将非常急迫地进行。对德国的轰炸反击将会以更多的精力继续下去。在会议的后期，罗斯福增加条件说同盟军只接受德国和日本"无条件的投降"。丘吉尔当场同意，这成了同盟国最终的战争目标。

对英国策划者而言，这次峰会是一次极大的成功。在军事首脑沟通后达成了联合战略，英国使得美国人信服他们的优势。美国总指挥和英国首相没有将这一条作为法令颁布。在很多方面，卡萨布兰卡代表了英国对战争计划影响的最高峰。在1943年，美国大规模的战争努力将会超越英国，将丘吉尔和英国参谋们在联合关系中置于次要的位置。但现在丘吉尔和罗斯福离开卡萨布兰卡一起去马拉喀什旅游，丘吉尔在几年前度假时就爱上了这个城市。首相爬到别墅的屋顶上，这里是专门为他们设置的，在这里可以看见白雪覆盖的阿特拉斯山脉那边美丽的日落。他坚持要罗斯福也来看日落，实际上身体有残疾的总统是被他的两个属下架到屋顶上的。他们一起看着前面的光线庄严地变换着颜色。丘吉尔低声地说道："这是整个世界上最美妙的地方。"他们在吃晚饭时通过起草各种公报对他们的事务进行了总结，包括一份给斯大林的协议内容的总结。然后他们一起唱歌。第二天早上，总统离开回到美国，而丘吉尔则很难得地休息了一下。他在屋顶上将阿特拉斯山脉的景象画了下来，前一天晚上他和罗斯福对此情景非常喜欢。这是在整个战争中丘吉尔画的唯一一幅画。

1942年，U型潜艇以平均每个月18艘的频率在海上航行。到1943年早期，德尼茨在大西洋北部有了上百次的行动。在海洋的中心有一块无论美国还是英国的飞机都到不了的地区。在这个分界带德国U型潜艇继续他们的杀戮暴行。丘吉尔承受着来自海军部的强大的压力，他们要求将像解放者号这样大型的四引擎的皇家空军的飞机由轰炸机组的指挥部转到空军海防总队来，以便能在大西洋中间飞过敌人的突击来保护护航舰队。但他和他的参谋们依然相信在没有满足斯大林开辟第二战场要求的情况下，采取轰炸反击的方式是他们摧毁纳粹战争机器的首选办法。海军部想要远程飞机的要求被拒绝了。相反，更多的在法国海岸线上对U型潜艇的轰击开始了。但U型潜艇的水泥船顶非常坚固，尽管有成千上万的轰炸行动，没有一颗炸弹能穿透U型潜艇下面的港区。

1943年3月，U型潜艇的全部数量意味着船只运输物资的损失增加到超过60万吨，这是一个高得非常骇人听闻的数据。照这种速度损失下去，英国再撑不了多久了。海军部计算说在这个月的前二十天里，新世界和旧世界之间的通讯几乎完全中断了。官方海军历史学家斯蒂夫·罗斯基尔写道："1943年早春，我们在大西洋上的失败是很难幸免的，如果我们遭遇了这样的失败，历史会做出这样的判断：失败的主要原因是缺乏两个空军中队的远程飞机来执行护航任务。"丘吉尔坚持要进行轰炸反击的策略几乎导致大西洋战争的失败。

科技方面的进展及时地起到了救助作用。所有进行的研制工作终于开始发挥作用了。布莱池利公园现在能够重新破解德国海军的信号，新型的短波雷达系统可以捕捉越来越多浮出水面的U型潜艇，新的护航组也已就位，猎物现在变成了捕猎者。在比斯开湾巡逻的飞机能发现并击沉准备出发或者完成任务返航的U型潜艇。在3月和4月，在大西洋上有27艘潜艇被击沉，其中有一半多遭遇了空袭。5月有40艘被击沉，其中有18艘是被从空中炸沉的。总共加起来这些占到了现有U型潜艇舰队的50%多。没有哪个军队可以承受这样的损失速度。5月22日，德尼茨取消了拼比并命令他的U型潜艇舰队从北大西洋撤退。在5月23日到达利物浦港的、密码代号为SC130的护航舰是最后一艘受到U型潜艇严重威胁的船只。

从北美到英国的航路上来自U型潜艇的威胁被清除了。这跟斯大林格勒或者阿拉曼战役一样都是一次关键的转折点。在没有掌握北大西洋的情况下对欧洲发动攻击是一件不可思议的事。北美的大型造船厂现在正在全力运转，很多都是在生产一种叫"自由轮"的船只。这是一种可以被预制成好几个部分的基本的运输轮。造船巨头亨利·凯撒意识到造船的速度是核心，当造船厂进行扩建时，有很多劳动力是不熟练的。凯撒的预制船只的想法本质是很多船的部件可以在内陆的工厂进行生产，然后经由铁路运输到造船厂进行组装。一艘大船的船身可能是由一系列的下属单位设计而成的，新的像电弧焊接这样的技术被用来将金属板结合到一起。这比铆钉要快而且使用钢材的数量也少。美国造船厂在东西海岸线上下聘用了30万工人，男女都有。他们当中很多人以前从未接近过造船厂。就跟“铆工罗琦”用来称呼飞机制造厂的工人一样，“焊接工温迪”成了在重型机器制造业以及造船厂工作的女性员工的称呼，过去这些行业一直都是被男性垄断了的。整个生产自由轮的过程是一个很好的大量生产的例子。这些基础货轮的装配和下海使用速度越来越快。第一艘自由轮从安龙骨到下海使用总共花了大概 150 天的时间，它自身的速度在造船界而言是惊人的。随着技术进步和系统的效率越来越高，造船的时间降到了 50 天。然后美国媒体开始对此产生了兴趣，两国的造船厂结成了友好竞争的关系。平均的生产时间降到仅需 10 天，其中最快被生产出来的罗伯特·E·帕鲁号令人难以置信地仅用了四天零十五个小时的时间，于 1942 年 11 月在加利福尼亚的一个船厂生产了出来。这个生产速度是一次例外，但在战争中总共制造了 2700 艘自由轮。

U 型潜艇带来的威胁被应用于海上的科学思想以及在美国大量生产船只的这种革命性的观念击破了。就跟布莱克特教授说的那样：“1943 年的反潜艇战争是在严密的科技控制下展开的，这是英国武装部队历史上其他战争都没有过的”。1943 年 7 月当造船的数量超过运输物资的损失时，这是一个关键的里程碑。战争实验室开始发挥作用，大西洋战争取得了胜利。

第八章 轰 炸

1940年3月19日晚，轰炸机兵团的一组由20架汉普登号和30架惠特利号组成的轰炸机组发动了对德国的轰炸。他们的目标是位于叙尔特岛的德国霍尔纳姆水上飞机基地，离丹麦西部边境只有几英里。在那里，德国空军的水上飞机正在向北海投掷鱼雷。轰炸机组人员都很兴奋，因为在战争初的几个月里，他们只是在德国上空投掷传单。维尔·张伯伦首相对这第一次轰炸袭击非常着迷，以至于打断了深夜在下议院进行的会议的进程并宣布说皇家空军的轰炸机正在荡平德国空军基地。议员们都欢呼起来。报纸用这样的标题做出回应："飞机库和油库着火了"以及"夜空被点亮了"。最终皇家空军正在给纳粹狠狠的打击。

然而，在空袭开始的第二天传来的第一批霍尔纳姆空中的摄像所反映的情况完全不同而且非常令人惊讶。照片判读员找不到任何对飞机库造成的损伤。海因克尔水上飞机依然停在他们的滑道上，油库都存留了下来。判读员对照片进行了再三分析。他们考虑到了各种可能性。德国空军一夜之间就将残骸都清理了吗？慢慢地他们得出了一个不可逃避的结论。尽管战后机组人员充满激情地做了任务报告，但皇家空军的轰炸机完全没有击中目标。作为宣传行动，德国人邀请了中立国的新闻记者参观了基地，让他们亲自看一下没有任何损伤。但这些在英国没有被报道。

皇家空军得到了夜间轰炸的第一个令人沮丧的教训。当时导航技术尚未充分发展，几乎不可能飞行七八个小时从一片漆黑的敌人占领的欧洲上空飞过并正确命中目标。导航几乎全是靠眼睛来进行的，飞行员辨别出下面的地界标并按照它们规划一条路线。很显然云雾的遮盖使得这个非常困难。轰炸机要飞到比空防体系和探照灯还要高的高度，降低高度来辨别地界标显然是有风险的。机组人员飞过云层时偶尔可以使用六分定向仪来参照星星作为他们位置向导，但这要花费很长时间而且要求要一直水平直线飞行很长时间，大部分飞行员会感觉不适。从飞行开始当一架飞机规划好了它的路线，刮风可能让它迷失方向，像组合编排这样难以琢磨的行动可以让它偏离航线更远。德国人改进了他们的光束来为轰炸机导航。但皇家空军没有像这样的设备，因此它早期的轰炸任务大部分都尴尬地以失败告终。

丘吉尔一当上首相，战争就进入了关键阶段，尽管困难重重但还有很多事情要做。皇家空军轰炸机的目标是敌人的铁路系统和空军基地，他们试图用自己飞行速度很慢的飞机去击中目标。大部分情况下他们都失败了。1940 年 5 月底皇家空军一架飞机被派去轰炸位于荷兰的一个德国飞机场。这架飞机在北海上空遭遇雷电暴雨，迷失了方向。最后在完全迷茫的情况下，机组人员辨别出他们认为是莱茵河河口的地方，找到了他们认为的目标机场，向那里投掷了炸弹然后返航回英国。当他们发现自己在飞过利物浦时，才意识到自己犯了致命的错误。他们将泰晤士河河口错认为是莱茵河河口并错误地轰炸了一个皇家空军的飞机场。轰炸机组人员通常用“ETA”来执行他们的任务，在估计到达的时间后向目标投掷炸弹，但这意味着他们经常偏离轰炸目标几英里，有时候偏离航道几十或者几百英里。

丘吉尔一如既往地密切关注着对德国轰炸袭击取得的进展并提出很多问题和建议。在当上首相的五天内他命令对鲁尔工业区进行空袭。他询问使用什么类型的炸弹，对飞机能做什么样的改进？人们还记得在一战中他精心安排了使用简易的帆布和装有金属网的飞机进行的轰炸袭击，在那次战争结束后他担任皇家空军大臣。在两次战争的间隙，皇家空军需要找到一个能独立于陆军和海军的能够让自己有立足之地的角色。它通过强调自己打击敌人的能力来达到这个目的。而这种能力又包括两个要素：通过攻击敌人的国土来削弱敌国的能力或者意志力（这被称作“战略轰炸”），第二个要素是打击敌人的军队、临时军火供应站、补给线以及战场上的行动能力（这是“战术轰炸”）。这是一个相信斯坦利·鲍德温所说的“轰炸机攻无不克”的时代，因此有一支战斗力很强的轰炸机部队能够对敌人起到威慑作用。空军司令休·特伦查德爵士（也是空军总参谋长）一直宣讲这个信条，将两战间隙时的皇家空军做了很大的定型，使其拥有两倍于战斗机的轰炸机数量。在和平时期的最后几年里，人们意识到在这最后时刻必须尽快提高皇家空军战斗机的能力来抵御敌人的轰炸。具有讽刺意味的是皇家空军的第一次重大胜利不是在对德国军事目标的轰炸反击战中取得的，而是在休·道丁爵士的战斗机司令部采取的纯粹的防御行动中取得的，他们挡住了戈林领导的纳粹空军的袭击并阻止了德国在1940年夏天和秋天发起的进攻。皇家空军的第一批英雄们不是轰炸机机组人员，而是勇猛的战斗机飞行员们，他们驾驶喷火式飞机以及飓风号战斗机飞速地飞过天空。

丘吉尔立刻意识到轰炸机的任务是采取反击行动，这是他一直热切追求的目标。在1940年9月初，在英国战争在英格兰东部激烈进行的时候，他在给大臣们的一份指令中写道：

“海军让我们战败了，但只有空军可以赢得战争。战斗机是我们的救星，但轰炸机是一种取胜的方式。因此我们必须增强火力来对德国进行越来越猛烈的轰炸，以便摧毁整个敌人赖以生存的产业和科技结构，这是敌人的战争努力和经济命脉。”

但在此后的一段时间里丘吉尔想要皇家空军轰炸机司令部发挥作用的雄心完全无法实现。

好几个月里对轰炸地点进行的摄像侦察一直显示对敌人造成的损害是微不足道的。这不是轰炸机司令部想听到的消息，他们不相信这是真的。他们想出各种理由来反驳摄像提供的证据。他们认为照片太小因而无法辨别出损害部位。照片判读人员不知道他们在找什么。一些损害评估报告返回来时后面附了一张纸条，仅仅在空白部位写着：“我不接受这个报告。”但轰炸机机组人员的斗志在夜晚冒着生命危险但似乎没有取得实际的成果的行动中逐渐消退。轰炸机司令部的一些人的确开始认真研究探寻能够提高导航技术的方法。但总体而言，一种越来越强烈的失望感在蔓延。没有一个人应该为此负主要责任。弥漫整个20世界30年代的金融衰退的影响又一次显现出来，对陆军和海军的影响一样。皇家空军的飞机很落后。汉普登号的速度只有每小时155英里。轰炸机的载弹量非常有限，因此大部分时候是无效的，即使有时候近乎奇迹般地命中了目标。飞行员缺乏夜晚在敌占区上空飞行几百英里的航线训练，经常在冰冻情况下，但没有适宜的密封驾驶舱。对他们期望太高是没有希望的，虽然BBC广播每天晚上都会播送轰炸机正在对这里那里的武器工厂进行轰炸的消息，但可怕的现实是那大部分是在浪费时间。因为英国投掷下的炸弹经常是分散的，德国情报部门不仅无法确定皇家空军的轰炸目标，而且还无法确定他们想轰炸的是德国的哪一部分。

身为丘吉尔的全方位科技顾问的彻韦尔爵士一直不离丘吉尔左右。1940 年年底，教授开始对丘吉尔在轰炸的准确度问题上的想法提出了质疑。第二年，丘吉尔要求教授和他的一个统计分队进行调查。战时内阁秘书处秘书大卫·布特对 1941 年 6 月和 7 月轰炸后从空中拍摄的六百多张照片进行了分析。这个分析确定了彻韦尔最害怕的事情。在月圆之夜，只有 40％的飞机将炸弹投掷到了离目标 5 英里的范围内。在没有月光的夜晚，只有 7％，每 15 架飞机中只有一架飞机能将炸弹投掷到离目标 5 英里的范围内。布特的报告立刻遭到了空军司令的否决。彻韦尔同意虽然这份报告不是非常准确的导向性报告，但他认为这些数据“足够强调需要改进我们的飞行办法的极端重要性”。丘吉尔后来写道：“空中摄像显示了对敌人的损害是微乎其微的。同样也显示出当飞行员们知道这些时，对冒着这么大的危险但取得的不好的结果感到非常沮丧。继续进行夜间轰炸似乎没有多大作用，除非我们能够对此进行改善。”他向新组成的空军总参谋部、空军司令查尔斯·波泰爵士提交了一份报告，在封面上这样注释道：“这是一份非常严肃的报告，要求你们密切关注。我等你们的行动建议。”整个轰炸行动将来的前途未卜。

实际上此时轰炸机司令部无能为力。助航设备的改进技术问题尚未解决。唯一比较现实的回答是放弃在夜晚对特定的工厂或者铁路进行轰炸，相反选择对德国城市不加选择地进行大规模地轰炸，这被称作“地区轰炸”或者更通俗一点地叫做“地毯式轰炸”。9 月波泰告诉首相说如果能给他四千架重型轰炸机，他可以每天晚上轰炸不同的城市，“在六个月内击溃德国”。这跟 1940 年夏天和秋天戈林在自己的空军对英国行动所发的狂言极其相似。

丘吉尔处于两难的境地。他对将轰炸作为反击德国的核心武器失去了信心。他给波泰写信说：“在当前的战争中，我们不能确定轰炸本身是否能够成为一个决定性的因素。相反从战争开始我们得到的教训一直显示轰炸的效果都被夸大了。”毕竟众所周知闪电战未能摧毁英国的战争经济，从长远来看它只是增强了英国人民继续战斗的决心。从另一方面来说，苏联在生死存亡的战斗中，很明显英国为帮助这位新盟友所能做的为数不多的事情之一就是通过轰炸反击来对德国的战争机器进行破坏。在丘吉尔的支持下参谋总部不断重复声明这才是英国战争努力的主要目标。这个现在可以被放弃吗？谁可以向斯大林解释政策的这样一次变化?

丘吉尔跟波泰之间的争论持续着。然后在1941年11月7日，轰炸机司令部派出四百架飞机去袭击柏林、鲁尔和科隆。近十分之一的37架飞机被敌人击落或者未能返回。这种损失的程度是不能再持续下去的。轰炸机司令部指挥官、空军上将理查德·皮尔斯爵士第二天晚上被邀请到首相别墅做客。丘吉尔告诉皮尔斯他对伤亡程度深感忧虑。他继续跟皮尔斯说道："最近我们对敌人未造成任何打击。"丘吉尔坚持认为轰炸反击必须取得突破，以便让轰炸机司令部能够"为春天的战斗重新积聚力量"。战时内阁讨论了这个事情并一致认为在一系列徒劳的轰炸中浪费轰炸机，这是一种无的放矢的行为。官方发布政策让轰炸机司令部在整个冬天进行休整。这是对采取轰炸策略赢得战争的办法投了一记不信任票，同时也是对皮尔斯投的不信任票，他很快就被从指挥的位置上撤下来并送到远东战场上去了。丘吉尔需要一个新的更有活力的人物来接管轰炸机司令部，此人必须对德国采取轰炸行动的潜力有所认识。

1942年12月阿瑟·哈里斯被任命为新的轰炸机司令部长官。哈里斯跟丘吉尔有很多相同的特点。他想对敌人开战。他完全相信必须采取反击行动来赢得战争。哈里斯还是特伦查德的信徒，对轰炸的力量深信不疑。他想要尽自己部队的力量对德国城市进行最有力最具破坏性的轰炸。这是他认为可以赢得战争的方式，因此他有个绰号叫"轰炸机哈里斯"，但他的属下都知道他叫"屠夫"，经常被缩写成"Butch"。他对自己的任务专心致志的程度使得他脱离了其他皇家空军的高级军官们，他们想要他对战争有更全面的认识。他反对派遣自己珍贵的重型轰炸机进行远程巡逻，去捕获海面上的U型潜艇，因为这些会分散主要任务。(当别人指出如果英国不能取得大西洋战争的胜利，他的轰炸机会没有燃料时，他的确稍微做出了一点让步。)丘吉尔喜欢他的专注以及他认为必须做一些艰苦的努力来赢得战争的想法。哈里斯一直是一个充满争议的人，但他也是一个有着坚强意志力的人，当自己的损失惨重时或者当他想到自己的部下对德国城市造成大量的破坏时，他都不会改变初衷。关于他驾着自己双座的本特利汽车飞快地在街道上进出伦敦的故事充分显示了他的天性。一天晚上一名交通警察将他拦下，责备他说："先生，你可能已经撞死人了。"哈里斯低沉地回答道："年轻人，我每天晚上都杀死成千上万的人。"他似乎陶醉于为自己设置的硬汉角色中。

哈里斯工作的轰炸机司令总部位于白金汉郡的海威科姆，离首相的乡间别墅不远。1942 年 3 月，哈里斯第一次拜访首相的乡间住宅，跟丘吉尔待了一晚上。两人相处得很好，在此后的两年里哈里斯被首相邀请了很多次，有时候是叫他晚上过来聊天，有时候跟一大帮人一起过来度周末。能与丘吉尔直接接触在哈里斯名望的逐渐提升中起了重要作用。但同时也引起了很多的不满，特别是在海军将领中间，他们认为哈里斯的指挥能力是靠他们提高的。但丘吉尔对哈里斯非常有信心，哈里斯从他们的日常对话中获得灵感。他后来写道："战争的情况越糟糕，就能从这个非凡的人身上得到越多的支持、热情、鼓励以及建设性的批评。他不介意你发表与他不同的观点，但他很难认同别人的观点，因为只要不是他自己的问题，他很少花长时间去倾听一个问题的各个方面。"哈里斯很快发现能让别人听懂一个观点的最好办法就是把它写成一个两到三页的短报告。哈里斯与丘吉尔之间建立的这种亲密关系是基于相互的尊重，而不是真正的友谊，战争一结束这种关系就慢慢变淡了。但跟布鲁克将军一样，哈里斯会在胜利前一直待在这个位置上，他是丘吉尔战争实验室的另外一个核心成员。

在他担任轰炸机司令部长官的前几个月中，哈里斯精心安排了几次特别行动来为自己的新角色做宣传和提升。4 月，一架飞行缓慢的重型飞机在德国对位于奥格斯伯格的 U 型潜艇引擎生产工厂进行了深入的打击。这次袭击的领导，中队长 J·D·内特尔顿因他的勇敢而获得了一枚维多利亚十字勋章。在首相别墅一次夜间会议上征得丘吉尔同意后，哈里斯在 1942 年 5 月 30 日对科隆发起了第一次"千架轰炸机"进行的攻击。这次行动被报纸和新闻短片大加赞美，他们为英国开始狠狠地反击感到高兴。很多标题都谈到了"历史上最大一次轰炸"。美国和俄国都感到震惊。实际上，哈里斯是将他所有的飞机，包括每一架可用的训练飞机都用上才魔法般的凑齐了一千架飞机。飞行教官和受训飞行员都参加了这次袭击。这是一次很大的冒险，但它是值得的。轰炸机司令部的士气一夜之间高涨。虽然比宣传的要小，但对科隆的打击还是很厉害的。然而，后来的两次大型袭击却远远没有这么有效。6 月一千架轰炸机试图打击位于鲁尔的艾森克虏伯兵工厂。但是很难发现目标，炸弹被大大分散了。6 月底的时候有九百架飞机命中了不莱梅，对港口造成了重创，但自己也损失惨重。显然这种规模的袭击不能持续，在此后的一段时间里他不得不接受一些更加谨慎的袭击行动。

1942 年早期，当哈里斯接任轰炸机司令部时，在轰炸反击问题有着激烈的争论。彻韦尔又一次首先采取行动，由索利·朱克曼和 J·D·伯纳尔两名科学家领头开始进行调查。正如我们前面提到的朱克曼已经就炸弹对人体以及物质环境的影响进行了研究。现在他和伯纳尔研究了德国对伯明翰和哈尔的轰炸，目的是为炸弹轰炸城市中心的影响找到一些普遍原则。彻韦尔跟朱克曼和伯纳尔保持着紧密的联系，但在他们完成研究前，他在3月30日写了一份报告递交给丘吉尔。在这份报告中他声称向有建筑物的地区投掷一吨的炸弹可以摧毁20间到40间房屋，让“一二百人无家可归”。因此如果英国的新式重型轰炸机在服役期内可以投下大约40吨炸弹的话，他们每架飞机可以让四千到八千人无家可归。然后他计算了如果一万架飞机中有一半可以向德意志帝国最大的城市投掷炸弹的话，“大约有三分之一的德国人”将无家可归。他总结说对德国城市的地区性轰炸会“摧毁人们的精神”并引起通讯和供给线的瘫痪以及公共事业的崩溃。换句话说轰炸的确可以帮助同盟国赢得对德战争。

彻韦尔的报告被认为是说服丘吉尔重新开始轰炸反击的首要文件。实际上，这份报告在当时引起了极大的争议，后来也是争议不断。在轰炸的影响问题上的争论将彻韦尔和蒂泽德之间的宿怨再次显露出来，他们的分歧在两年前的1940年夏天第一次爆发出来。蒂泽德对彻韦尔计算的数据提出了质疑，并对他有一支一万架重型轰炸机的部队的假设提出了挑战。他告诉彻韦尔说：“我认为恐怕你看表象处理事情的方式是极其误导人的，可能导致你做出完全错误的决定而对战争产生灾难般的后果。我认为你所谓的事实也是错的。”行动研究组的资深成员布莱克特教授也参与了讨论。他说他认为彻韦尔对结果的估算“至少百分之六百地过高了”。

彻韦尔不是那种静坐着等着挨批的人。他是丘吉尔的耳目，他继续将自己的观点强加给别人，声称他的数据统计方式至少意味着丘吉尔不用自己去做数学计算。像我们以前看到的这是彻韦尔向首相呈递报告的典型做法，首相觉得数学解释太复杂了他听不懂。结果当然是由丘吉尔做最终的决定，以解决在有限资源上的竞争问题。他支持彻韦尔和哈里斯，反对蒂泽德和布莱克特。轰炸反击战的官方历史学家总结说由于他提交这份报告时的职位，“彻韦尔的介入是非常重要的。在危机时刻他的介入对确保战略性轰炸起了很大作用。”对德国的轰炸反击又开始了。地区轰炸是新的政策，而且这时轰炸机司令部有一位好战的领导，他对成长壮大中的轰炸机部队雄心勃勃。

毫无疑问丘吉尔的决定有一部分原因是他想向斯大林和苏联人表明：在欧洲没有第二战场的情况下，至少英国在纳粹战争机器的中心进行着奋力反击。

同时丘吉尔决定亲自拜访斯大林并向这位苏联战争领导人当面解释此事。1942年8月在他对开罗进行了一次重大访问并将第八军送上胜利之路之后，丘吉尔乘坐他的不舒服的解放者轰炸机飞了一夜去往德黑兰。在那里又经过一次疲惫的长途飞行，绕开下面正在进行的战争前往莫斯科。此次出访由埃夫里尔·哈里曼陪同，他们代表美国总统和英国参谋总部。苏联人一直请求在法国开辟第二战场，因此丘吉尔的首要任务是解释不能这么做的原因，向苏联领导人推荐火炬行动并解释新一轮的轰炸战争的重要性。就像丘吉尔跟罗斯福承认的那样，这是“有点生疏的工作”。但他想通过长途艰苦的飞往莫斯科的路程来表示自己个人的支持，并解释斯大林的盟友在对东欧进行的庞大的战争中给他提供了什么帮助。

在他到达莫斯科几个小时后的8月12日晚上，丘吉尔在克里姆林宫跟斯大林举行了第一次会晤。这次会晤持续了四个小时。斯大林向丘吉尔介绍了苏联红军在长长的东欧战线上进行的庞大的战争的情况。他说德国军队现在在伏尔加河上开始对斯大林格勒这个工业城市大举压进。对丘吉尔而言，他首先想要听到所有不开辟第二战场所带来的坏消息。在他听的时候，斯大林变得闷闷不乐并显得非常焦虑，直到听到在北美登陆的火炬计划后才高兴起来。当他们继续讨论轰炸反击时，斯大林说他很重视这个策略，他知道空袭对德国人的士气有很大影响。丘吉尔承诺他会继续大力推进空袭并将对德国人“毫不留情”。斯大林微笑着说道：“愿上帝保佑这个事业取得成功。”目前为止一切都进展得很顺利。

下面的一次会面进展并不顺利。这次会议晚上11点在克里姆林宫开始。斯大林指责丘吉尔和英国军队对德国人感到惧怕，声称英国和美国未能向苏联提供曾经承诺过的支援，将最好的留给了他们自己。然后他指责英美两国背弃了在欧洲开辟第二战场的信誓旦旦的承诺。丘吉尔坚持自己的立场，对斯大林的话一条一条地进行了反驳。有一次丘吉尔提高声音激动地抢白说他不远万里来这里的目的是跟斯大林建立良好的关系，意见上的分歧不应该损害胜利，那样只会让敌人得利。在这句话被翻译过来之前，斯大林回应说他喜欢丘吉尔说话的语气。但很明显斯大林的立场很坚定，这对英苏关系不利。

接下来的晚上，斯大林设宴招待客人。一场丰盛的宴会开始了，席间他们喝伏特加干了好几次杯。丘吉尔坐在斯大林的右边，没有正式的公务，这位苏联领导人似乎很友好。谈到丘吉尔对苏联产生的敌视情绪时，丘吉尔对此表示承认。斯大林微笑着，丘吉尔问道："你原谅我了吗?"斯大林回答："这一切都过去了，过去是属于上帝的。"当丘吉尔筋疲力尽地于半夜一点半离开时（斯大林甚至比他还能熬夜），斯大林坚持护送他通过无尽的走廊和台阶到克里姆林宫的前门。英国大使不得不小跑才能跟上两位领导人，他后来说他从未见斯大林对其他客人这么做过。

第二天布鲁克将军、空军元帅阿瑟·泰德尔以及弗维尔将军（他会说一口流利的俄语）跟他们的苏联军事同行一起进行了详细的会谈。他们的会谈进行得不愉快。当英国代表询问信息时，他们被不断地告知苏联参谋们"没有权力"泄露这些细节。相反他们一再重复声明他们现在就要第二战场。跟他们的美国盟友建立了公开非正式的关系相比，这些会谈是非常不同的状况。布鲁克对俄国人非常恼怒，很多次会谈都匆匆告终。

最后一天晚上 7 点，丘吉尔又一次走进克里姆林宫与斯大林进行最后一次会晤。当丘吉尔起身准备离开时，斯大林变得非常亲热并邀请他到自己的私人公寓去喝点东西。在苏联领导人的私人餐厅，他的上了年纪的管家开始准备晚餐。斯大林漂亮的小女儿出现并摆放了桌椅，她的父亲将一排引人注目的瓶子开了口。当时只有斯大林、莫洛托夫（苏联外交部长）以及丘吉尔出席，他们每个人都带着自己的翻译，两位战争领导人和一位政治家一起畅谈到深夜。他们偶尔会有争执，但经常都是和气地进行的。毫无疑问酒的质量发挥了作用。丘吉尔谈到了自己最喜欢的一个计划：为北冰洋护航舰队开辟一条更容易的通道而去袭击挪威北部。他们讨论了苏联农业的集体化。大约半夜 1 点钟，一只巨大的烤乳猪被端了进来。丘吉尔最终离开时到了凌晨两点半。他感觉自己的莫斯科之行的使命已经完成了。他跟苏联领导人之间建立了亲密的关系。

就在几个小时后的黎明时分丘吉尔准备坐飞机离开时，他感到筋疲力尽，非常不正常的是他头痛欲裂。在此后的几天里他有时间对莫斯科举行的会面进行了反思。他对斯大林所说的有些话非常生气，尤其是提到英国人在面对纳粹时的胆小。他对斯大林心情的波动也深感疑惑。但换一个角度来说在纳粹国防军离莫斯科只有五十英里，与纳粹德国的庞大斗争接近高潮的情况下，他带去的消息给苏联领导人造成沉重的打击，这是他感到欣慰的地方。丘吉尔现在意识到英美领导人必须推进他们的战争机器并将在北非的战争以及对德国的轰炸推向顶点。轰炸反击现在不仅扮演着一种政治角色，同时还是一种军事工具。必须竭尽所能来帮助他们的苏联盟友战胜纳粹侵略者。

因此丘吉尔回到英国，对轰炸反击重新怀有一种热情。在几周的时间里，他同意将轰炸机司令部从原来的 32 支行动中队增加到 50 支。他对哈里斯在皇家空军内部进行的整改表示支持。但又一次首要任务之间的冲突妨碍了任何重大的进展，那一年没有更多的千架轰炸机进行的袭击。反 U 型潜艇的战争继续将在大西洋上部署远程轰炸机的问题提上议事日程。而在北美进行的战争吸引了丘吉尔和国家的主要注意力。还有在 1942 年早已承诺的美国大量的轰炸机未能到达。丘吉尔急切地向斯大林鼓吹的所有轰炸袭击都由皇家空军完成，他们用自己贫乏但在逐渐增长的资源来完成任务。

在未来的轰炸战争中最重要的是在 1942 年取得了一系列重大的进展。首先技术上取得了重要的进展，这使得皇家空军的轰炸机能更加准确地找到他们的目标。在 1942 年 3 月对巴黎附近的雷诺工厂进行袭击时，第一次使用了名叫“奇异”的无电线导航系统。奇异是由多塞特的斯沃尼奇附近的电信研究所的科学家们研制的。之前的每个星期天行动飞行官员跟科学家们都会在电信研究所举行公开会议，每个人不论官衔或者地位，都被鼓励说出自己的想法。他们被称为“星期天的苏联人”。在 1940 年 6 月召开的一次会议上，一位高级参谋官员对皇家空军的轰炸任务未能取得很好的结果深感遗憾。作为回应，一位科学家想出一个古老的想法，这是在战前为发出脉冲信号辅助进行盲目着陆而研制的。一组科学家开始着手改进这个系统并最终研制出了奇异。在位于英国南部的三座传输塔上发出一系列的脉冲信号。当第一座塔上发出的信号跟其他两座发出的信号相遇时，他们会形成一个网格型的线路并延长好几百英里穿过北欧。然后飞机上的领航员可以用一个阴极射线管来接收这些信号并在标明整个欧洲的光束网格的地图上辨别出自己的位置。奇异在两英里的范围内是很准确的。通过辨别下面的地界标或者识别头顶上的星星，这是导航中的一次重大进展。奇异也比德国的弯腿以及后续系统要好，因为英国的网格覆盖了整个欧洲，光束不会将飞机带到一个特别的位置。但是皇家空军担心万一他们的一架飞机在欧洲占领区坠落，阴极射线管和地图会落入敌人的手中。德国人可能会知道这个系统的运作方式，还可能会扭曲脉冲信号。因此为防止在英国的双面间谍将此泄露给德国人，他们精心编造了一个谎言说英国皇家空军现在有了一个“J”系统（听起来跟“G”相近），这是基于德国的弯腿光束的。一组毫无意义的光束应时发出，德国情报部门花了很长时间追踪到这些光束并将其扭曲，但他们未能发现组成新的奇异系统的脉冲光束。奇异系统成功地使用了好几年，服务于皇家空军以及作为船运的辅助系统，战后这个系统依然在使用。

除了这个导航辅助系统的发展之外，皇家空军还需要一个更精确的仪表投弹向导，这可以让飞机不仅能够轰炸一个城市的一部分，而且可以让他们发现一个特别的工厂或者军事驻地并进行轰炸。又是电信研究所的科学家们想出了解决的办法。这个被称作“阿波耶导航系统”建立在两个雷达发射站上，一个在诺福克，被称作“猫”，另一个在肯特，被称作“老鼠”。两个雷达发射站相互连通并同时发射脉冲信号。飞行员沿着猫发射站的光束飞向欧洲的目标。而在老鼠发射站的操作员可以跟踪这架飞机并计算出它的精确位置。当飞机飞到目标上方时，操作员会向飞机上的领航员发出信号，后者会投掷炸弹。阿波耶系统的精确范围在一百码左右，跟以前的命令系统都不一样。1943 年当阿波耶系统投入使用时，被像速度极快的哈费兰德蚊式飞机这样的准确的探路者号飞机使用。这些飞机识别并用闪光信号或者燃烧弹击中目标，而当时其他的轰炸机用这些来找到位置。

对科学家们而言奇异和阿波耶系统是他们取得的真正的成就，比丘吉尔的鬼点子更令人震撼。但他们有自己的局限性。奇异的范围离英国的海岸线有 450 英里，阿波耶有 250 英里的范围限制。这个范围足够打击鲁尔和其他很多重要的目标，但不能穿过整个的欧洲占领区。还需要一种更好的系统。

尽管彻韦尔号召改进导航系统，但他本人并没有参与奇异和阿波耶系统的研制。他密切关注着一种代号为“H2S”的新型雷达地图测绘系统。这个系统装在飞机里面，刚开始利用革命性的空腔磁控管，它可以让雷达在 10 厘米的波长范围内工作，而不是以前的 150 厘米。装有这个系统的飞机可以快速地更加清晰地找到建筑物和总体的景观。一台旋转的雷达扫描装置被安置在重型轰炸机的腹部，领航员在一个圆形屏幕上读取下面的景观。在 1941 年底进行了第一次实验。试图研制这个雷达地图测绘系统的小组遇到了极大的困难，包括装有这个系统的轰炸机样机的坠毁。研究小组的很多领导在那次事故中丧生。皇家空军的参谋们认为空腔磁控管是非常机密的，绝不能落入敌人的手中，因此他们决定飞机不能在敌占区上方飞行，以防发生坠毁时被德国科学家发现，因此耽误了很长时间。一个备选的设备，叫做极超短波用电子管的东西被研制出来，这与已知的德国现有的技术相近。对于雷达地图测绘系统是否能够有效地工作的问题上在空军参谋处依然存在着争论，但彻韦尔继续支持这个计划，在他的建议下，丘吉尔也表示支持。1942 年 6 月，丘吉尔向空军秘书部提出了他那典型的要求，要求为这个新设备大量生产而努力并对机组人员进行使用培训。他坚持道：“不能允许有任何妨碍这个工作的行为发生。”要没有彻韦尔的热情和丘吉尔的支持，很多的怀疑者肯定会扼杀这个地面地图雷达系统的研制工作。这项工作最终在1943年进入实际使用中，在整个战争中一直在对其进行改良。

在1942年另外一项核心的进展发生了，那就是第一批新一代重型轰炸机的诞生。轰炸机司令部开始使用他们的双引擎的惠特利和汉普登号飞机发起战斗，后来又有更加强健的威灵顿号出现了。但进行现在所需的规模性轰炸还必须有更大的能够挂载更多重型炸弹的飞机。英国的战前飞机产业很幸运地拥有一些有远见的设计师，像曾经设计了最高级的喷火式轰炸机的雷金纳德·米切尔以及在阿芙罗公司工作的罗伊·查德威克。查德威克已经设计了双引擎的曼彻斯特号轰炸机，但他觉得这个飞机太小，不能适应战争的要求，因此他着手设计了一架四引擎的巨大轰炸机，这个轰炸机的载弹量比传统轰炸机的三倍还多，一天的飞行距离可达到两千英里。他使用了四个劳斯莱斯的梅林引擎为他新设计的野兽提供动力，这跟喷火式轰炸机上用的引擎一样好，这种新式轰炸机被称作“兰开斯特号”。这些新式的重型轰炸机被设计出来并开始大量生产，到1942年早期他们开始从阿芙罗生产线上下来，但数量很少。直到该年年底才开始有数量可观的兰开斯特和其他的像斯特灵号和哈利法克斯号四引擎重型轰炸机。这些重型轰炸机的诞生，其影响力就像后来的大型喷气式客机一样。他们的庞大尺寸似乎让以前所有的飞机都变的矮小。五千架的兰开斯特号将会被制造出来，这些飞机将成为英国对德国轰炸反击的标志，就像波音B－17“空中堡垒”代表了美国的轰炸战斗一样。

在1943年1月召开的卡萨布兰卡会议，罗斯福和丘吉尔完全赞同轰炸战略。他们对英国和美国的轰炸机指挥官下达的指令得到了联合作战参谋部的同意，指令说：“你们的首要目标是对德国的军事工业和经济系统造成破坏，并削弱德国人的战斗士气，以便对他们的武装抵抗造成重创。”然后有一张目标清单，包括潜水艇工厂、飞机工厂、炼油厂、橡胶轮胎厂和军事运输工厂。现在美国轰炸机终于大量地到达了英国，随着技术和设计上的进展，轰炸反击将在1943年重新开始。丘吉尔急切地将这些进展都通报给斯大林。他经常给斯大林送去在空中拍摄的轰炸破坏性评估的照片册。当祝贺这位苏联领导人在斯大林格勒战役中取得的胜利时，丘吉尔几乎作为附笔地加上了这样的话：“昨天晚上我们向柏林投掷了142吨的烈性炸药以及218吨的燃烧弹。”斯大林回信说：

“我祝愿英国空军取得更大的胜利，尤其是在轰炸柏林时。”

现在如火如荼地进行的对德国的轰炸反击是基于皇家空军轰炸机指挥部的夜间轰炸策略，而美国空军则在白天进行轰炸。美国人所拥有的空中堡垒有装在四个炮塔中的八挺悬挂式重机枪并在机身装有甲板，这被认为足够强大，可以承受敌人战斗机的袭击。美国人还有被称作“诺登”的投弹瞄准器，具有超凡的精准度。“你可以从一万英尺的高度将一枚炸弹投进一个腌菜桶里”，这是当时流行的诺登宣传词。但这个瞄准器需要在白天晴朗的天空使用。美国人拒绝了地区轰炸的政策，他们认为那个效果不好。相反他们想要对德国战争经济的核心要素进行计划好的、精确的袭击，这样可以将毁坏程度最大化。丘吉尔刚开始认为这不可能达到，他跟哈里斯和他的参谋们都想要美国人加入夜间轰炸战斗，这会扩大皇家空军的规模。但在卡萨布兰卡，丘吉尔跟美国空军驻英指挥官艾拉·埃克将军进行了会晤。埃克劝丘吉尔说皇家空军和美国空军联合行动，昼夜不停地进行轰炸会“让魔鬼们（比如德国人）不得休息”。因此24小时的轰炸策略得到了大家的赞同，美国人白天进行精确轰炸而英国皇家空军则在夜间进行地区轰炸。

哈里斯现在终于能够利用技术的进步并使用兰开斯特号逐渐增加的供给。就像马克思·黑斯廷斯写的那样，在1943年初所有的最新式的无线电和雷达设备以及重型轰炸机的生产使得哈里斯能够“将轰炸反击从家庭手工业阶段发展到自动化的大规模杀伤性武器时代”。大部分旧的老式的飞机都不再使用，他的大约有五百架飞机的主力部队战斗状态也比一年前要好得多。于3月5日开始的春季反击袭击了德国埃森的巨大的克虏伯军火制造工厂，这也是哈里斯最喜欢的目标之一。装备了阿波耶导航系统的蚊式飞机作为探路者对目标进行定位。这次袭击取得了成功，有三分之一的部队将炸弹投在了目标点的三英里范围内，埃森160英亩的地方被夷为平地。但是德国的工业心脏地区的鲁尔防御体系完好。被轰炸机组人员讽刺性地称作“欢乐谷”的在此后三个月中进行的轰炸中，被德国的装有雷达辅助系统的夜间战斗机击落的英国轰炸机增长到惊人的数量。然后在7月份哈里斯尝试了一些新的方式。

科学家们想出了另外一个简单的创意，即投掷成千上万的小金属箔条，完全蒙蔽敌人的雷达系统。这被称作“窗户”。这个技巧早就想出来了，但彻韦尔当时指出：由于还没有针对这个的补救方法，如果皇家空军尝试对德使用窗户，德国空军肯定会在下次轰炸英国时也使用同样的办法。窗户的使用被搁置了，又一次需要丘吉尔干预来解决争端。“让我们打开窗户!”他在 6 月底命令道。7 月 24 日第一次使用“窗户”对汉堡进行了重型轰炸。这是一次完胜。夜间战斗机根本没有发现轰炸机，任务的完成犹如依教科书般的精准。美国轰炸机继续这次袭击，连续两个白天对汉堡继续进行轰炸。然后皇家空军在 27 号返回在汉堡投掷了燃烧弹。火势肆虐了好几天，在此后的一周轰炸机司令部又进行了火上浇油似的轰炸。破坏达到了极致。大火燃烧的温度达到了一千摄氏度，在温度升高时吸收了更多的氧气，使得火势蔓延成旋风或者飓风般可怕的火海。在熊熊燃烧的火光中建筑物都消失了。尸体被焚化。在火势稍微减弱后，据估计有 42000 名普通百姓被烧死，有一百万人逃到了周围地区，22 平方公里的城市被夷为平地。四万间房屋以及五百多家工厂都不复存在。汉堡消防队的队长用彩色影片记录了这场可怕的火海，这为可怕的燃烧弹空袭提供了永久的记录。

纳粹领导人第一次被真正地震撼了。戈培尔在他的日记中透露说对汉堡的轰炸是一次“灾难，其程度令人难以想象”。在 1942 年 2 月成为战时生产部部长的艾伯特·斯皮尔后来说道他告诉希特勒说如果同盟军继续快速地对德国的六个城市进行类似的轰炸的话，德国的战时生产可能会崩溃。对哈里斯而言这当然是一次值得骄傲的胜利，但轰炸机司令部对接连的晚上返回到同一个地点很警惕，害怕万一敌人轰炸机在那里等着，因此直到战争快结束时才在德国其他城市进行对汉堡一样的可怕的大轰炸。

在英国的美军重型轰炸机数量增加的同时，关于轰炸战争的目的问题的争论还在继续。联合作战参谋部在华盛顿跟丘吉尔进行了一次讨论，丘吉尔跟往常不同，这次一直点头没有任何的异议，这次讨论之后，联合作战参谋部同意继续进行直接行动计划。这个行动对轰炸的目标进行了总结，明确地表明美国的影响占了主导地位。一些与德国飞机产业相关的工厂和空军基地将会被首先轰炸，以此来减轻来自于德国战斗机的威胁。其他一些工业目标也被列了出来，直接行动强调摧毁德国人士气的必要性。哈里斯抓住这最后一点来为持续的地区轰炸辩护，因为他相信这个战术可以赢得战争。另外一方面，美国指挥官华盛顿的汉普·阿诺德和在英国的第八空军指挥卡尔·斯帕茨将军用直接行动计划为对工业目标进行精确轰炸而辩护。从一开始，两种轰炸方法逐渐走上了他们各自的道路。

在 1943 年秋天和冬天，轰炸机指挥部将其注意力转向被称为“柏林之战”的战争中。两万架次的飞机对德国首都进行了突击。哈里斯非常有信心地认为这是摧毁纳粹战争努力的最好方式。但这个城市超出了阿波耶的范围，因此飞机机组人员靠 H2S 雷达来找到他们的目标，这是一个很难被有效利用的工具。德国人在这个城市周围增加了专门的空防体系的规模。为了装具有强大威力的 88 毫米的高射炮而专门建造了巨塔。英国的损失增加了。11 月哈里斯向丘吉尔预测说：“如果美国空军可以加入进来，我们可以将柏林从这端到那端全部破坏。这将会损失我们的 400 到 500 架飞机。而德国人的代价是损失整个战争。”这是一个轻率的说法，后来被用来对哈里斯进行反击。但目前为止丘吉尔对空军政策的进展没有过多的干预。他让哈里斯和他的团队选择目标以及达到他们的目的。哈里斯逐渐成了首相乡间别墅的稀客。然而在 1944 年 3 月，皇家空军在对德国进行夜间轰炸时损失又达到了一个让人无法接受的程度，占总数百分之五的飞机都损失掉了。在一次对纽伦堡的袭击中损失达到了百分之九。照这样的损失程度来计算，机组人员在单个的飞行任务中是无法活着回来的。因此轰炸反击被叫停了。到现在机组人员很幸运地有了其他的优先行动计划。

美国人对自己的空中堡垒火力的信心被证明是不合理的。他们在白天进行袭击是在没有护航的情况下飞过德国上空的，容易遭到德国战斗机猛烈的袭击。有大量的 B—17 轰炸机被击落，每一架飞机的坠毁意味着 10 名机组人员的牺牲。按照他们攻击核心目标的政策，驻扎在英国的美国第八空军在 1943 年 10 月进行了一系列的空袭，以深入德国心脏的对施韦因富特的滚珠轴承工厂进行的轰炸而告终。在 10 月 14 日夜间，参加空袭的 291 架飞机中有 60 架被击落。在那一个星期里，美国人总共损失了 148 架轰炸机。美国对德国的轰炸反击一直延迟到有远程的战斗机为轰炸机护航才继续进行。这最终到 1944 年春天发生了，当时的 P—51 野马号装备了远程燃料箱，使得它能去柏林飞一个来回。光滑的银色的野马号可以保护轰炸机不受敌人战斗机的袭击，他们被告知在返航时找到“机会目标”，这经常意味着俯冲下来对地面上的敌机进行突然袭击。只有在现在同盟军才能在白天取得德国上空的制空权。有故事说当戈林抬头看见在德国首都上空飞行的敌人的战斗机时他说道：“一切都完了。”意思是他们战败了。

虽然因为怕分散他喜欢的重型地区轰炸行动，所以哈里斯对其及其反对，但皇家空军并没有完全放弃白天的精确轰炸袭击。认为可以对德国战时经济造成关键性破坏而制定目标的经济战争部和要求有权力设定自己目标的哈里斯之间关系变得很紧张。经济战争部找到了为鲁尔地区输送水并为其提供大量电力的大坝，将其定为核心的经济目标。1943年早期发明家巴尼斯·沃利斯研制了一种旋转的圆柱形的深水炸弹，这种炸弹可以由低空飞行的兰开斯特号作为“弹跳炸弹”来投掷。这种想法就是让他们弹到敌人的防御工事上去摧毁堤坝。哈里斯刚开始对此表示反对，将弹跳炸弹描述为“我们见过的最疯狂的武器设想”。他允许一架飞机被用来做实验，但他没有准备将他更多的珍贵的兰开斯特号轰炸机交出去。

然而在亲自跟巴尼斯·沃利斯会面后，哈里斯被说服试一下这个想法。他同意组建一支特别的队伍、名叫617中队，训练其使用弹跳炸弹，他建议让盖·吉布森中校主管。吉布森被允许从轰炸机司令部挑选自己的精英机组人员。1943年5月16日轰炸开始，由19架兰开斯特号轰炸机低空精确飞过荷兰和德国。现在主要在必胜主义者的故事片中为人们耳熟能详的那种装腔作势的堤坝破坏袭击，成了20世纪50年代的战争经典，在这次袭击中飞机从仅仅六十英尺的高空投掷了弹跳炸弹。莫尼堤坝被成功打开缺口，埃德堤坝遭到破坏。然而位于索普的第三道关键的堤坝完好无损，对鲁尔地区的工业的动力输送依然在进行着。尽管如此，艾伯特·斯皮尔后来写道：“如果还有后续的攻击，战争将会在那一年结束。这次袭击在英国的新闻和舆论中大受欢迎，盖·吉布森因其带领完成这个任务的英雄行为被授予维多利亚十字勋章。但是由于在袭击中有八名最好的飞行员丧生，这是40％的损失率，哈里斯总结说为这样的任务付出这种代价不值得。他从这次勇猛的袭击中得到的教训是必须继续进行地区轰炸策略。

更加适合精确轰炸的飞机是双引擎蚊式飞机。具有每小时将近400英里的速度，在前喷气式时代它的飞行速度超过其他任何飞机。蚊式飞机的外壳是用木头制造的，主要是为了规避战时英国金属短缺的状况。这种飞机被大量生产，但因各种各样的任务而需求量很大：作为夜间战斗机、为空中摄像用、作为探路飞机以及用作轻型轰炸机。蚊式飞机被用来执行了好几次非凡的行动。其中最勇猛的是在1944年2月18日对法国北部亚眠城监狱的袭击。英国情报部想要营救一群即将被盖世太保处决的法国抵抗派领导人。一个蚊式飞机中队被安排任务冲破监狱的墙，但要求不能对大部分在押人员造成伤害，然后这些人能够逃脱。这次任务被称作“耶利哥行动”。即使在今天有GPS导航的导弹时代这样的精确度都很难达到，但蚊式飞机中队成功地完成任务，显示了超高的飞行技巧。飞机速度很快而且飞到大约50英尺的低空，极其精确地撞击了监狱的墙体。一些在押人员很难避免地遇难了，但在后来的混乱中有 250 名法国囚犯成功脱逃。

丘吉尔喜欢听到这种任务。这跟皇家空军的突袭是一样的。很快他就卷入一场当时没有引起太大注意的争论中，但从此这项争议具有了重大意义。1944 年夏天，越来越多令人震惊的故事从欧洲占领区传来，据说有成百万的犹太人被送往波兰的一个可怕的灭绝营。其中每天有近万人刚送进去就被 SS 看守作为合适的而且能干的人挑选出来，然后被安排去残忍的囚犯劳动营中劳动，大部分人在那里都活不长。其余大部分人被直接送进毒气室熏死。然后他们的尸体被扔进巨大的焚烧炉中烧掉。整个集中营被布置得效率非常高，进行产业化规模的处理和屠杀——每天都有一万两千人被杀。它的名字叫做奥斯威辛。

1944 年 6 月 6 日，犹太事务局派了两名高级代表去伦敦跟外交部大臣安东尼·伊登会谈。他们报告了因纳粹想要快速灭绝匈牙利犹太人，被送往奥斯威辛集中营的人数激增的情况。他们估算有一百五十万犹太人被杀。在会谈中他们正式要求轰炸这个集中营。伊登将这个要求传达给丘吉尔，丘吉尔在 1921 年访问了巴勒斯坦之后就一直是犹太复国主义的支持者。他对这可怕的估算的死亡人数深感震惊。丘吉尔第二天回复说他同意轰炸集中营并写道："动用一切空军可用的力量，必要时向我求助。"于是伊登将要求下达给空军部长阿基保尔·辛克莱。

要执行这个提议有几个明显的困难。首先当然必须找到集中营的精确位置。然后必须找到一种能将对囚犯的伤害降到最低的轰炸方式。皇家空军考虑到了这个问题，同时还考虑轰炸通往集中营的铁路。他们得出结论说虽然在法国进行了精确轰炸袭击，但对这个远在波兰的小目标进行袭击是很困难的。如果要实施的话就只能将非常吃香的蚊式飞机从其他重大任务中转移出来。这是战争中的一个关键点。同盟军还未能在诺曼底建造的桥头堡上取得突破。每天都有飞弹被点燃发射到伦敦，努力找到他们的发射场是首要任务。丘吉尔和伊登都没有对此施加压力，轰炸集中营的要求因为不实际而被搁置。1944 年 7 月具有讽刺性意味的一幕发生了，空中摄像对波兰的莫诺维茨化工厂拍摄了照片。在这个化工厂的外面就是庞大而复杂的奥斯维辛－比克瑙。在一组照片中一列火车刚刚到达，SS 看守正在将下车的人分开来。但照片判读人员当时并没有寻找一座集中营的任务，因此他们未辨认出这就是奥斯维辛集中营。因此同盟军的确有过关于奥斯维辛具体位置和布局的记录——甚至连毒气室和焚烧炉都能清楚地看见。

在最近关于大屠杀的争论中，有很多人指责同盟军当时对集中营没有实施轰炸。现实是即使他们当时正确地分析了照片，对奥斯维辛集中营的轰炸仍然是一个很难完成的任务。虽然回顾起来同盟军有犯罪的故意，他们当时没有阻止大规模的屠杀继续进行，只是因为当时他们在战争努力中还有其他太多的军事要务。

1944 年早期所有的同盟军计划都致力于准备代号为霸主行动的诺曼底登陆。此时关于盟军的轰炸机在此次行动中的角色问题开始了一次新的争论。哈里斯和他的美国同行斯帕茨坚持自己的观点，认为通过削弱德国的战争生产和百姓的士气，轰炸德国是轰炸机为成功登陆能做的最好的贡献方式。但在军队指挥官当中对轰炸机巨头的声明有着很大的质疑。目前还没有任何德国战争经济衰落的迹象（我们后面会看到产量实际上在增加）或者德国人民对战争支持力度的减弱。被任命为攻击法国的盟军总司令的艾森豪威尔将军坚持要对战略轰炸军队具有直接的指挥权。他想要轰炸机军队接受新的角色。

研究在伯明翰和哈尔对德轰炸影响的科学家索利·朱克曼继续分析盟军在北美、西西里和意大利南部对敌人目标轰炸的影响。这个研究表明了轰炸铁路网络造成的破坏性的军事后果。朱克曼的工作被任命为艾森豪威尔的副手的空军中将、皇家空军地中海地区司令阿瑟·泰德尔热情地接替了。朱克曼和泰德尔起草了一份计划准备轰炸法国北部和比利时的铁路货运编组站，以便让德国人无法向登陆地区快速地运送物资。这被称作“运输计划”。艾森豪威尔想要指挥作为战术轰炸部队驻扎在英国的英美两国的轰炸机部队。哈里斯和斯帕茨强烈地拒绝了这个要求。但哈里斯在空军部没有几个朋友，军官们对他敌对的天性感到厌倦。他把任何不能百分之百支持他的人都看做反对他的人。据报道当他在空军部经过一位特别的文职官员时说道：“早上好，亚伯拉罕，你今天做了什么妨碍战争努力的事情?”他经常重复的关于他的轰炸战争取得的成功的一些夸大其词的声明也未能对他的事业起到帮助作用。

丘吉尔不想看到皇家空军直接受到美国人的指挥，彻韦尔反对放弃对德国的轰炸反击。最终还是要由丘吉尔来想出一个折中的办法。泰德尔将在霸王行动开始前的几个月里指挥皇家空军的轰炸机指挥部。这对艾森豪威尔来说是可以接受的，除了哈里斯之外其他人都很高兴。但彻韦尔还预见了另外一个问题。据他计算对法国的铁路进行轰炸会炸死四万多的法国老百姓。丘吉尔接纳了这个理由，他担心炸死这么多法国人不是开始一场解放他们国家战争的好办法。他在 4 月份写给艾森豪威尔的信中说，对英美两国的“朋友”来说“这可能是一次非常严重的行动”。这个问题引起了总统的注意，他回信给丘吉尔说：“不管伴随着多么令人遗憾的老百姓性命的损失，我不准备从这么远的地方对负责军事行动的指挥官强加任何的限制，他们的想法可能会对霸王行动的成功产生影响，或者造成我们盟军袭击中更多的牺牲。”就像丘吉尔后来写的那样，罗斯福的回答是“决定性的”。首相没有再提出异议。这是权力和决策由英国转向美国的一个迹象。霸王行动是一次由美国人领导的行动，美国指挥官在发号施令，而总统则给了他们全力的支持。

好几个月里重型轰炸机非常成功地命中了欧洲西北部的铁路，海岸线防御工事和其他的通信中心成了附加的目标。虽然在登陆日之前有一万两千名法国和比利时老百姓丧生，但这个数字比以前人们预计的要少得多。在法国内部造成的破坏使得德国人随着袭击的到来很难再进行物资储备。这个使用轰炸机部队的新的战术对战争取得下一个关键的阶段性胜利做出了重大贡献。

丘吉尔对从 1943 年开始的对德国的轰炸反击不感兴趣，这个表现在他的战争回忆录中对此没有过多的描写这一点上。这有一部分原因是由于他对轰炸的角色怀有一种矛盾情绪，还有一部分原因是战后当他写作时，有关轰炸战争的智慧和道德问题的争论。但丘吉尔的影响在轰炸反击的最后阶段还能感受得到。

1944 年美国空军以惊人的成功率命中了德国的合成原油生产工厂，这也显示了在直接行动指令中所要求的策略是多么的有效。希特勒军队和空军可用的燃料供应被大幅减少。盟军现在完全享有对德的制空权，纳粹空军所剩的飞机由于缺乏燃料而停飞。1944 年末期轰炸机指挥部重新开始对德国进行夜间的地区性轰炸。当红军挺进波兰并接近德国边境时，关于如何使用轰炸机对其前进进行辅助的争论展开了。1945 年 1 月 25 日，联合情报委员会向丘吉尔递交了报告，参谋总部建议使用重型轰炸机军队对柏林东西部的目标进行轰炸。他们声称这将会打断向前线开进的增援部队，妨碍德国的管理和军事机器，甚至能“对战争的时间长短产生决定性的影响”。丘吉尔与阿基保尔·辛克莱讨论了这件事情，敦促辛克莱遵从这个建议并发回报告。辛克莱要求他的属下对事件的可能性进行调查，解释说丘吉尔非常热切地要“摧毁德国人从布雷斯劳的撤退”。当盟军领导人于 2 月初在雅尔塔会面之后，这个策略得到了巩固。在这次会面中，苏联参谋总部正式要求英国和美国的轰炸机在德国人撤退军队的后面对其行动造成破坏。

这个要求的结果就是在 2 月 13 日和次日对德累斯顿市的联合轰炸行动。在第一天晚上，900 架皇家空军的轰炸机向这个城市投掷了将近 1500 吨的烈性炸药和超过 1000 吨的燃烧弹。几个小时后美国继续对这个城市进行了日间轰炸袭击。当晚皇家空军返回了英国。和对汉堡的轰炸一样，引起的巨大的火风暴摧毁了城市的大部分地区，在他们后面留下的全是混乱和毁灭。德累斯顿是一个古老的城市，是艺术和文化中心，但它的大部分建筑在烈火中被永久地毁灭。在轰炸袭击的几天后，由于城市上空笼罩的烟雾，照片判读员仍然无法对破坏进行评估。

由于之前有很多躲避红军的难民涌进了德累斯顿，因此无法精确地统计死亡人数。估计有三万人到十万人之间。不管真实的数据如何，破坏的范围非常巨大并开始激起剧变。一位新闻记者提及了对德国城市“故意的恐怖轰炸”。他的报道在英国经过了审查删改，但在美国引起了骚乱，马歇尔将军明确地表示这次袭击是俄国人要求的直接结果。丘吉尔以仅仅是最广泛的方式鼓励执行一份情报部门的报告，对德国东部进行轰炸。他从未在对话或者撰写的备忘中具体提到德累斯顿。但即使是这样，他判断是该将自己置身于对德国的轰炸战争之外的时候了。当他看了关于袭击的报道之后，在 1945 年 3 月 28 日的一个备忘中写道：

“对我而言似乎那个时刻到来了：虽然有其他的借口，但轰炸德国城市仅仅是为了增加人们的恐惧的问题值得检讨。对德累斯顿造成的损害依然是对盟军轰炸行为的一个严重的质疑。我感觉有必要对军事目标进行精确的锁定，像在当前战区后方的油库和通讯设施，而不是将目标集中在单纯的恐怖和轻率的破坏行动上，不管行动有多成功。”

又回到了原来的状态。丘吉尔曾在 1940 年相信皇家空军可以赢得战争，当时他对赞同进行地区性轰炸的科学和军事顾问都表示了支持，而现在他又想避免这个政策带来的可怕的后果，呼吁对军事目标进行更加精确的命中。重新评估的时候到了。

因此轰炸反击值得吗？自从最后一架兰开斯特号轰炸机从德累斯顿返回后，有关对德国轰炸的效果问题和杀害老百姓的道德问题的争论便激烈进行着。在对德国进行轰炸时，总共有 600000 男人、妇女和孩子被杀，在空袭中有 20％的民居被毁。但德国人民的士气没有被摧毁，直到战争的最后几个月，当红军残酷地从东部挺进德国以及盟军部队快速地由西部挺进时，人们才意识到失败接近了。还有，虽然对此还有很多的争论，在轰炸反击的几年里德国战争经济实际上增加了产量。1942 年军工生产增加了 80%，1943 年又增加了 20%，在 1944 年更是增加了 40%。换句话说在两年半里产量增加了三倍。但这有部分可以由这样的现实来解释：在 1940 和 1941 年德国经济被调整到适应打一场短期的成功的战争，在那些年它并不是被完全调动起来的。还有很多闲置生产能力可以被召唤。比如在战争早期纳粹宗教信仰相信女人应该做母亲和妻子，而不是工业劳动力。刚开始对妇女的雇佣程度根本不像英国以及后来的美国一样。同样在战争进入尾声时，德国的战争机器可以利用成百万的被迫劳动的奴隶，这些奴隶被从占领区带到德国来，通常是在可怕的条件下进行工作的。艾伯特·斯皮尔声称对大片德国城市不加选择地进行轰炸对盟军轰炸机而言不是最好的策略。他坚持认为如果盟军继续加大力度对像工厂这样的核心的轰炸目标进行轰炸，或者进行一系列像对汉堡那样的火力袭击的话，那么轰炸反击将会有更加强大的威力。另一方面，轰炸战争中具体的目标有着非常清晰而具摧毁性的后果。在 1944 年对炼油厂和合成原油制造厂的袭击导致燃料的严重短缺，削弱了德国军队在战争的最后阶段的作战能力。还有轰炸使得德国的大约一百万士兵在国内做人工空防防御工作，否则这相当于有五十支军队有可能在东部前线或者在诺曼底作战。另外还有一百五十万工人在做清理碎石头和重建的工作，仅仅是为了能够让生活继续下去。

最终关于对德国的轰炸战争到底应该被合理化还是应该被看做是战争犯罪，这是一个伦理决定。当然丘吉尔赞成战争，虽然时不时会有些不确定因素以及质疑的声音出现。彻韦尔和“轰炸机”哈里斯是他首要的支持者。很有意思的是必须指出在战争的道德风气中，针对轰炸的争论不是基于伦理而是从实际出发的。大量的工业产出以及皇家空军机组人员的性命牺牲值得吗？毕竟就像在战争中一遍接一遍说过的那样，是德国人首先开始轰炸城市的，每个人对华沙、鹿特丹以及对伦敦和考文垂的闪电战都有深刻的记忆。哈里斯告诉新闻短片摄影记者说：“那些人会恶有恶报。”当时很多英国人感觉他是对的。丘吉尔受鼓舞给希特勒“予以还击”。从单纯的数据方面来说，一个人怎么能够将在盟军轰炸时被炸死的 600000 德国老百姓和在战争结束时死于苏联士兵之手的两百万德国人相比较？或者与在集中营里被谋杀的六百万犹太人相比？或者与美国对日本的轰炸反击相比？当然这场战争以对广岛和长崎投掷了原子弹而达到顶峰，促使日本最终投降并结束战争。

争论将会继续激烈进行。作为英国战争机器的最终决策者的丘吉尔必须对采取地区性轰炸的政策和造成的后果承担自己的责任。他的确是太过听信彻韦尔的话而对其他持反对意见的顾问们没有足够的重视。但这些争论都是关于轰炸的实际效果的，而不是轰炸的道德问题的争论。在战争结束时，也许他对历史裁决的反思比早期要多，丘吉尔将自己置身于轰炸战争之外。空军司令哈里斯被排除在重要的胜利庆典之外，对轰炸机指挥部也从来没有授予过勋章，尽管他们表现得很英勇而且还承受了损失——战争中有57000名飞行员丧生。甚至战争结束五十年后在伦敦为哈里斯塑的塑像也引起了激烈的争议。毫无疑问对德国的轰炸反击依然是二战时英国策略问题上最受指责的要素。而丘吉尔作为战时领导人名声的评价将永远跟这个绑在一起。

第九章　霸王行动

1943年1月在卡萨布兰卡跟罗斯福成功举行了峰会以后（从英国方面来看），丘吉尔飞往东京，他想劝说总统加入同盟国战争努力中，但未成功。然后他继续视察了第八军在的黎波里举行的一次胜利游行。在经历了北非战争的挫败之后，丘吉尔觉得这个庆祝仪式非常令人激动，眼泪从他的脸上滑落。然后在回英国之前他乘坐简陋的解放者号轰炸机长途跋涉飞往阿尔及利亚。当他回到帕丁顿车站时，13名部长在艾德礼、伊登和拜文的带领下到站台上迎接他。他离开了26天。在他回来的一个星期，他因肺炎而使身体垮掉了。在接下来的一个月里他几乎无法行动，但尽管有病痛的折磨，他依然坚持口述备忘。跟丘吉尔一起坐飞机视察的布鲁克将军也因流感在床上躺了两个星期。两个人的疾病都表明在国外开那些繁忙的会议时他们承受着多大的压力，当然还因为长途跋涉，有时还有危险的飞机旅程。

到3月中旬，丘吉尔又重新努力恢复了健康，回到了领导岗位。但他依然不得不等待着北非的突破。希特勒决定加强他在突尼斯的军队，因此驱逐德国和意大利军队的计划进展很缓慢。隆美尔在打一场超级撤退仗。美国的新军队2月在卡斯特劳利松岛遭遇一次严重的挫折，他们花了好几周才重新获得前进的动力。丘吉尔又一次试图鞭策他的指挥官们，他还寄出一份公文抱怨说在制定行动计划时考虑到了“很多安全因素”，这就意味着他们“停滞不前，没有能力去进行任何形式的进攻战争”。跟往常一样，他号召他的士兵、水手和空军进行攻击。3月蒙哥马利突破了被称为“马里斯防线”的德国防御线。最后在第二个月美国军队在向东前进时与向西前进的第八军不期而遇。轴心国队伍被包围了，同盟军向着突尼斯徐徐前进，那里是隆美尔在北非的最后立足之地。

5月初，丘吉尔再一次感觉到有必要跟他的总参谋们渡过大西洋去再举行一个华盛顿会议。在卡萨布兰卡达成一致的进攻西西里的计划一直未能实行。艾森豪威尔给联合作战参谋部写便条说如果在西西里有超过两支的德国军队，登陆行动可能就不得不延迟。丘吉尔愤怒了。他给自己的参谋部写信说："如果两支德军部队的出现就被认为是对现在法国占领的北非地区的任何具有反击或者两栖性质的行动起决定性作用的话，那么我们很难知道这场战争能否继续打下去。"他对那些"怯弱的失败主义的说法"非常气愤，他在结尾时反问道："斯大林在前线面对着185支德国军队时，他会对此有何想法?"

丘吉尔担心在夏天英美军队有好几个月根本不跟德国人打仗，而红军则在东线战场上跟大批的纳粹国防军进行着生死之战。还有对英国参谋总部而言似乎美国人将登陆船舶和物资从欧洲战区运走而转运到太平洋上去。丘吉尔和他的随行人员跟参谋总部的人登上了玛丽女王号，这艘巨大的丘纳德客轮在战前的好多年中都保持着大西洋上最快的记录，但现在它被征用做战船。在途中，丘吉尔和参谋们对战略做了规划。当他们通过大西洋时，有消息传来说美国和英国军队在突尼斯最后大获全胜。尽管隆美尔逃脱了，但有九个将军以及240000名士兵被俘。丘吉尔下令英格兰的教堂钟声再次响起，庆贺这第二次取得的伟大胜利。

表面上，5月份代号为"三叉戟"的为期两周的华盛顿会议取得了成功。但在英美关系浅表层下面依然存在着严重的分歧。丘吉尔劝说罗斯福对英国科学家和他们的美国对手之间越来越多的争端进行调停，美国科学家将英国人排除在曼哈顿项目之外，这是一项大型的研制原子弹的科研项目。罗斯福同意说他跟丘吉尔达成的协议是让这项研究的成果能够共享，这对首相和英国科技来说都是一次胜利。联合作战参谋部说既然现在已经在北非取得了胜利，他们同意继续对西西里发动进攻，但在这次进攻后该去哪里的问题上出现了分歧。美国人想去撒丁岛。丘吉尔和布鲁克认为下一个合乎逻辑的步骤应该是进攻意大利本土，这样做的目的是将意大利踢出战争。丘吉尔说这样可以将几十支德国军队分散开来，既让他们在意大利作战，还要去补上正在巴尔干半岛行动的意大利军队的空缺。在巴尔干半岛由SOE鼓励下的起义正在进行，铁托和他的党羽牵制着大约二十支敌军部队。丘吉尔认为这是1943年盟军对斯大林的最大支持。让他气恼的是，事情悬而未决。他后来回忆道："我对这件事情非常烦恼。"

然而，在三叉戟会议上做出的最为重要的决策是应该为进攻北欧做出周密的计划了。

就像我们以前看到的那样，每个人早在1942年就想对北欧发动袭击，希望阻止苏联的瓦解，他们相信只有粉碎德国军队的地面攻势才能在欧洲取得胜利。他们将其他的战役看做是这次中心而重要的进攻的附带战争。丘吉尔和布鲁克以及英国参谋总部都认为这样一次复杂的横越海峡的行动只有在能确保胜利的情况下才能进行。要想成功，盟军首先必须打败在大西洋上U型潜艇的威胁，然后取得北欧的制空权。英国人还认为涉水上岸的部队必须足够庞大，以便能够承受接下来必然会有的重型反击。足够的军队供给和他们的关键准备要花很长时间才能在英格兰南部制造出来。因此英国一直到1943年都在采用的战略是在能够确保成功的地区打更有限的战争，因此就有了北非和地中海战役。直到霸王行动结束时，英国人依然对其有所怀疑。“我们为什么要这么做?”在1944年2月一次失望的时刻，丘吉尔向布鲁克喊道。在攻击开始的前一天晚上，布鲁克自己还在害怕如果登陆失败，这将是战争中最大的一次灾难。不过三叉戟会议上，两个同盟国都致力于进攻欧洲。一支由英国人弗雷德里克·摩根领导的被称作“COSSAC”（盟军最高司令参谋长）的小组被要求为攻击欧洲准备一份提纲。有一个日期需要遵循，那就是1944年5月1日即后面大家所熟知的盟军登陆日。

丘吉尔跟英国和美国的参谋们还有布鲁克和马歇尔将军一起从华盛顿飞往艾森豪威尔在阿尔及尔的指挥部。在途中他们的波音号快速飞机被雷达发现但未造成破坏。华盛顿的紧张气氛过后，在阿尔及耳的阳光中他们之间的关系有所改善。马歇尔很高兴是否继续向意大利本土开进的选择权暂时搁置，完全取决于在西西里的进展。艾森豪威尔的权威和对形势的指挥能力给丘吉尔留下了深刻印象。丘吉尔想确保已经取得了胜利、现在在北非保持着平衡的军队能够一直忙着准备明年的反击行动，直到进攻欧洲的计划得以实施。大多数将军都同意丘吉尔的观点，他为会议取得的成果感到高兴。他后来写道：“我对合作和控制的印象从未像我在华盛顿开会时那样的强烈过。”在视察了突尼斯的军队并为聚集在迦太基罗马竞技场的废墟上的战士做了一场演讲之后，丘吉尔启程回国了。他后来回忆道：“在战争中我没有比在阿尔及尔和突尼斯的那八天更美好的记忆了。”

丘吉尔在回来的时候途经直布罗陀海峡，由于天气原因，他不得不在这里离开奢华的波音快速飞机回到更加简陋的解放者号飞机上。在同一天另一架飞机按规定的航班时间从中立国葡萄牙首都里斯本飞回到英格兰。里斯本机场的德国特工注意到一个叼着雪茄的人正在登上那个航班，他们把他当成了丘吉尔。德国空军的战斗机紧急起飞并将那架飞机击落。所有的乘客无一生还。丘吉尔不在飞机上，但著名演员莱斯利·霍华德在那架飞机上。他的去世是英国剧院的一大损失。虽然丘吉尔完全不在乎这些长途飞行，但每一次飞行都有危险的因素存在。

在离开一个月后回到伦敦时，报纸上有“首相访问英国”这样的玩笑话。但丘吉尔跟以往一样忙得连轴转，召开战时内阁会议、向国会作报告，他的日程都安排得满满当当。对西西里的袭击于7月10日正式发起。开始时有一些可怕的灾祸，空军空降到完全错误的地方，有些甚至降落到海里，但总体来说登陆取得了成功。从中得到的一些教训对后来的霸王登陆行动很有价值。美国军队从西西里岛的南部向巴勒莫前进，而英国军队沿着东海岸线向上穿过卡塔尼亚。美国指挥官乔治·巴顿将军跟蒙哥马利将军进行了激烈的对抗，最终将他赶到了墨西拿。巴顿赢了。仅仅五个多星期，整个岛屿就到了盟军的手里。

丘吉尔跟罗斯福举行的另一次峰会是在8月中旬，在加拿大城市魁北克，代号为“象限”。这一次跟以往不同的是克莱门跟他们的女儿玛丽一起陪着丘吉尔前往。在魁北克跟以前一样，美英参谋长们对军事战略的细节争论不休，而罗斯福和丘吉尔举行会面，对盟军的大体的战争目标表示支持。美国人依然对英国在地中海的野心表示怀疑。英国继续施压要求对意大利本土进行袭击，在意大利，墨索里尼倒台了，皮埃特罗·巴多利奥代替他成为总理。但这次美国参谋长下定决心一定不能被英国人驳倒。在远东政策上他们进行了多次讨论。我们在前面看到过，英国的兴趣是首先保卫缅甸，这样做的目的是保护印度不受日本侵略。相反地，美国人想要用缅甸来为中国提供支援。在英国代表团中有个名叫奥德·温盖特的美国准将，刚刚带领他的“同盟国军士兵”深入到日军的后方进行长达三个月时间的袭击。这正是丘吉尔喜欢的那种高风险的行动，也许他将温盖特看作沙漠枭雄、阿拉伯的劳伦斯式的人物。联合作战参谋部同意对温盖特以后突击日军后方的行动予以支持。他们还同意任命蒙巴顿担任东南亚战区的最高指挥。但罗斯福和丘吉尔在太平洋战争的看法上从未一致过。丘吉尔的野心是重新夺回在远东地区丢失的殖民地。美国人不想看见战争使得英帝国在一个他们认为是自己的地区的势力得到加强。

关于欧洲，丘吉尔同意罗斯福的意见，一名美国将军，也许是马歇尔，将被任命为霸王行动的最高指挥官。丘吉尔已经把这个位置给了布鲁克，但有些出人意料的情况告诉他这个位置将是美国人的。他回来写道：“布鲁克带着‘具有军人风范的尊严’承受着失望。”但丘吉尔没有意识到这对他最亲密的军事顾问和同事来说，是摧毁性的打击。“他没有表现出同情，对不得不改变他的主意没有遗憾，他处理这件事情的态度表现得似乎这是无关紧要的事情!”布鲁克回来写道。他用了好几个月的时间才从痛失一个自己梦寐以求的指挥职位的失望中恢复过来。在这件事情上丘吉尔表现得没有全力以赴或者说有点漠不关心。

在谈论霸王行动时，丘吉尔的建议又引起了美国人的疑心，他说如果德国在北欧的力量太过强大，盟军应该有“第二手准备”。他提议对挪威北部进行袭击，这是他一直的宠爱之地。他的提议没有得到大家的重视。更重要的是，美国人提议跟霸王行动一起进行铁砧行动，即对法国南部进行袭击。这个提议被通过了，但后来会造成较多的紧张局面。在讨论霸王行动时，盟军最高参谋长的计划得到了初步的批准。三支军队不会在英吉利海峡最短的加莱段着陆，这里的德国防御力量最强，而是选择了更远的西部的诺曼底，那里的情况要稍微好一点，而且防御稍弱。

象限会议后，丘吉尔在山上度过了一个短暂的假期。他在湖滨小屋里很快就放松了下来，那些天里他钓钓鱼，唱唱歌以供吃饭的客人们娱乐，他从年轻时的音乐厅唱的歌曲一直唱到最新的诺尔·考沃德写的歌曲。9 月 1 日，他回到华盛顿跟罗斯福会面，还以总统客人的身份住在白宫。在他待在白宫的日子里，意大利正式宣布投降。希特勒的第一大盟友被打败了。在这次访问快结束时，罗斯福不得不离开华盛顿，白宫的事务交给首相来处理。在这里丘吉尔主持召开了联合作战参谋部的最后一次会议。后来他将这描述为非常的“荣幸”——能够在白宫洽谈室主持一次盟军参谋的会议。对他而言这是“英美历史上的一个重大事件”。

在很多方面来说这个时刻是丘吉尔和罗斯福之间特殊关系的顶峰。但这种关系的平衡已经在发生改变了。丘吉尔使得英国在 1940 和 1941 年经历了关键的时期。英国士兵和水手到 1942 年底以前一直承受着北非和地中海战争的主要压力。英国科学家们推出极好的新科技来支持作战。但美国很快在欧洲战争中占据了主导地位，源源不断的军队来到英国准备霸王行动。在几个月的时间里，在英国就有一百万美国兵。在对德国的轰炸反击中，美国轰炸机与皇家空军所做的努力不相上下。在太平洋上，美国海军放下水的舰船规模大得惊人，美国水兵和重型轰炸机很快在那里的战争准备中占了上风。作为“民主的军火库”，美国的兵工厂在以超乎人们想象的规模生产坦克、武器、飞机和其他车辆。同时苏联已经从一个面临着失败的同盟国变成一个超级大国，拥有世界上最强大的军队。像一台巨大的压路机一样，苏联海军已经在向西开进，跟希特勒地面部队中最好的一支展开了战争。

1943 年秋天英国战争努力达到极致。有五百万人从戎，不论男女。工厂在全力以赴地进行生产。资源被充分利用。11 月 1 日丘吉尔收到一份会议记录这样写道：“我们的人力现在都被充分动员起来了。总数是无法再增加的，相反已经减少了。我们所能做的就是在这么多人力所能及的范围内，做到战争策略所要求的那样的变化。”英国倾注了全力，这不可避免地会限制丘吉尔的野心。

在意大利投降后，盟军在那不勒斯南部的萨勒诺港登陆。然后蒙蒂的第八军沿着意大利东部海岸线慢慢向上推进。盟军错失了很快地拿下西西里的机会，希特勒加强了他在意大利的军队。德国军队转战到罗马，实际上整个国家都被纳粹国防军占领了。夏天时在意大利只有 6 支德国军队，而到秋天时增加到 25 支。在意大利军队从巴尔干半岛和希腊撤军后，希特勒把上述地区的守备军数量增加了两倍，从原来的 12 支增加到 24 支。因此意大利的投降已经达到了丘吉尔想要的第一种后果——将德军从东线分散开。9 月斯大林向罗斯福和丘吉尔发信表示祝贺并写道：“那不勒斯的成功登陆以及意德两国的决裂将会对希特勒主义的德国造成更大的打击，并为苏德前线的苏联军队的行动提供极大的方便。”另外一方面，希特勒将东部的精锐部队调往意大利增援，这意味着盟军在被丘吉尔称作“欧洲柔软的下腹部”的前进很快就会跟爬行一样慢了。这让马歇尔再次感到恐惧，他害怕还没有来得及进行快速征服的行动，意大利前线就会消耗盟军的资源，并使更大的霸王行动所需的军队受到限制。于是在魁北克达成一致决定：11 月份将有 7 支军队从意大利撤回到英格兰，为霸王行动做准备，英美两国还同意船运，尤其是登陆艇将会交回到英吉利海峡。但应艾森豪威尔的要求并经过丘吉尔的干预之后，美国参谋部极不情愿地将大部分登陆艇留在了意大利。

在东地中海和爱琴海采取行动后，丘吉尔依然希望对希腊提供支持并鼓励土耳其加入同盟国。他一心想拿下土耳其海岸线上的罗德岛和多德卡尼斯群岛。“即兴而且要大胆。”他这样命令这个地区的指挥官梅特兰·威尔逊。在 10 月份送给罗斯福的一篇很长的文件里，丘吉尔为自己的观点进行了辩护，结束时他做了一个简单的呼吁："我恳求您考虑一下这个建议，不要让它被漠视。"罗斯福第二天就做了回复说："我不想向艾森豪威尔施压，让他转移注意力，这会限制意大利行动的前景，我个人的观点是任何军队或者武器的转移都不应该损害计划好的霸王行动的利益。美国参谋总部同意我的观点。"这种毫不含糊的回答明确地指明了现在谁是主宰。

尽管受到了这样让人哑口无言的反驳，丘吉尔仍然极其希望霸王计划不对意大利战争造成损害，他为意大利战争的进行奔走呼号了一年多时间。他感觉美国人太过强硬地支持霸王行动，他束手束脚地战斗着。他为自己所关心的即将到来的对法国的攻击一遍一遍地向罗斯福写信呼吁。"我亲爱的朋友，"他在一封信中这样总结道，"这是我们尝试的最伟大的事情。我们尚未采取必要的措施为成功创造最好的机会，我对此表示不满。"几天后的另一封信中他说："我对1944年的战争比其他我所经历过的战争都要担心。"同时，斯大林开始对盟军在意大利缓慢的进展表示愤怒。他抗议说在加强了意大利的防御工事后，希特勒现在将军队重新派到了东线战场。

在这些困境和争论的困扰下，11月底同盟国领导人（这次包括斯大林）同意在德黑兰举行会晤，这是战争中的第一次最高峰会，第一次"三巨头"齐聚首的会议。11月12日丘吉尔乘坐HMS声望号从朴茨茅斯启程。他会离开两个月的时间，经常跟他出访的代表团这次依然跟着他。首先有地图资料室的员工。在这里查理·皮姆船长经常用别针和线条对墙上的图标进行更新，这样丘吉尔一直能够了解每一条战线和每个大洋上每天的动态。皮姆将地图资料室的东西都打包在一起，首相在哪儿地图资料室就建到哪里。整个信号单位也都跟随着他，因此丘吉尔可以每天，甚至每个小时都跟伦敦保持联系，通过这种联络他可以将每天的总结传送给副首相艾德礼和其他的大臣们。最至关重要的情报也通过秘密的通信联系发送给他，以便让他一直都能得到最新消息。当然还有一小组的秘书带着他们的无声打字机随时随地陪伴丘吉尔左右，他们时刻准备着将首相口述的会议记录、文章简报、演讲稿或者其他的信息用打字机记录下来。他能在这么长的时间里去国外访问，这是他的成功和政权稳固的象征。希特勒和斯大林都无法想象离开他们的权力基地这么长的时间。

德黑兰会议之后罗斯福和丘吉尔又跟他们的军事首脑在开罗召开了另一次会议，代号为"六分仪"。他们想在第一次向斯大林和他的参谋们陈述时，将自己的观点表述清楚。但这次会议不像他们以前的会议。罗斯福安排了会议的日程。很多时间都花在讨论远东和太平洋问题上了。中华民国领导人蒋介石的出席同样也意味着这次会议聚焦在东方问题上。他们制定了一个大型的水陆并进的孟加拉湾登陆计划，为中国提供支援。这将会被称作“海盗行动”。英美参谋们之间的紧张关系隐藏在表面以下很深的地方，在一些激烈的交流中会爆发出来。在11月23日下午举行的会议中，海军上将欧内斯特·金和布鲁克将军在关于登陆艇的问题上发生了尤其激烈的争执。出席会议的美国人约瑟夫·史迪威将军写道：“布鲁克变得让人非常不快，金感到非常恼火。他几乎要爬过桌子跟布鲁克争论了。天呐！他疯了！我希望他能痛打布鲁克一顿。”很多尚未解决以及不确定的事件都在德黑兰呈现了出来。这次峰会的前景不容乐观。

到11月28日三巨头聚首之前，丘吉尔因细菌感染而病倒了。他在重感冒和嗓子疼痛的情况下，提前两周离开了伦敦。在开罗的多次深夜会议后，也许是象征性地，他失声了。他的医生查尔斯·威尔逊给他开了喷雾剂，让他尽快恢复他的致命武器。后来在罗斯福招待的第一次宴会上，总统因胃痛而不得不中途退席。甚至有传言说有人给他下毒。虽然这样的开始并不吉利，但峰会的进展相当地顺利，经过一些艰苦的商谈之后，他们做出了好几个重大的决定。在第一次全体会议上，在得知了霸王行动的大概情况之后，斯大林想要了解进攻法国南部的铁砧行动的急切态度让罗斯福和丘吉尔都吃了一惊。毫无疑问苏联领导人已经在思考战后世界的问题了，他不想在巴尔干半岛看见英美军队。他想把欧洲东南部纳入他的势力范围。通过支持铁砧行动，他也许相信自己能将盟军的注意力从那里分散开来。在会上讨论了霸王行动的时间。俄国人坚持在1944年5月进行。美国人和英国人计划在6月进行。丘吉尔仍然认为他的标准是不能仅仅为了保证5月1日霸王行动的时间而对意大利战争造成损害，在那里有20支英国或者英国控制的军队。

斯大林继续对总统和首相施加压力。在第二次全体会议上，他询问谁将担任霸王行动的指挥。罗斯福回答说这个还没有决定。斯大林反驳说这个行动会“失败”，除非安排一个人来负责为进攻做准备和领导工作。当丘吉尔谈到有必要确保在法国的德国军队不会强大到将盟军击退到海里时，斯大林直白地问道：“首相和英国参谋们是否真的相信霸王行动?”丘吉尔回答说只要条件允许，英国军队会“用尽我们所有的力量”，把自己所有的东西都投向海峡对岸的德国人。但斯大林继续施压说攻击必须在5月进行，无法接受任何的拖延。

罗斯福想在德黑兰跟斯大林建立亲密关系，这无可避免地会使自己与丘吉尔疏远起来。就像总统自己说的那样，他不会表现得“跟英国搅在一起”。丘吉尔明白发生了什么事情，但他选择在私下会晤时向斯大林再次保证说他完全支持霸王行动，他并不想闯入巴尔干，他对意大利的计划是有限的。

然后在斯大林招待的第二次宴会上，一件不同寻常的事件发生了。他们谈论的话题转向战后对德国的处罚问题上。斯大林建议真正在幕后指挥的五万名纳粹分子在战后都应该被枪毙。丘吉尔感到非常震惊，他回答说：“英国国会和公众绝不会容忍大屠杀。”斯大林坚持自己的观点，丘吉尔说他宁愿自己被带到花园里枪毙，也不愿意用这样的丑行来玷污自己国家的荣誉。罗斯福试图用幽默化解这正在酝酿中的争吵，他提出了一个折中的方案——只有49000人需要被枪毙。然后出乎每个人的意料，以一个陆军武官的身份出席了峰会的总统的儿子埃利奥特站起身来。毫无疑问当时是借着酒劲儿，他说美国军队将会支持斯大林的计划。一贯非常能掌控餐桌谈话的丘吉尔厌恶地站起来，走出宴会厅走进了隔壁的房间。仅在一分钟后他感觉有一只手搭在他的肩膀上。那是斯大林的手，冲丘吉尔笑着说道这都是玩笑，他的本意根本不是这样。“在需要的时候，斯大林会表现出一种迷人的举止。”丘吉尔后来写道。首相回到了餐桌旁，剩下的用餐时间里气氛一直非常友好。

丘吉尔感觉到失去美国总统的友谊时的压力，他感觉自己处在一种非常陌生的不能随心所欲的状态中。那天晚上晚些时候，查尔斯·威尔逊发现丘吉尔心情非常沮丧，郁闷地沉思着灾难般的欧洲战后的前景。医生给丘吉尔量了脉搏，告诉他脉搏很快，可能是喝酒引起的。“很快就会降下来的。”丘吉尔沉思着说道。然后回到了他忧郁沮丧的状态中去，他问道：“为什么这些事情一直在脑海中困扰着我？我过去从来不会为任何事情感到忧虑。惊人的事情展现在我们眼前，我们仅仅是在晚上落在世界地图上的尘埃而已。”然后他转向他的医生并直白地问道：“你认为我的力气还能不能支撑到战争结束？我认为有时我几乎要精疲力竭了。”说完后他上床躺下了。医生等了几分钟后问是否要帮他把灯关掉。丘吉尔没有回答。他已经睡着了。

第二天斯大林似乎更加主动了。他同意在东线发动一次重大的反击以配合霸王行动，也可以防止德国军队被分散到西线上去。他还宣称一旦德国被打败，苏联将会加入其他两个同盟国反击日本的战争中去。这改变了远东战争最后阶段的作战计划。罗斯福确认霸王行动将会在1944年5月进行。三位领导人还讨论用以迷惑敌人的欺骗战术的价值。丘吉尔同意说："真理经常在谎言做护卫的情况下出现。"因此"刚毅行动"诞生了，这是霸王行动秘密的欺骗计划。

第三个晚上也就是11月30日，轮到丘吉尔主持招待宴会了。这是他69岁的生日。伊思梅将军记得大家一落座，祝酒和简短的演讲就开始了。然后整个晚上这些都以一种俄国风格一直继续着。丘吉尔谈到了总统的丰功伟绩并称苏联领导人为"斯大林大帝"。夜越深，祝酒就越尽兴。有一次丘吉尔提议为"无产阶级大众"干杯，斯大林以为"保守党"干杯作为回应。对丘吉尔而言，这是一个记忆深刻的生日："我的右边坐着美国总统，左边是俄国统治者。我们一起掌管世界上多数的海军和四分之三的空军部队，我们可以指挥近两千万的士兵投入到人类历史上出现的最可怕的战争中去。"后来他更加有趣地描述了这个夜晚："我坐在那里，一边是爪子伸开的俄国大熊，另一边是伟大的美国水牛，他们两个中间坐着那头可怜的英国小毛驴，他是唯一一个知道回家的道路的。"

德黑兰会议后回到开罗，罗斯福做出了一个重大的决定。他决定任命艾森豪威尔而不是马歇尔做霸王行动的总指挥。总统向马歇尔解释这件事时说如果马歇尔将军不再担任参谋长的职务而且不在美国国内，罗斯福晚上会睡不着觉。即使的确很失望，马歇尔也没有表现出来。他说将会一切都听从总指挥的安排。在他们去参观狮身人面像时，罗斯福将他的决定告诉了丘吉尔，在很多天的紧张之后，这是一次友好而放松的中间休息时刻。在夜幕降临时，两位领导人凝视了这座古代的雕像几分钟，似乎在寻求指导。但就像丘吉尔后来所说的那样，狮身人面像"什么都没告诉我们，继续保持着他神秘莫测的微笑。"

丘吉尔被前几周的紧张压力累得筋疲力尽。南非领导人史末资将军告诉布鲁克说他认为首相工作太辛苦了，他"开始怀疑他是否能够坚持到底"。丘吉尔自己承认他感觉非常疲惫，他写道："洗完澡之后我不再把自己身上擦干，而是躺在床上裹在浴巾里自然风干。"他继续乘飞机飞往艾森豪威尔在突尼斯外面的迦太基总部，到那里时他筋疲力尽地倒在了床上。

第二天早上大约四点钟，12月13日，布鲁克将军在熟睡中被惊醒，他听见有人在自己房间里悲惨地喊叫着，"喂，喂，喂!"这位英国军队最高长官从床上跳起来，打着手电筒发现首相穿着睡袍走来走去，头上缠着棕色的绷带。原来首相在迷糊中把这儿当成了他医生的卧室。当首相最终找到查尔斯·威尔逊时，他又一次被诊断为肺炎。医生给他开了最近才上市的最新的抗生素磺胺。但接下来的几天里丘吉尔的健康逐渐恶化。专家从开罗飞过来。15日晚上，丘吉尔的心脏开始形成原纤维，他的脉搏开始变得不稳定。他的医生非常担心，认为这次他可能挺不过去了。丘吉尔告诉他的女儿莎拉，“如果我死了，不要担心——战争要赢了。”陪同他出访的内阁秘书约翰·马丁向伦敦的内阁通报了丘吉尔的情况，向新闻媒体郑重地宣布了这个消息。在迦太基莎拉将简·奥斯丁的《傲慢与偏见》的片段读给她父亲听。克莱门从伦敦飞过来陪伴她丈夫。然后突然在17日抗生素终于开始发挥作用了。自此以后，丘吉尔每天都恢复一点。他又开始在床上口述信息，接见一批又一批来看望他的人，直到克莱门说：我所能做的就是“在门的拐角处进行干涉。”丘吉尔很快就对他的医生们变得脾气暴躁起来，但他们坚持要他至少休息一个星期。因此他在迦太基多待了几天。

在圣诞节，他第一次下床活动，他跟艾森豪威尔、威尔亚历山大、泰德尔和坎宁安开会讨论在罗马南部的安奇奥登陆的计划。丘吉尔认为登陆对意大利战争起着至关重要的作用，其他人都表示同意并说自己必须着手行动起来，即使这样会导致霸王行动的推迟。两天后，丘吉尔和他的随行人员继续前往马拉喀什的别墅，就在同一栋别墅里11个月前他曾经跟罗斯福观赏了山上的阳光。丘吉尔在那里修养了三个星期。他遭受着严重的、危及生命的疾病的折磨，但这只上了年纪的“牛头狗”挺了过来。

在他生病期间，丘吉尔一直跟罗斯福保持联系，就霸王行动的高级指挥官人选达成了一致。艾森豪威尔意大利指挥官的职务一卸任就将接任最高指挥官的位置。泰德尔担任他的副手。蒙哥马利被任命为陆上总指挥。蒙蒂匆忙回到伦敦，将第八军留在了意大利。1944年1月2日，他参加了在圣保罗学校（位于伦敦西部的他的母校）举行的一次会议，这是被盟军最高司令参谋部征用的，他们自从去年夏天以来就一直秘密地为登陆制定计划。在对迄今为止的计划进行了大概的介绍之后，蒙蒂站起来说话了。他将这些计划批得体无完肤，还说进攻的前线太过狭窄，军队数量太少。他将盟军最高司令参谋部的参谋打发到绘图板跟前去，要求他们制定一个新的更加有野心的计划。后来蒙蒂声明将霸王行动的攻击计划打回完全是他自己的行为。实际上，他和艾森豪威尔早就讨论了这件事情，并就他们自己的线路达成了一致。他们知道丘吉尔同样也认为需要更多的部队。实际情况是盟军最高司令参谋部虽然已经制定了这么多计划，但现在是最高指挥和他的战地指挥官在发号施令，因此整个行动将会按比例扩大。严肃的进攻计划在这个时候开始了。

艾森豪威尔在1月中旬到达伦敦，21日他主持召开了他的指挥官和策划者出席的第一次会议，会议在盟国远征军最高指挥部办公室举行。在这里霸王行动的作战计划很快就扩大了，因为艾森豪威尔有权力使得华盛顿方面相信：在横跨一百英里的英吉利海峡上发动一次成功的进攻，需要更多的登陆艇、空中支援、海军护航舰队以及军队和军备物资。

对北欧的进攻是第二次世界大战中最有野心、最冒险的一次行动之一。策划者所面临的挑战的规模的确是惊人的。每一支武装部队需要四十艘船来运送。美国军队在西南部集结，而英军则集中在英格兰东南部。每一个单位需要训练营地、集合场地以及好几英亩的空地来停放他们的车辆、防护具和武器。供应舰从大西洋上为美国军队运输的装备有：总共137000辆轮式的或者半履带式车辆，4000辆全履带式车辆和3500门大炮。从美国各地运来的物资，比如底特律的吉普车、从中西部地区的农场运来的K种口粮、炮弹、武器、弹药和医疗物资等等都被运送到在英格兰集结的单位去。德文郡海岸线上的居民都被撤离了，以便登陆演习时可以使用实弹。在英格兰南部海岸的所有的大型港口都有船只和登陆艇成排地停放着。沿着法国和比利时海岸线上上下下拍摄了成千上万的空中照片，这些照片被分发给各个部队以便让他们能够对将会面对的目标加以研究。潜水员在夜间悄悄地爬上岸来收集沙子的样本来计算其是否能够承受装甲车的重量，并测量沙滩的坡度，对海岸防御情况予以评估。

登陆作战的最终计划是将三支空中部队投放到敌人战线的后方，以便在进攻的前一天掌握两侧的核心目标。在登陆日当天，四个军团将会在诺曼底的五个海滩上登陆，从位于进攻的右侧位置的西部的科唐坦半岛到东部的奥恩河。美国、英国和加拿大部队将在黎明时分争取在岸上获得控制权，白天将会有大约170000名士兵、20000辆车辆和成千吨的供给物资到达，为他们提供支援。行动计划制定好后，好几百页的命令在军团的范围内传达，然后再传达给师、旅、团和连里。五个海滩都被赋予了代号，自西向东分别是：犹他、奥马哈、金子、朱诺和刀剑。每一个海岸都被分成小部分，从第一波军队开始攻击海滩的时刻，也就是攻击开始的时刻，每一个单位都被分配了自己的攻击目标。

丘吉尔太忙了，因此他无法参与日复一日的战争中最大最复杂的军事行动的计划工作。但他依然写会议记录，并在一些问题上发表自己的看法，像车辆的防水问题、海军军舰对岸上目标的轰炸以及空袭时可用的运输飞机的数量等问题。当他开始支持艾森豪威尔——蒙哥马利的扩大桥头堡并增加登陆日上岸的士兵数量的计划时，人们的确感受到了他的影响力。这意味着推迟进攻的日期，而且还违背了罗斯福在德黑兰向斯大林做出的承诺。争论一直持续了好几个月，直到3月底华盛顿方面最终同意对计划做出修改。一旦做出这个决定，那么在5月份发起进攻的想法就会被摒弃，下一个月亮和潮汐适合海滩登陆的时间是6月5日到7日。

丘吉尔参加了蒙蒂在圣保罗学校进行的两次演讲，他对霸王行动计划的进展情况做了概述。在4月7日耶稣受难日举行的第一次演讲时，丘吉尔身体不太好，他似乎贡献很少。5月25日举行的第二次演讲是一次大型的活动，几十名来自英美军队的高级军官成排地坐在凳子上，国王、丘吉尔、史末资、布鲁克和其他参谋部的成员坐在前排的VIP座位上。丘吉尔对自己所听到的感触颇深，他说自己对霸王计划变得“坚强”起来。在攻击开始前的几个星期里，蒙蒂对英格兰南部进行了巡回访问，视察军队，参观工厂。他的实事求是的风格被一些新闻短片拍了下来，今天被看做是极其滑稽的。他用听众自己的语言给他们演讲，让他们发笑并感觉自己的确做了很重要的贡献。他看起来像个真正的士兵，而不像一些冷漠而遥远的、坐在城堡里指挥的将军。政府对蒙蒂以一个国家代表、一个受欢迎的军阀的身份出现很警惕，但丘吉尔对其竭力为自己争取支持率的做法置之不理。

像我们在上一章看到的那样，丘吉尔争取不让皇家空军的轰炸机指挥部参加登陆行动，但是没有成功。艾森豪威尔将所有的英国和美国在英国的轰炸机都纳入盟军远征军麾下，以便能沿着海岸线对战术目标和内陆的运输中心进行轰炸。为了掩饰诺曼底这个目标，这次轰炸必须在整个法国和比利时海岸线进行。

然而，丘吉尔的影响力在诺曼底攻击的一些重要方面发挥了重要作用。很多年以来他名声上的一个很大的污点就是他在1915年达达尼尔海峡战役中的惨败。成千上万士兵被降落在加里波利海岸线上，这几乎是一个灾难。显然丘吉尔不想将自己与类似这样的悲剧再次联系到一起。丘吉尔和英国将军们对一战中那次使用人海战对防御良好的位置进行的可怕的大屠杀依然记忆犹新。正如我们所知的，丘吉尔一直对新式的武器和装甲车情有独钟，他在1915年对坦克的研制做出了贡献。1940年5月，他要求彻韦尔重新生产坦克，并呼吁再制造一千辆。丘吉尔“在野”时期曾经向他提过有关英国装甲师的危险处境的人是坦克手珀西·霍巴特将军，然后是一位经验非常丰富的军队装甲师指挥官。丘吉尔丰富的想象力和充沛的精力给人留下了深刻的印象。但是霍巴特是一位棘手的人物，在军队的高级指挥官中并不受欢迎。1940 年夏天，丘吉尔惊讶地发现陆军最高指挥部竟然因霍巴特年纪大而不再让他就职，当时他仅仅是地方军中的一名准下士。丘吉尔立刻让他的少将官复原职，在给帝国总参谋长的备忘中他提到了霍巴特的“坚强的个性和独特的见解”。他这样总结自己在这些事情上的观点：“我们现在在打仗，在为我们的生命而战。我们不能限制军队任命那些曾做过毫无恶意的评论的人。这是要大胆尝试使用那些有魄力、有主见的人的时刻，而不是排除一切地只使用那些用传统的标准看来是完全安全的人。”更加具有散文韵味的是，有一次他对迪尔说：“记住，不仅仅是好人可以为赢得战争做贡献；还有那些鬼鬼祟祟、令人讨厌的人。”

霍巴特又重新回到了部队，被任命为第 11 武装部队的指挥官。他将队伍的结构进行了重新组织，使其成为重型和轻型武器和大炮的广泛组合，他可以被称作是现代武装部队的缔造者。丘吉尔在 1941 年 5 月和 6 月在唐宁街组织了四次“坦克国会”，这是他战争实验室的又一个组成元素。在这些会议上主要的军事官员和平民专家聚在一起，就未来坦克的使用问题交换意见，当然也要听取丘吉尔自己对这个问题的看法。霍巴特在这些会议上做了一个重要的贡献。不足为奇的是 1941 年从流水生产线上下来的那辆 30 吨重的坦克被命名为“丘吉尔”。但这位跟坦克同名的人沮丧地发现这辆贴着丘吉尔标签的坦克只有一支两磅重的枪支，这在武装战争中是远远不够的。有着“丘吉尔”名号的东西却缺乏杀伤力，这是极其不寻常的。这支枪后来被更新为六磅重的。

1943 年 4 月，霍巴特被指派掌管新成立的第 79 支武装部队，后来被称为“动物园”或者“兽群”。他的任务是发明一些武装设备以便协助登陆部队突破海滩的障碍并抢占滩头阵地。从布列塔尼到挪威的整个海岸线都被极端加固了。水泥造的碉堡里装了火力很猛的重型机关枪，能形成弧形的火力射向下面的沙滩。在沙滩上还设立了一大批钢制的障碍物，在沙丘地带和每个沙滩的滩头位置都设有雷区。总共埋了四百万枚地雷。整个防御线被称作“大西洋墙”。1944 年 1 月发生了一次奇特的命运的跌宕扭转，希特勒任命陆军元帅隆美尔负责防御。这意味着蒙蒂将在沙漠战役中跟他的老对头交战。充满活力、精力充沛的隆美尔在海岸线上下巡回视察，对防御工事进行加强或者修建。霍巴特的工作是发明能穿过大西洋墙的武装机器，为涉水上岸的步兵提供支持。

霍巴特将他的新军队变成武装战争的智囊团。他鼓励每个人都想出新点子来。被称作“双重驱动”（或称 DDs）的漂浮坦克已经在地中海研制出来了。他们可以被放到海里，周围有漂浮挡板，因此他们能游进海里，步兵则由登陆来运送。为登陆日制造了好几百辆这样的坦克。霍巴特和他的部下发明了扫雷坦克，它利用巨大的辊轮碾压地面并在坦克前面压爆地雷。还有在炮塔上装载了一个金属轨道的筒管式坦克。通过一个精巧的传送机构，这个可以放置到前进中的坦克前面，在沙子太过柔软不能承受坦克重量时为坦克铺路支撑。还有装有喷火器的坦克，可以将敌人从防御良好的沙坑里驱赶出来。坦克经改装后可以架桥。有推土机式的坦克可以清除障碍。霍巴特的创意发明使得英国成为专业武器制造先锋，他发明的机器被称作“霍巴特的玩偶”。丘吉尔对这些发明很高兴。美国人对此持怀疑态度，在登陆时只用了双重驱动坦克。布鲁克在拜访霍巴特并视察进攻车辆后，在他的日记中写道：“霍巴特在自己现在的工作中创造了奇迹，我很高兴我们将他安排在这个位置。”丘吉尔对霍巴特的信任绝对是值得的。

一支军队在海滩登陆的另外一个挑战让丘吉尔想了很久。1942 年 8 月在迪耶普敌人占领的港口举行了一次攻击演练。这次演练被证明是灾难性的，大部分加拿大进攻部队牺牲惨烈。从中得到的教训是要想从敌人手里拿下一座重重防御的港口是非常困难的。每天需要往岸上运送几千吨的供给物资，而解决办法似乎只有让盟军在攻击海滩上建立自己的港口。1942 年 5 月，丘吉尔给当时担任联合行动参谋的蒙巴顿爵士发了一封具有历史意义的备忘，提到了在浅水攻击海滩建立港口的问题。备忘中的一份手写的评论中说码头“必须随着潮汐涨落而升降。停泊的问题必须解决。请尽快找出最好的解决办法。不要为此而争论。困难会为自己辩解的。”这是丘吉尔的典型风格，最后三句话依然被今天的管理培训学校所引用，这是在面对重大挑战时所应采取的态度。

陆军部负责对此进一步进行追踪，陆军准将布鲁斯·怀特被任命负责这个项目。当丘吉尔乘坐玛丽女王号船去参加魁北克会议时，他跟他的高级指挥官讨论了这个问题。他们决定用封锁船和巨大的水泥潜水箱来保护港口不受海水最大力量的侵袭。丘吉尔不懂这个东西的工作原理，因此在他的浴室里进行了一个即兴的演示。好几个纸船被放在水里，水四处溅开。纸船沉没了。当在浴盆中放置一道屏障当作防波堤时，另一面无论多少的水流冲击都不能将那艘小船击沉。伊思梅将军回忆道：

“如果一个陌生人参观他的浴室，他可能会看见一个矮胖的人穿着一件花里胡哨的浴袍，坐在一张矮凳子上，他周围有很多被美国朋友称为“要员”的人，其中一位海军司令在浴盆的一头用手拍打着水，一位领军准将在中间伸开一个气垫。陌生人会很难相信这是一个最高指挥部在研究战争历史上最惊人、最壮观的水陆行动。”

丘吉尔现在相信这个能起到作用。港口的代号为“桑树”。计划将在英国建造两个大型的港口结构，一座是供在奥马哈海滩的美国人使用的，另一个是为阿罗芒什在金色海滩而建的。

在普通的港口上，码头依然是固定的，船只随着潮汐的涨落而上下漂浮。在桑树港湾，码头必须随着船只的摆动而上下浮动。他们设计了可以沉入海底的巨大的浮码头，他们有四个钢制的腿，有一百英尺高。用能够承载 30 吨重的坦克和其他车辆的车行道可以将浮动的码头前段跟岸上连接起来。陆军少校艾伦·贝克特是一位杰出的工程师，他想出了一种将力量跟灵活性结合起来的设计，这种设计中使用了钢索跟重型球状关节。同时还设计出了一种新式的锚以确保这一切能下落到河床上。为了保护这个码头，每一个都重达六千吨的巨大的水泥堡垒、潜水箱将会在英国建造，然后漂过英吉利海峡，顺着一系列废弃的船只沉入海中形成一道港口墙基。桑树工程的规模是极其庞大的：45000 名工人制造了 147 个潜水箱、23 个码头和 10 英里长的浮动车行道。这给已经到了极限的英国工业造成了几乎无法完成的压力。

除了建造桑树港时面临的工业挑战外，在这个项目中起带头作用的陆军认为这是他们的任务而与海军之间争执不断。丘吉尔不断地要求对他最喜爱的项目速度要加快，这毫无疑问阻止了项目完全停止下来。尽管不断地在延迟，很多不同的部件还是在港口和英国周围的造船厂完成了。像一个巨大的智力拼图玩具一样，不同的部件被运送通过英吉利海峡，安装到位，在登陆日过后一个星期，两个港口被组装起来了。无论从哪个层面上说这都是一个惊人的成就，丘吉尔的热心和坚持在保持这个项目运行上起到了关键作用。

在整个登陆计划中，人们最大的顾虑就是害怕泄露秘密——不知什么情况就可能会走漏消息，到那时德国人会做好准备等待着。防止消息泄露的一个办法就是巨大的欺骗行动，这是在德黑兰和斯大林谈话时产生的想法。通过刚毅行动，盟军使得德国最高指挥部相信真正的攻击会在英吉利海峡离英格兰距离最近的一段海岸线上，即加莱海峡，而诺曼底登陆只是临时绕行。为了这个目的，在英格兰东南部成立了一支被称作“第一集团军”的伪装部队，具有仿真坦克、卡车和停靠在肯特港口的仿真舰队。一个完整的信号单元不断地发出有关训练和集结的信号，德国人可以收到这些信号。第一集团军甚至还有自己的指挥官，被人看好的巴顿将军，德国人相信这个人是最有可能指挥攻击部队的人选。为了增加欺骗的可信度，巴顿使自己尽量能被德国人看见。丘吉尔对这种行动非常喜欢并对其表示全力支持。

同时，丘吉尔和其他人都对其寄予了厚望的意大利的进展情况却慢得像蜗牛爬行一般。德国人对一个叫“古斯塔夫线”的预防位置进行了大力加固，这条线横跨中心山脉，聚焦在卡西诺山上，俯视着向北通往罗马的道路。盟军用了四个月的时间，尽他们所能想要破坏这座要塞，包括对坐落在山峰最高点的中世纪的圣本铎修道院的轰炸，还破坏了一座图书馆和有着一千多年历史的古迹。但是直到 5 月 18 日波兰军队才将俯视着周围村庄的这个山头拿下。最后北上的军队跟在安奇奥着陆的军队相遇了。他们一起向前推进，6 月 4 日马克·克拉克将军带领美国军队进入了罗马。这个精彩的消息让丘吉尔和罗斯福都高兴起来。

随着进攻法国的日期被确定为 6 月 5 日，一切事情逐渐步入正轨。士兵们经过训练都做好了战斗的准备。他们在登船地点附近的最后的集合营地听取最后的简报，然后给他们分发了弹药、晕船药和一本介绍面对法国平民时如何行动的传单。从这一刻起，任何人都不允许离开他们的基地。四千艘登陆艇和好几百辆攻击车辆，还有几十艘护卫舰都已准备完毕。成千上万的轻型和重型轰炸机在原地待命，准备发动海滩防御的闪电战。登船的过程开始了。防空工事和战斗机都进入全面警戒状态，准备攻击任何敢来干预的德国空军轰炸机。从伊普斯维奇到整个英国的南部海岸线，在布里斯托尔周围，整个英格兰南部都成了军营，士兵们整装待发。

我们前面看到过，丘吉尔急切地想乘坐 HMS 贝尔法斯特号观看霸王行动。但是他的高级指挥官们一想到首相出现在登陆海滩附近就感到害怕——不仅害怕这样给他带来的危险，还害怕在关键时刻他会出面干预。最终，国王要求丘吉尔待在英格兰，这才让他们松了一口气。

然后在登陆最后时刻天气突变。一场暴风雨在大西洋上肆虐，有人给艾森豪威尔建议说这可能会造成船运和空中支援的混乱。在 6 月 3 日到 4 日深夜召开的一次会议上，他同意将登陆推迟 24 小时。随着 200000 名士兵处于战备状态，过长的耽误是致命的。在 6 月 5 日凌晨，艾森豪威尔又一次跟他的指挥官们在朴茨茅斯附近的指挥部碰面。预料中的暴风雨还在肆虐，水平视带上雨水连成一条条线。首席气象学家斯奈格上校报告说他发现在大西洋上的坏天气中有短暂停歇的迹象。他认为这个将会持续36个小时。艾森豪威尔必须做出他生命中最重大的决定了。他转向蒙哥马利询问意见。他又询问了他的副手泰德尔和其他高级指挥官们。这位最高指挥仔细听取了他们的回答，但他知道只有自己才有权力做最后的决定。艾森豪威尔停顿了一下，然后说道："我们出发。"这时候是6月5日凌晨4点15分。进攻开始了。

对霸王行动质疑了好几个月的丘吉尔现在被争取了过来并对此表示乐观。他请参谋总部吃午饭，告诉他们说进攻很可能要成功。布鲁克在进攻前一天晚上在他的日记中草草地记录道："我对整个行动深感不安。最好的结果就是它跟大部分人的期望一样取得成功，这些人对这次行动的困难是不怎么了解的。最坏的结果就是它可能成为整个战争中一场可怕的灾难。上帝保佑它成功结束。"艾森豪威尔选择在那天晚上去视察在格林汉康芒基地的第101空军部队，他们准备乘飞机降落到敌人后方去。他的顾问们预测说他们可能遭受80%的伤亡，但他为他们的勇气和热情感到高兴。"现在请不要担心，将军，"他们其中一个说道，"我们会为你办好这件事的。"在艾森豪威尔的束腰上衣的口袋里有一封他手写的简短的辞职信，信中说如果一切出了问题，他愿意为进攻的失败负全责。

1944年6月5日晚上10点左右，载着空降部队的飞机开始起飞去执行任务。他们在一个大机群里以密集编队的形式飞过英吉利海峡。在西部，运输机飞行员在经过科唐坦半岛时遇上了猛烈的防空火力。在混战中很多飞行员都按了发出绿色光的按钮，这是跳伞的信号，因此很多美国伞兵在离他们预定降落地区好几英里的地方就跳出了运输机。一些人着陆的位置离航线太远，以至于他们在地图上找不到自己所处的位置。在东部，相对地一些英国滑翔机部队在距离目标飞马桥几码的范围内着陆了。在几分钟内，他们就控制了飞马桥和奥恩河上其他几座关键的桥梁。第一滴血被抽了出来，"最长的一天"开始了。

很快在6月6日黎明过后水陆并进的登陆行动开始了。在刀剑海滩的东头，登陆训练进行得很好。登陆坦克成功上岸，被称作"螃蟹"的扫雷坦克在士兵们来到海滩战前将雷区都清理了。最大的问题来自于交通阻塞和瓶颈，因为这么多的人和车辆在试图上岸时非常混乱。在朱诺海滩，加拿大登陆部队更加缓慢，但到傍午时分推土机坦克上岸并清理了障碍，步兵沿着海滩前进。在经过几个小时的战斗后，第一批岸边的村庄被解放了。在金色海滩上抵抗更加顽强，很多坦克被德国的反坦克枪打掉了。但扫雷坦克又一次开进雷区，筒管坦克为车辆和步兵铺平了前进的道路，他们拿下了德国的要塞。英国和加拿大总共损失了170辆进攻坦克中的32辆。霍巴特的第79武装部队总共有179人牺牲或者受伤。这些数字比预计的伤亡率要低。

在西部的奥马哈海滩，情况是完全不同的。这里一直是艰难的登陆地，海滩尽头是两百英尺高的悬崖，在厚厚的水泥仓中躲着做好准备的防御者。就在攻击开始的几天前，一个新的德国单位——第352军被派到这里来，他们比诺曼底很多其他的单位要更加强硬，更加有决心。在奥马哈，坦克必须在H－5到达海岸，也就是步兵到达他们的登陆艇的五分钟前到达。但在暴风雨后这里的大海更加难以渡过。很多浮动坦克被放置得太远，直接就沉入了海底。在一个小组里，32辆坦克中有29辆在放到水中时沉没了。当步兵涉水上岸时，他们遭遇了猛烈的机关枪和大炮的纵向射击。德国机枪手从他们很好的掩蔽巢里向海滩扫射出弧形的猛烈的炮火。第一拨人甚至还没来得及从登陆艇的移动舷梯上下来。其他人掉进了海里，他们在负重的压力下很快就溺水了。当登陆艇被地雷或者炮弹击中后，他们将海滩阻挡起来为下一拨试图从他们后面突破的人提供掩体。幸存者所能做的最好的事情就是掩藏在铁质的海滩障碍物后面或者躲在海底。但是冒着猛烈的炮火经过海滩似乎是不可能的。死伤人数达到了惊人的数量。第一波士兵几乎全军覆没。在美国海军奥古斯塔号上眼睁睁看着大屠杀在眼前进行，奥马·布拉德利将军和他的指挥官们设法将眼前的这一切拼凑起来并考虑放弃登陆。海军驱逐舰尽可能地接近海滩，在大约八百码的距离直接向德国炮位开火。然后在接近中午时，陆军准将诺曼·科塔——充满活力的第29军副指挥官，表现出极大的英雄气概，他带领一组士兵沿着一个小峡谷向上到了海滩上方的悬崖边。在这里，他们慢慢地能够扇形展开，一个一个地攻击了德国人的炮位。在下午早些时候，美国步兵的决心取得了成功。他们制服了德国人的堡垒，清理了海滩的出口。但到那时候在奥马哈海滩上已经死伤了3000人。

相反地在最西部的犹他海滩上，登陆进展得极其顺利。水流承载着登陆艇到达离他们计划好的登陆区域一英里多的地方，但是美国第四军攻击的海滩防御薄弱，因此大部分武装都顺利地上了岸。让人惊奇的是，在登陆日这里的伤亡要比他们在德文郡的斯拉普顿沙滩进行的最后一次训练中的伤亡少得多。

总体来说登陆行动是一个辉煌的胜利。到那天结束时，有177000名士兵和他们的装备都运到了岸上。一些单位向内陆推进了5英里。盟军空军出动了14600架次的飞机。德国空军一整天几乎没有露面。U型潜艇在海峡的任何地方都没有接近过庞大的海军舰队。在没有预计到盟军会在暴风雨中发动进攻的情况下，隆美尔返回到德国，当登陆进行时他不在。其他军官在雷恩进行训练。隆美尔当天晚些时候匆匆赶了回来，但只有希特勒才能命令核心的装甲师预备队来进行部署行动。他相信诺曼底只是一个小事件，真正的登陆行动接下来会在加莱地区进行。刚毅行动取得了成功。因此在刚开始最关键的几小时里，德国装甲师预备队在待命，没有干涉。

6月6日早上丘吉尔在他的地图资料室里追踪着事态的发展。那天晚些时候他向挤满了人的下议院做了演讲。他向“经过精巧地修正的英国武装”表示由衷的敬意。他说：

“毫无疑问这次庞大的行动是最复杂最困难的。任何设备、科技或者预见都无能为力的事情都被忽略了，指挥官和美国及英国政府都怀有极大的决心打开这个伟大新战线。”

他发了一份消息给斯大林，告诉他进攻取得的初步成功。斯大林在回答中由衷地称赞了攻击“雄伟的规模”。按照德黑兰协议，6月10日红军在列宁格勒战线上发起了大型的夏季反击行动。

丘吉尔依然渴望能到诺曼底去亲眼看一下桥头堡。他问蒙蒂他是否可以去参观一下，他说：“我们不想成为你或者你们指挥部的负担，我们会带一些三明治去的。”6月12日丘吉尔乘驱逐舰渡过了海峡。陪同他的布鲁克写道：“我们不断地经过登陆艇护送舰、扫雷艇、被拖开的浮动防波堤的部件以及浮动码头的部件等。头顶上不断地有飞向法国的或者从法国飞回来的飞机。”他们被一辆水陆两用军车带到了岸上。他们下车来到海滩时被拍了照、录了像。布鲁克在1940年灾难般的战败后离开法国，现在时隔四年他又回到这个地方，他感慨万分。蒙蒂接见了他们，将一行人带到内陆5英里的他的指挥部，在那里向他们解释了他的部署和计划。然后他们在一个帐篷的地上用过了午餐。丘吉尔问敌人离他们有多远。蒙蒂告诉他说有3英里远，没有连续的分界线。丘吉尔问道：“如果德国军队入侵打断我们吃午饭，有什么可以阻挡他们吗?”蒙蒂回答说他认为他们不会来。丘吉尔和布鲁克在进攻海滩上下乘船游览了一番，并观看了LCT（坦克登陆艇）在“非常短的时间里”将坦克和卡车卸下放到岸上。最后他们亲眼目睹了在内陆大约20英里位置上的两艘英国战舰发动的轰炸。丘吉尔从未到过一艘正在猛烈射击的皇家海军战舰上去，因此他要求他乘坐的驱逐舰的舰长也进行一次齐射。舰长这样做了，敌人没有做出还击，让丘吉尔很失望。

当天晚上丘吉尔和他的同行人员回到朴茨茅斯，他们看到了桑树港口一些大部件被组装到一起。当港口最终被建好时，用巨大的水泥潜水箱和沉船保护起来，还有它浮动的码头和几英里长的车行道，这个英国人造的港口被恰当地称作“温斯顿港口”。虽然在暴风雨中遭受到严重的损伤，但它依然在五个月的时间里不间断地运输了成百万的士兵、数万辆坦克和其他的车辆还有几十万吨的物资，直到盟军进入荷兰。在阿罗忙什的海滩上现在还能看见巨大的水泥障碍物的残余，一个非凡的战争工程上的壮举的遗留物。

在丘吉尔从进攻海滩参观完回到伦敦的第二天，一种神秘的新型炸弹在伦敦东部的贝斯纳尔格林街上爆炸了。炸死六个人，还有九人被炸伤。希特勒威胁说要对英国使用恐怖武器有一段时间了。德国科技的发展已经赶在了英国的前面。一场向伦敦投掷成百上千的飞弹和弹道导弹的战争开始了。希特勒还没有被打败。

第十章　胜利与失败

1942 年 5 月 15 日，一架空中侦察喷火式战斗机在波罗的海上空飞得又快又高。在经过森林覆盖的乌瑟多姆岛北部时，飞行员注意到在看起来像飞机场的周围有一大片新建筑。他拿出相机拍摄了地面上的一系列照片。当这些照片被送到位于白金汉郡曼德蒙汉的一座乡间房屋的空中影像判读中心时，照片判读员试图对照片上的情形进行解释。曼德蒙汉将布莱池利公园需要解密的东西从空中拍摄下来。一组不太可能组合到一起的人被召集到一起，有专业技术人员、科学家、考古学家和空军人员，他们对欧洲占领区发生的一切进行详细的分析。通过不断地将新照片与以前的照片进行比较，他们能够标注在欧洲每一个新的工厂的建造或者扩大、每一条新修的公路或者铁路以及每一个新的炮位。但在波罗的海岸线上拍摄到的照片中的奇怪形状包括圆形的堤坝让判读员惊愕不已。因此英国决定对这个叫佩纳明德的地方的一举一动进行密切注视。

好几个月之后才有有关在佩纳明德研制的远程火箭的报告送到英国情报部门来。在奥斯陆报告中，即在 1939 年 11 月被放在奥斯陆英国总领事馆窗台上的文件中，曾经提及有关火箭技术的进展。现在这突然看起来似乎比以往更加具有威胁并更加真实。1943 年 4 月，联合情报委员会和联合参谋部认为应该让丘吉尔知晓这些情报报告。丘吉尔同意成立一个调查组对威胁进行调查和评估。他自己的女婿——武器研制专家邓肯·桑兹被安排负责这次代号为“石弩行动”的调查。

桑兹和他的团队视察了曼德蒙汉并对空中照片进行了研究，认真阅读了情报报告，这些报告有的是来自于波兰反抗组织的。但其中似乎没有一份有意义的报告，因此有关德国科学家到底准备干什么的争论很激烈。然后在6月底，一架蚊式摄像飞机又一次在高空飞过佩纳明德。那天天气晴朗，阳光灿烂，当照片洗出来时他们似乎揭开了谜底。蚊式飞机设法拍摄到了两枚火箭跟一个塔状的物体一起被放在运输车上。通过对影子的测量以及得知照片拍摄的具准确时间，判读员计算出了火箭有38英尺长，他们正在一个发射场内被组装。

6月29日晚上，丘吉尔主持了一次内阁防御委员会的高级会议。桑兹和他的团队报告说他们害怕德国人正在建造一种远程导弹。布鲁克将军也出席了会议，他在日记中写道："得出的结论是确实有威胁存在。"然而，同样也列席的彻韦尔爵士却对此提出了疑问。他激烈地反驳说任何一种液体燃料都可能被制成推进燃料，他说没有火箭可能被制造得具有足够的载荷力来造成严重的损害。他的这两个观点都被证明是完全错误的。他争论说德国人可能在制造一种喷气式推进的无人驾驶的炸弹。这一点上他被证明是对的。伦敦的科学家肯定不知道的是德国人在佩纳明德正在试验研制两种新型的炸弹。第一种是由出色的德国火箭科学家维尔纳·冯·布劳恩领头的一个小组制成的，名叫A－4弹道导弹，这种火箭能载荷一吨的炸药，它的飞行距离是90到130英里，速度为每小时2000英里。好几枚这种导弹已经被成功发射了。同时负责研究工作站的德国军队的多恩伯格将军为德国空军研制了一种巡航导弹的原型，这种导弹从一个一百英尺长的斜坡上发射出去。

有一段时间英国研究团队会对德国人同时研究的这两种不同的技术感到迷惑。对佩纳明德发生的事情在英国科学家之间意见分歧很大，很快彻韦尔就开始对桑兹进行尖锐的个人批判，这是他的一贯做法。但在6月29日举行的一次核心会议上，丘吉尔对桑兹表示支持，并下令对佩纳明德进行大轰炸，并对伦敦130英里以内的所有法国北部地区的范围进行监视，以期发现这些秘密武器的发射场。与会人员都同意伦敦是最有可能的目标，他们制定了最高机密级别的大撤退计划，即如果有恐怖武器使用的话，让孩子和孕妇先行撤退。当时一定看上去是关乎英国存亡的大西洋上U型潜艇的威胁被打破之后，另外一个也许更加致命的威胁又出现了。

6月份，希特勒亲自视察了佩纳明德，检查了实验火箭研制的进展情况。他对自己所看到的感到高兴。他相信这些新式武器的使用会转变战争的进程，他告诉自己的军事首脑们说伦敦将会被荡平，英国会被迫投降。开始攻击的日期定在1943年10月20日。希特勒说袭击中将会使用数十万的导弹。

在伦敦有关威胁规模问题的争论还在继续，各种意见分歧普遍存在着。实施国家保安措施的人相信弹头会包含10吨或者20吨的烈性炸药，他们害怕对首都造成灾难般的破坏。彻韦尔继续争辩说这种规模的东西在技术上是不可能产生的。彻韦尔后来写道："看起来在这个自推进武器发起的攻击到底会造成毁灭性的后果还是相对不严重的问题上，两个主角偶尔会出现意见的分歧。"

8月17日夜晚，571架重型轰炸机袭击了佩纳明德。这次轰炸造成了大范围的破坏。有七百多名科学家和工人被炸死，包括多恩伯格的副手，A－4火箭引擎的设计者。有四十架轰炸机被敌军的战斗机击落。这是一次惨重的损失，但是德国的研究在关键时刻被耽搁了好几个月。另外，德国人现在决定重新找一个地方来进行这个科研工作。有一部分工作被转移到了哈尔茨山的地下工厂中进行。A－4的工作被重新安排在波兰的布利兹纳附近的党卫队炮兵营。但第一次被用来攻击英国的是飞弹，即巡航导弹的原形。

在来自于法国抵抗组织的报告的协助下，科学家们推断出这些新型的飞弹的发射场是什么样子的。每个发射场都包含三座建筑物，第一座有260英尺长，10英尺宽。德国工程师在这里建造发射导弹的斜坡。其他两座建筑物稍微小一点，经常占据着与第一个细长的建筑物相同的相对位置。在这两座建筑物里面进行导弹的组装、装弹药以及燃料添加工作。在对法国北部海岸上空中摄像的照片进行搜寻之后，几十个有可能的这种发射场被轰炸破坏了。这些行动都更加延迟了飞弹反击行动的开始。第一次袭击是在盟军登陆日的一周后，即1944年6月13日，这也是在希特勒说将会发射导弹的近八个月之后。纳粹德国宣传部长戈培尔将这些导弹命名为"Vergeltungswaffe"——字面意思是为英国袭击而造的"报复"或者"报复性武器"。飞弹在英国被称为"V－1"，其中"V"代表"报复"之意。艾森豪威尔后来写道："如果德国人在六个月前就像希特勒所计划的那样开始V－1行动的话，那么他们会对盟军登陆造成大破坏。"他甚至还说："霸王行动有可能被报废。"

情况就是这样，伦敦人现在经历着第二次闪电袭击。在接下来的五个星期里有三百枚V－1导弹被投掷到首都。在这些飞弹的袭击下过日子是一种恐怖的经历。伦敦人听到它们飞过时引擎的轰鸣声，因此它们有一个普遍流传的名字叫"嗡嗡作响的炸弹"以及"飞机式导弹"。然后引擎将会切断，在几秒钟内一切都归于寂静。再后来炸弹会撞击地面，发出巨大的爆炸声。留有悬念是很可怕的。飞弹可能会在白天或者晚上到来，不论天气如何。它们是没有人情味的、不加选择的杀手，让人感到绝望，因为没有什么可以自我防御的措施，除非有足够的时间让他们可以跑到避难所去。

刚开始看起来似乎一旦飞弹被发射出来，就没有什么抵御方法。因为它速度快而且尺寸较小，在空中很难将其击落。如果一架拦截战斗机能飞到足够近的射击距离，它可能会被接下来的大爆炸摧毁。像喷火式战斗机和暴风雨号这样的皇家空军最快的战斗机，卸下装备来增加每小时几英里的速度的话，他们刚好可以在英吉利海峡上空追上喷气式推进的飞弹，然后偶尔有一位英勇的飞行员可以靠得足够近并用他飞机的机翼撞一下飞弹，以便能让其偏离轨迹并坠入海里。更有效的是使用一种新型的被称为“SCR－584”的雷达，这是被辐射实验室的科学家们研制成的，这个实验室是美国麻省理工学院的一个特别单位。这个系统可以追踪一枚飞弹，绕开手动发射的机枪自动发射防空炮弹。丘吉尔亲自干预将这种系统从美国大量地用船运过来。将 SCR－584 跟新的当防空炮弹接近飞弹时就点燃的近炸信管结合起来，这是袭击 V－1 导弹的最有效的方式。另外一种巧妙的能减轻其威力的方式是让德国人知道很多炸弹都越过了伦敦这个目标并降落到城市的北边。这个假情报导致德国人重新设定 V－1 的控制系统，让其能早一点落地爆炸。这意味着成百上千的飞弹毫无杀伤力地落在苏塞克斯或者肯特的地面上而未落在伦敦。

到 8 月底，只有七分之一的飞弹命中伦敦。在总共 8500 枚投向伦敦的炸弹中，有 2400 枚落在了东南部的某些地方。到 9 月份，随着前进的军队占领了法国北部的大部分发射场，V－1 的威胁几乎要告终了。然而在 V－1 型飞弹反击中有 24000 名老百姓被炸死或者严重炸伤，有 750000 座家园被毁。

然而，就在第一轮的威胁消失时，第二轮的 V 型武器开始投掷到伦敦。这些火箭推进式导弹通过酒精和液态氧的燃烧而被发射出来。在回转仪控制下，它们飞到大约 50 英里的高度后再以一个大抛物线的形式落到地面上。它的射程大约有 200 英里，整个行程花费大约三到四分钟。它们一吨重的弹头跟装配在 V－1 导弹上的几乎一样。在 1944 年 7 月 20 日希特勒让希姆莱和党卫队负责他所有的特别武器计划。党卫队匆匆忙忙地完成火箭的准备工作，第一枚于 9 月 8 日晚上落在伦敦西部的戚斯域区。除了摧毁它的发射场之外，对这个被称作“V－2”的悄无声息的致命武器完全没有其他任何的防御措施。当盟军在法国和比利时前进时，大部分的发射台被转移到了波兰，很多转移到了海牙附近。德国人认为盟军不会轰炸荷兰首都。但是英国和美国轰炸机不断地对已知的发射场和导弹生产中心进行骚扰。这导致导弹的生产数量从预计中的每个月九百枚减少到一半。总共有超过 1300 枚 V－2 型火箭被发射到英国，比这稍多的被发射到比利时，大部分都落在被盟军占领的安特卫普的巨大港口。有大约 500 枚在伦敦爆炸，超过 9000 名老百姓被炸死或者炸成重伤。直到 1945 年 3 月最后的发射场被占领之后，V－2 的威胁才算最终被消除。

在战后当德国军需品大臣艾伯特·斯皮尔说这是对资源的巨大浪费时，有关 V 型武器的有效性问题的争议变得激烈起来。斯皮尔认为如果所有的花在制造飞弹和火箭生产上的专门技术和材料被用来研制更多的战斗机的话，那么对德国进行的轰炸反击有可能被打败。在这种意义上，希特勒妄想用他认为能赢得战争的秘密武器对付同盟军是一种碰运气的作法。但这种新式的火箭推进导弹技术显然是将要发生的事情的前兆，在战争接近尾声时美国和苏联竞相取得尽可能多的德国火箭技术。美国发动了“纸夹”行动，在此行动中他们将很多德国科学家集中起来。维尔纳·冯·布劳恩和他的团队想向美国投降而不是俄国。在纸夹行动中，他们被带到新墨西哥的白砂，这是美国火箭研究中心所在地。在接下来的几十年里，冯·布劳恩和他出色的工程师们在美国的太空项目中发挥了核心作用。在第一枚弹道导弹从佩纳明德被发射的 27 年后，阿波罗 11 号的宇航员在月球上行走。

在战争的最后阶段，当美国和苏联在欧洲打败希特勒、在太平洋上打败日本发挥了重要作用时，丘吉尔的地位明显变低了。但他跟自己的军事指挥官们在如何最好地使用他们所拥有的资源的问题上还存在着重大的分歧。最大的分歧存在于英国武装军队在远东的部署计划上。丘吉尔跟他的参谋部争论的核心在于如何能最好地打败日本的两种方式上。丘吉尔想将英国努力的核心放在印度洋上，针对苏门答腊以及再往东向马来半岛和新加坡执行两重行动。参谋总部想把英国有限的战争努力放在太平洋上，跟美国人排在一起。他们对此进行了有力的争辩，显示了如果皇家海军的船只、皇家空军的飞机和英国军队的士兵能在澳大利亚集结，然后跟美国主力部队向太平洋西南部推进并最终对付日本人的话，胜利便指日可待。丘吉尔跟战时内阁秉持着政治的观点，认为如果英国军队能将 1941 年和 1942 年失去的领土解放的话，英国的利益将得到最好的保障。这将会帮助重建英国在这些地区的势力并恢复到战前的状况。参谋总部对如何最好地打击日本有一种更加实用主义的观点，他们意识到在这个美国主导的舞台上英国处于从属地位。丘吉尔对维持英国在印度的力量和声望比对在他几乎没有听过的地方推进更感兴趣，在他的一生中经常如此。

争论在1944年3月也就是霸王行动的三个月前到达了顶峰。布鲁克在他的日记中描述了跟丘吉尔举行的几次艰难而激烈的会议。在一次这样的会议后他写道："现在我对他有了更好的了解，向安特卫普和达达尼尔那样的插曲不再困扰我。但同时我经常怀疑我要疯了或者他是否的确是心智健全的。"在几天后他写到了跟丘吉尔"激烈的讨论"以及"孤注一掷的会议"。很明显他到了忍耐的极限。有意思的是那天以后丘吉尔请布鲁克吃饭。CIGS的人都认为他会因自己直言不讳的反对而被解雇。然而相反的是，丘吉尔表现得很有魅力，明显想要弥补一些"那天那些艰苦的时期"。但两个人之间的分歧很大，不会消失。在一次参谋总部的会议之后，所有的秘书和会议记录人员都被要求离开会议室，英国战争机器的领导人秘密地讨论了集体辞职的可能性。布鲁克又写道："我对首相的处境感到震惊。他已经失去了所有的平衡，现在处在非常危险的气氛中。"伊思梅将军一方面是丘吉尔和他的战时内阁的关键人物，另一方面也是丘吉尔和他的参谋总部的关键人物，他觉得自己有责任向首相写信告知意见的分歧非常大，以至于他们在讨论集体辞职的问题。伊思梅毫无疑问地认为："任何时候都不应出现的这种决裂，在当前这个即将登陆的时刻简直就是是灾难。"

这场争论现在看起来似乎很神秘，很难想象为什么能激起这么强烈的激情。毫无疑问部分是因为丘吉尔和他的参谋总部筋疲力尽的状态和压力。意大利战争进展很不顺利，登陆日的临近让这个时间成为战争中决定性的一刻。当然当时没人知道在欧洲战争结束后，太平洋战争会这么快就结束。人们普遍认为跟日本的冲突至少会持续到1946年夏天，影响战争的战略决策是至关重要的。但现在很难对争论的任何一方产生同情。丘吉尔、他的内阁和英国外交部都没有发觉在东南亚发生的巨变，在那里有日本成功后发起的强大的反殖民主义的运动。重振英国在那个地区战前的威信纯粹就是神话。现在看起来在苏门答腊着陆的想法似乎有点荒谬。另外一方面士兵的天职就是服从他的政治长官的命令，布鲁克固执的敌意似乎有点不合时宜。甚至连他的支持者在这场争论中也没有替他辩护。

丘吉尔做了他在危机时刻常做的事情——向罗斯福寻求帮助，后者要他将力量集中在印度洋上。在中途岛和珊瑚海战役之后，美国海军已经取得了太平洋大面积海域的制海权，在这一年晚些时候它会在菲律宾的莱特岛海湾战役中取得对日本帝国的一次决定性胜利。丘吉尔感觉总统的意见巩固了自己的观点，他写了一份报告要求参谋总部批准，在报告中他概括了自己在未来太平洋战略问题上的观点。布鲁克写道："我们不能接受它当中的观点，与其让我们接受他的解决办法，还不如让我们三个人都辞职。"在美国联合参谋部宣布当年在东南亚地区没有执行双重行动的计划时，这场危机才得以缓和。丘吉尔宏伟的苏门答腊计划和参谋总部的亲美战略都是多余的。威廉·斯利姆将军继续取得了对日本在缅甸着陆的部队的一次重大胜利，因此到太平洋问题进入下一个阶段时，它的情况将会完全不同。

这次危机标志着丘吉尔跟布鲁克以及参谋总部的关系最紧张的时刻。丘吉尔被无休无止的战争搞得完全筋疲力尽了。一次会议后布鲁克写道："他不断地打着哈欠，说自己感觉非常累。"另一次会议后他写道："首相年纪大了，很疲惫，因此不能真正了解事件的真相。看到他逐渐衰老是一种让人沮丧的情形。我想知道他能坚持多久，恐怕坚持不到战争结束的时候。"

但丘吉尔的确恢复了他的力量和精神，跟他以前一样。仅仅在一个月后，在首相别墅吃完饭后，他将布鲁克叫到身边告诉他自己是多么器重他。布鲁克后来回忆道：

"考虑到最近我跟温斯顿经历的艰难的时刻，我对他对我做出这样的评价非常感激。他是一个出色的混合体，他能将你逼到完全绝望的境地，这种绝望的境地会持续好几个星期，然后他会让你跟他在一起单独待上好几个小时，他会展现最温暖最迷人的个性。所有持续的紧张都暂时地得到放松。离开他时你会有一种感觉：你会尽你所能帮助他分担他肩膀上的重担。"

丘吉尔知道在战争的这个关键时刻他不能逼得他的军事首脑们辞职。一次残酷的对抗被避免了，他的魅力再一次发挥了作用。

在诺曼底成功登陆的部队和军需物资对丘吉尔和他的参谋总部是极大的鼓励。战争中最复杂最有野心的一次行动取得了成功，尽管6月中旬下着大暴雨，阿罗芒什的温斯顿港口依然被作为浮动港，迎接着大批的人员和大量的物资供应。但登陆的好消息之后紧接着就是美军未能按期望的那样扩建桥头堡的坏消息。蒙蒂的军队直到7月的第二周才拿下离内陆只有10英里的法国城市卡昂。蒙蒂声明他的策略是将德国的武力吸引到东边的卡昂周围，以便让美国人能够在西部突破。在缓慢的开始之后，德国人向这个前线派遣了重型增援部队，包括两个从东线调来的训练有素的党卫队装甲师，他们不断地试图劈开桥头堡将同盟军重新赶到海里。双方都不愿意做出丝毫的让步。在诺曼底随处可见的高大浓密的灌木篱墙成为防御者最理想的位置。到6月底时有一百万士兵在面对面地激战着。蒙蒂试图在一次代号为“爱普索姆”的突袭中让他的步兵有所突破，然后是他的装甲部队在代号为“古德伍德”的行动中取得突破。但每一次尝试都招致德国人更加强硬的防御反抗。到7月中旬，总共有八个装甲师，其中六个师是党卫队的精英部队跟蒙蒂的英国和加拿大联合军队在卡昂周围对峙着。很明显德国人的坦克，尤其是庞大的60吨重的虎式坦克要比同盟军的武装力量强大得多。德国的大炮，尤其是被用来做反坦克武器的特别让人恐惧的88毫米的炮比同盟军兵工厂中生产的任何一种炮的威力都强。

在这种情况下，也许人们期望看到丘吉尔对反击的迟缓发泄自己的不满，就像先前在战争中他对彻韦尔和奥金莱克所做的那样，通过要求行动以及用命令和摘要让他的指挥官们烦恼不已。但布鲁克设法让丘吉尔疏远蒙蒂，让蒙蒂在没有首相干预妨碍的情况下执行自己的行动计划。毫无疑问丘吉尔也能敏锐地意识到蒙蒂在公众中的名望处于与他以前的将军们完全不同的层次上。不幸的是未能有所突破，艾森豪威尔对蒙蒂未能取得进展非常不满。从这时候起两个指挥官之间的关系就开始紧张起来了，并一直持续到战后为名声而战的时候。

当7月的最后一个星期最终取得突破的时候，由布拉德利将军指挥的美国第一军在眼镜蛇行动中起了带头作用。在一次大型空中轰炸之后，美国第七军团在圣路易斯附近发起了一次突袭。蒙蒂将德军牵制住的策略是值得的，因为还有十四个德军师聚集在卡昂周围，只有十一支被削弱的部队留在西部跟美国的十五支军队对峙。德国阵线一崩溃，美国的谢尔曼坦克就奉命进入，他们的士兵开始加速解放一个又一个的城市。在8月1日美国军队在诺曼底进行了重新编组，布拉德利让巴顿将军领导新组建的第三军。以好战精神而闻名的巴顿在突破加速时带来了新的活力。朋托邦一座桥被完整地拿下，巴顿的部下快速地过了桥，呈扇形展开进入布列塔尼。他们有些人在四天时间里前进了50英里。希特勒命令他的指挥官们寸步不让，就像他在斯大林格勒所做的那样，并替换了一些高级将军。在诺曼底阻挡盟军前进时做了大量工作的隆美尔，在皇家空军袭击他的指挥车时被严重炸伤，他的生涯结束了。由于燃料和弹药的不足而受到限制，不断地受到空中的骚扰，德军还被阻止无法进行战术撤退以重振力量。德国军队依然在负隅顽抗。尤其坚忍不拔的是狂热的党卫队装甲掷弹兵，在他们得知德国元首不成功的轰炸消息后，他们对元首的支持反而更加坚定。但不管意志力有多坚定，没有军队能够在德军现在面临的极端不利的情况下反败为胜。他们损失掉的每一辆坦克都是永久性的损失。同盟军方面，每损失一辆坦克就在几天之内被两到三辆所替代。

在躲过针对自己的阴谋后，希特勒对自己所有的军队指挥官产生了怀疑，他命令替代隆美尔的冯·克卢格将军进行反击。将军只能通过极不情愿地把自己的队伍向西拉近来执行命令。这次反击无可避免地以失败告终，随着巴顿的坦克快速向东朝着卢瓦尔河和塞纳河进发，冯·克卢格的部队处于盟军包围圈的纵深处。然后加拿大的部队取得突破后向东进发，而巴顿转向北。德国军队的残余力量被包围了。有些人从法莱斯尚未封闭的缺口逃脱了，但是大批希特勒的西部集团军被剿灭了。就像敦刻尔克的英国军队一样，德国人不得不放弃他们很多的重型装备。一万名德国士兵被杀，一万五千人被俘，有超过两千的装甲师的装备损失掉了，二十七支部队不复存在。冯·克卢格给希特勒写了个便条说已经战败，然后知道自己会因战败而受到指责，他自杀了。在法莱斯战败后的第四天，即 8 月 25 日，巴黎的德国守备军投降。这是盟军大捷的最高潮。

丘吉尔的典型做法就是抓住每个机会去视察战场。7 月和 8 月份他在诺曼底待了一段时间，听到突破的消息后他急切地亲自观察了战争场景。他对美国人对蒙蒂表现出的敌意很重视。当时，关于现在被称作“龙骑兵行动”的在法国南部登陆的问题还存在争议，丘吉尔不想把正在意大利北部前进的军队派去执行一个他认为完全没有必要的行动。按照计划在意大利的亚历山大领导下的第五军团的二十五万名士兵中，将有大约十万名将会被抽调去执行龙骑兵行动。丘吉尔知道将部队转移到科特达祖尔去将会放慢在意大利前进的部队，他们原本计划通过阿尔卑斯山脉并向维也纳进发。这次他的参谋总部完全同意他的观点。丘吉尔恳求罗斯福取消这次行动。罗斯福总统又拒绝了丘吉尔的请求而支持他的联合参谋部，他们对登陆还抱有坚定的信念。8 月 5 日，丘吉尔花了六个多小时的时间待在朴茨茅斯的艾森豪威尔的指挥部里，试图说服他取消这次行动。艾森豪威尔的侍从参谋哈利·布彻尔船长回忆：艾森豪威尔说“不行”，整个下午都持续说“不行”，最后以他所掌握的英语语言的各种形式的“不行”结束了谈话。

六天以后，丘吉尔飞往意大利亲自去视察那里的情形。他会见了铁托元帅，他是南斯拉夫游击队的领导人，他们在 SOE 的支持下，对德国侵略军保持了一种史诗般伟大的斗争。丘吉尔发现铁托是一个好奇心极强且令人印象深刻的人物，铁托说他不希望南斯拉夫未来采取共产主义，丘吉尔对此很高兴。他在英国驱逐舰英舰金伯利号上看了海岸轰击。对丘吉尔而言这次事件是他早就预料到的一次大急转，他注释道："炸弹既没有落在接近的小型舰队上，也没有落在海滩上"。他回来的路上一路平安，因此他向船长借了一本小说坐下来看。他写信给克莱门说这本书是他这几年里看过的最好的书之一。丘吉尔继续前往那不勒斯，在那里的海岸上他跟几个游泳探险队一起对意大利的未来进行了探讨。地中海的阳光和游泳让他重获活力。他休整后回到伦敦时，健康状况良好。

诺曼底的胜利使得战争中又一次出现了一个问题：下一步干什么？盟军如何继续他们的东进？这是他们所希望的战争的最后一次行动。关于这一点有两种观点。蒙哥马利想用四十支军队单向推进通过阿登，进入鲁尔并通过德国北部的平原挺进柏林。他想亲自指挥这次行动，想作为一名在欧洲赢得战争的盟军将军而被载入史册。但另一方面艾森豪威尔喜欢对德国进行更广的、双向的突击，由蒙蒂将其队伍向北推进，而一支东部的美国军队在阿登地区前进，沿着萨尔河进入德国。这两位已经相处得不太好的指挥官之间的纷争在接下来的几周里变得激烈起来。蒙蒂不喜欢被否决。但是艾森豪威尔处在指挥的位置上而且美国人在发号施令。他们不能让一个英国将军在这么一个关键的行动中指挥美国军队。丘吉尔和他的参谋总部都对艾森豪威尔的任意妄为无可奈何。

9月份，蒙蒂发起了他自己的非常具有想象力的代号为"商品菜园行动"的突进。他打算用一系列的空投来拿下荷兰通往莱茵河的一系列的关键桥梁。然后一支救济队伍将会加速在全国将所有拿下的桥梁连接起来，推进盟军进入德国。所有剩下的V－2发射场都将被占领，新的港口将会对盟军开放来支援前进的军队。这是一个快速终结战争的极具野心的尝试。计划的大部分都出色地完成了。美国伞兵占领了艾恩德霍温、格拉夫以及奈美根的桥梁。不幸的是，在阿纳姆地区英国第一空军将要夺取的最后一架桥附近，德国人在那里为从战线上撤下来的两支党卫队装甲师部队设立了休养营地。空中摄影侦察发现这些精锐的德国部队就在附近，但英国指挥官拒绝调整他们的计划。被称作"红色魔鬼"的英国伞兵在约翰·佛罗斯特领导下，对桥梁进行了英勇的保卫战。但陆地部队未能够着他们，这导致蒙蒂勇敢计划的崩溃。阿纳姆的桥梁现在被人们记为"太远的桥梁"。随着这次的失败，所有希望快速打进德国去并在圣诞节前结束战争的希望都破灭了。

9月份，丘吉尔和他的参谋们又一次飞往魁北克去跟罗斯福以及联合作战参谋们会面，这次代号为“八角形”的会议是战争中英美之间的最后一次峰会。此时丘吉尔的注意力大部分都没有集中在结束战争上，因为其结果是预料中的，他的注意力集中在战后的世界格局以及他对占主导地位的俄国的恐惧。当红军越过苏联的边境向西挺进时，关于谁应该接管解放区的问题出现了。使这个问题变得尖锐起来的第一个事件发生在波兰。在八角形会议之前的一个月里，当红军接近华沙时，波兰抵抗组织奋起反抗德国的占领。他们意图推翻德国的统治，成立一个由流亡在伦敦的领导集体领导下的独立的波兰人的政府来取代它。德国人通过对起义的残酷镇压来回应，当时红军在离华沙只有几英里的维斯瓦河上停了下来，斯大林命令他的士兵不要干预镇压。他想要在波兰国家解放委员会中的支持共产主义的人来进行统治，因此他看到支持伦敦民主主义的波兰人被大屠杀时感到很高兴。丘吉尔和内阁，还有很多西方的公众舆论对斯大林拒绝帮助波兰起义军的做法感到愤怒。毕竟英国在 1939 年为保卫波兰而进入战争，丘吉尔对这个国家有特别的责任感。他呼吁斯大林对此进行干预。苏联领导人回答说这是不可能的，因为他的军队需要时间重组。英美军队都无力对起义军施以援手，因为华沙太远，无法进行直接的军事干涉。所能做的就是让盟国空军通过空投供给物资来支援起义军。但是飞往华沙的供给飞机都无法直接返航，因此他们不得不在一个苏联机场着陆，添加燃料后再返航。斯大林完全禁止这样的行为。丘吉尔愤怒了，整个战时内阁都义愤填膺地声讨斯大林，但他依然无动于衷。六十三天的时间里，波兰抵抗组织仅仅使用步枪和轻武器来阻挡德国人的武装进攻。最终有二十万名波兰人被纳粹暴力地屠杀。

对丘吉尔而言，这次事件敲响了警钟，战后的欧洲有可能被划分为东西两个部分。在魁北克，很明显罗斯福对此并没有那么关心。两位领导人跟联合作战参谋们一起讨论并通过了下一阶段战争的细节问题。在欧洲，艾森豪威尔的双向推进德国的计划被采纳了。在意大利，美国人对通过阿尔卑斯山脉挺进东欧的计划没有表示反对。丘吉尔谈到了他的解放维也纳的计划。在运动地区，丘吉尔想向美国保证英国会在打败日本的问题上起到关键的作用。他又一次想到了战后的时期，他想让英国赢得重拾被日本占领的这些地区的权利。他不想让这些地区被一张和约返还回去，他想通过武力将它们重新赢回来。然而美国人对英国在太平洋上的帝国意图深表怀疑。美国军事首脑想看见缅甸被重新夺回，因为这对援助中国是至关重要的。但一向对英国不怎么友好的海军上将竟然将太平洋上的海战看作是完全是美国人的事情。最后，总统否决了他自己的海军并同意皇家海军可以为战败日本贡献自己的力量。但马歇尔将军指出美国现在拥有足够的重型轰炸机来对日本进行轰炸。看起来似乎一旦德国战败，皇家海军在远东地区的角色将会被限制到在缅甸和印度洋上行动。据估计在打败德国之后对日本的战争还要持续一年半的时间。

在八角形会议上，丘吉尔与罗斯福的关系比起战争的早期冷淡了很多。他的朋友和信使哈利·霍普金斯自从1941年以来为巩固英美关系做了很多努力，他跟总统闹翻了因此没有出席魁北克会议。在峰会后丘吉尔跟罗斯福在他海德公园的家里待了几天后返回英国。

在八角形会议上对接下来的六到十二个月的战争策略进行了规划，因此丘吉尔作为一个战争领导实际上没有什么可做的。现在轮到将军们在西方打败希特勒，然后继续在太平洋上向日本进发。但丘吉尔对苏联力量的增强更加关心，因为红军看起来下决心要解放更多的东欧国家。因此在10月份他决定对在莫斯科的“乔大叔”进行又一次访问。罗斯福面临着11月份的选举，无法同行，但他对丘吉尔的这次出访表示赞同。

10月9日，丘吉尔到达了莫斯科，那天晚上他跟斯大林举行了第一场会晤。外交部秘书长安东尼·伊登跟他同行。苏联外交部长莫洛托夫陪伴着斯大林。除了两名翻译之外，只有这四个人深夜在克里姆林宫会面。他们谈到了波兰和希腊，丘吉尔明确表示他想要避免欧洲国家之间在战后因在对谁应该当权的问题上产生分歧而发生内战。这次谈话很直白并且进展顺利，因此他感觉这次公开的会议是做交易的好时机，丘吉尔建议两位领导人设法解决他们在巴尔干半岛的问题。他说他有一份“不妥的文件”。丘吉尔提议一个简单的利益范围的划分方法：罗马尼亚有90%归苏联所有，10%归英国；希腊有90%归英美所有，10%归苏联；南斯拉夫和匈牙利双方各占50%；保加利亚的75%归苏联所有，25%归英美。在这个被翻译的时候，丘吉尔将其写在了一张纸上。这里有短暂的停顿。然后斯大林拿过一支蓝色的铅笔并在一张纸上做了一个大大的标记。接着是长久的沉默。然后丘吉尔说：“如果看起来我们似乎已经对这些事情做了处理，难道这个提议不会被想得过于悲观吗？以这样毫无准备的方式对成百万人来说是宿命？让我们把这张纸烧掉吧。”斯大林答道：“不，你把它保存了吧。”

丘吉尔对这次交流感到高兴，虽然这引起了伊登和莫洛托夫之间很大的争议。丘吉尔同样还对在这种面对面的会晤中，在接下来十年中又一次跟斯大林建立的亲善关系感到高兴。几乎所有的军事问题都达成了一致。他们还讨论了在战后解散德国的可能性。尽管一年前斯大林在德黑兰说了关于处决纳粹头子的玩笑话，这位苏联领导人现在坚决支持在战争胜利后将纳粹领导人进行公审的想法。只有在波兰问题上两位领导人继续存在着分歧。亲近西方的波兰政客来到莫斯科向丘吉尔和斯大林汇报情况。然后在苏联支持下的组织也做了同样的事情。

在一名波兰共产主义领导人讲完话后，丘吉尔看到了斯大林的表情，而且还看出他“充满理解地眨了一下他那意味深长的眼睛”，似乎在说：“我们苏联人教化得怎么样!”尽管沟通进行了好几天，但波兰边境和政府问题依然悬而未决。

尽管如此，在这些会议进程中，丘吉尔和斯大林建立了几乎算得上是友谊的关系。至少他们在击败纳粹主义的战斗中团结在了一起。一天晚上他们观看了波修瓦大剧院的芭蕾舞团演出，当他们一起出现在主席台上时，受到了观众们长时间的狂喜的欢迎。在好几次深夜的会议上，两个人为彼此以及为了英国和俄国人民的共同利益而频频干杯。有一次，有人将两位领导人跟罗斯福一起形容为“三位一体”。斯大林回答说：“如果真是这样，丘吉尔一定是圣灵。他经常飞来飞去。”虽然两个人之间充满了脉脉温情，但是在战后世界的格局问题上两个人存在着深深的分歧。不管在丘吉尔出现时斯大林表现得有多么高兴，当那个时刻到来时，他依然会冷酷无情地追求他自己的利益。

丘吉尔在继续旅行，从莫斯科回来后他在开罗待了一段时间。11 月份他跟查尔斯·戴高乐在狂欢的人群中参加了在巴黎的香榭丽大街举行的游行。同时，战争进展得不顺利。丘吉尔不相信各种关于到年底德国会被击败的情报。他是正确的。在意大利，因为亚平宁山脉的冬天使前进被迫止步。在法国，12 月中旬希特勒的军队动用了十个装甲师的力量在阿登地区发动了一次最后的出其不意的反击，这次反击被称作“膨胀战争”，因为德国军队在美军阵线上制造了一个巨大的突出部分或者叫膨胀。他们的意图是将英国和美国军队分开，然后打击安特卫普。但德国人从未完全突破过。他们的坦克是令人生畏的武器，但是由于燃料极度缺乏，德国人无法长时间使用坦克。这个原因再加上美国士兵英勇地在巴斯托尼主要的十字路口把守，因而打败了希特勒军队的最后一次反击并改变了战争的进程。但因处在一个寒冷冬天中，更多重大的战争不得不推迟到春天进行。

因为1941年英国士兵为保卫希腊而战斗过、牺牲过，丘吉尔对这个国家怀有一种强烈的亲近感。当德国人于1944年10月撤走了他们的守备军时，一支SAS的游击部队进入了希腊并迅速向雅典进发，在那里他们被当成解放者而受到热烈的欢迎。但在经历了四年的德国的残忍占领统治后的希腊人民处于一种绝望的状态，很多人现在转而支持共产主义运动。英国则试图保存乔治国王和一个由首相乔治·帕潘德里欧领导的政府。在12月，这种紧张关系导致雅典内战的爆发。丘吉尔命令英国指挥官隆纳德·斯科比将军为维持秩序向共产主义者开枪。在内战中保皇主义者跟英国站在一起，英国看起来像在开涉外国的内政。在美国，这被看做是英国意图在这个国家维持自己的权利，因此受到广泛的谴责。丘吉尔又一次感到他必须亲自干预。12月24日下午，他决定在当晚飞往雅典。在家里克莱门正在为一个期盼已久的家庭圣诞节而做准备，她想当晚以一个孩子们的舞会作为圣诞节的开始。尽管非常习惯计划在最后一刻的变动，但她还是为她丈夫决定离开感到难过。这次她“泪流满面”地被温斯顿的顽固所“击倒”，这是在整个战争中为数不多的几次之一。

丘吉尔在圣诞节当天到达雅典，他不得不由武装护卫保护着，因为整个城市都被危险地分割开来，英国军队还在跟共产主义者进行巷战。最终他还是决定待在停在比雷埃夫斯港口的英舰阿贾克斯号上。在那里他会见了大主教达马斯吉纳斯，他是希腊正统教的主教，一位高大、非常引人注目的人，他曾经是一名摔跤冠军。对丘吉尔而言，达马斯吉纳斯似乎有权力主持事务。丘吉尔建议在第二天召集所有的反动组织开会，会议由达马斯吉纳斯主持。主教同意了。这次会议于节礼日在希腊外交部举行。天气非常寒冷，房间里没有暖气。几盏防风灯投射出诡异的光芒。但所有的政党，包括共产主义者都参加了这次圆桌会议。在会议开场白后，丘吉尔跟英国代表退席，将艰难的谈判留给希腊人自己解决。几天以后，经同意由丘吉尔要求在伦敦流亡的希腊国王任命大主教为摄政王。当他回到家后，丘吉尔用了一个通宵使乔治相信这一行动步骤的智慧。因此达马斯吉纳斯成了摄政王，希腊的实际统治者。

1945年2月，三巨头又一次碰面，这次是在克里米亚半岛雅尔塔的沙皇的夏季行宫里。在1944年底又一次被选举为总统的罗斯福因这次旅程而筋疲力尽。在雅尔塔拍的合影里他看上去非常憔悴。同样丘吉尔也在多年未松弛的重压下身心疲惫。在某种意义上，雅尔塔会议是同盟国战时合作的最高峰。斯大林保证自己会在打败希特勒后三个月之内加入反日斗争中去。同盟国军事首领们讨论了他们会给彼此何种支持，苏联正式要求对在东线后面的德国城市进行轰炸。这是我们以前所看到的导致英国和美国重型轰炸机对德累斯顿造成破坏的原因之一。从另外一方面看雅尔塔同时也代表冷战的开始。斯大林对英美双方在华盛顿的敦巴顿橡树园签订的成立联合国组织的计划表示怀疑。根据提议应该成立一个协商大会，所有的国家都隶属于这个组织，并成立一个安全理事会。这个安理会将会拥有已经倒台的国际联盟所没有的有效手段，有代表联合国命令执行行动的权力，甚至有以它的名义发动战争的权力。斯大林认为在这样的一个体制中苏联很容易被英国和美国在票数上胜过，而且苏维埃社会主义共和国联盟因在打败希特勒时所起到的主要作用而赢得的地位在联合国机构中未能体现出来。经讨论决定各个苏维埃共和国都可以加入联合国，每一个大国都对安理会的决议有否决权。

在波兰的统治问题上还有更多的争议。丘吉尔又解释说这是关乎英国“名誉”的问题。斯大林解释说对他而言这是“安全”问题。在过去的三十年中通过这个“波兰通道”，俄国被进攻了两次。这样的事情绝对不能被允许再次发生。他说这些话的含义很明显，那就是他想要控制波兰政府。斯大林的整个东欧的战略就是以“安全”作为支撑的。丘吉尔害怕斯大林想缓冲之后建立一个附庸国。最终，罗斯福和丘吉尔对斯大林的跟波兰重新划定边境的要求做出了重大让步，边境现在向西挪了。作为补偿，波兰与德国的边境也被向西转移，移到德国的领土上。斯大林同意波兰进行自由选举，他签署了一份解放欧洲宣言，承诺对基于自由选举的重建提供支持。目前西方领导人是相信斯大林的话的。

会上同意将德国划分为四个军事占领区：苏联、美国、英国和后来的法国。在赔偿问题上产生了争议。斯大林坚持巨额赔款，部分是为补偿德国军队对苏联造成的巨大损失。苏联有三万二千家工厂被毁，五万英里的铁路轨道被破坏，一千七百一十个城镇被毁坏，十万个集体农场被夷为平地。但斯大林也相信赔偿既是一种惩罚的形式，也是胜利者权利的象征。西方领导人认为在第一次世界大战后赔偿使得德国无法恢复。他们持有一种更加实用主义的观点，因此想要在战后保存德国而不是摧毁它。渐渐地他们达成了妥协。

雅尔塔会议揭露了大联盟之间存在的巨大分歧，这个联盟是由打败希特勒这个共同的目标而组建起来的。丘吉尔对苏联战后的野心越来越怀疑。另一方面罗斯福认为跟苏联合作是解决战后纷争的唯一途径。丘吉尔对罗斯福在雅尔塔对他的态度感到伤心。在讨好斯大林时，美国总统似乎在与他的老朋友保持着距离。

这次峰会后，丘吉尔路过雅典，这次他能坐在一辆敞篷汽车里在欢呼的人群中驶过街道，而仅仅在几周前残酷的巷战就在这里发生着。他接着前往埃及的亚历山大港，在那里跟罗斯福吃了顿午饭。丘吉尔注意到总统看起来非常虚弱。午饭后丘吉尔跟他的朋友道别。这是他最后一次见到他。

3月份同盟军对第三德意志帝国发起最后的攻击。自从罗马时期以来，莱茵河一直是进攻德国的一个障碍。现在这是最后一个摆在盟军前的重大障碍。艾森豪威尔又一次担任总指挥。蒙蒂和第21军团将在北方的克里夫斯和杜赛尔多夫之间渡过莱茵河，然后穿过德国平原向汉堡和波罗的海进发。布拉德利和第12军团将在更远的南部渡过莱茵河。这是一次陆海空三军的联合作战，是自登陆以后最大的单次反击战。莱茵河上有四十座桥。纳粹工程师计划将他们全部毁掉，但在3月初一次幸运的突破中，美国第九装甲师在雷马根完整地拿下了一座桥。数十万士兵和坦克从它上面蜂拥而过。希特勒听到炸桥失败的消息后大发雷霆，于是他的盖世太保小组将所有相关责任人全部处决。这个月稍后时期，巴顿在奥本海姆通过莱茵河发动了一次攻击。就像在西西里一样，巴顿决心抢在蒙蒂前面，他的部队比他的英国对手提前一天过河。再往北，蒙蒂对隐藏在河东堤坝上的德国防御者发动了一次大规模的炮弹轰炸，接着是重型轰炸机进行轰炸。3月23日夜晚，英国突击队乘坐被称作“水陆坦克”的武装水陆两用车在韦塞尔渡河。

一向热衷观看这些大型军事行动的丘吉尔要求加入蒙蒂的渡河行动指挥部。陪着他的布鲁克不高兴，他在日记中写道：“他所作的就是无谓地将自己的生命置于危险境地，挡住每个人的路，成为每个人都厌烦的讨厌鬼。然而却没有什么能够阻止他！”他们在袭击的当天晚上到达蒙蒂的前方指挥部，很高兴地站在德国的土地上。晚饭后，蒙蒂上床睡觉，丘吉尔和布鲁克在月色中散步。几英里外的地方有一场战争正在如火如荼地进行着。两个人趁着这个时候回顾了一下他们一起经历过的战争。丘吉尔告诉他的出色的将军自己是如何的欣赏他。这是在战争中英国士兵们参加的最后一次的大战前夕，充满人情味的一刻。

3月24日凌晨，丘吉尔和布鲁克被护送到山顶上观看在韦塞尔的德国战线后方举行的大型空降。这次被称为“瓦希提行动”的空降是自盟军登陆以来规模最大的一次。庞大的空军飞机群加上一千七百架运输机和一千三百架滑翔机，花了两个小时的时间经过。丘吉尔观看这次军事行动时激动的心情跟在观看乌姆杜尔曼战役时一样，那次战争是在近五十年前英国士兵在喀土穆发动的攻击。在他身上还能看出来那个喜欢玩玩具士兵的小男孩的影子。对丘吉尔而言战争依然是个浪漫而英勇的恶作剧，尽管他曾经历过一切。第二天丘吉尔和布鲁克甚至设法乘坐一辆登陆艇渡过了莱茵河，在河的东岸上站了几分钟，检查了德国的防御。回到西岸，当他们遭到狙击手密集火力袭击时，他们在韦塞尔桥的遗迹中到处攀爬躲避，不时有炮弹在他们周围爆炸。当地的美国指挥官辛普森将军说他无法再对丘吉尔的在场负责，命令他离开战场。布鲁克记得："温斯顿脸上的表情就像一个小男孩在海滩上被他的保姆从他的沙堡旁叫走！谢天谢地他安静地走开了，对他来说这是令人难过痛苦的事情，他当时正玩得开心呢。"

强渡莱茵河是一次伟大的军事胜利。在几天的时间里，美国和英国军队在法国士兵的支持下深深地打进了德国。艾森豪威尔在北部和南部的突进会师了，将莱茵河和它强大的防御工事包围了起来。德国的西面战线崩溃了。

1945年春天丘吉尔的状况很艰难。他依然拥有一个伟人的个人威望和地位，他带领英国人从深渊中爬起来，现在是三巨头之一。但英国在同盟国中处于中间的地位。苏联现在拥有历史上最强大的军队，它在战争中巨大的损失（据估计有大约两百七十万人死于战争）使得斯大林有正当的理由在战后的世界中享有超级大国的地位。同时战争结束时美国成为了历史上最大的工业国家。在战争中它的经济增长了两倍多。它的工厂成了"胜利的兵工厂"，为赢得战争制造了枪支、船只、飞机和坦克。世界上有近50%的货品是美国制造的。毫无疑问美国会成为一个战后的超级大国。然而英国从技术上说是破产了的。它能在战后国际问题上取得权利的唯一途径就是跟美国结盟。丘吉尔不得不劝说罗斯福相信新的敌人是苏联，在首相认为不可避免的战后东西分歧中必须采取措施来对付斯大林。但是罗斯福对未来的看法完全不同。他认为他可以跟斯大林相处，而联合国会成为和平的代理机构。最终丘吉尔的观点被证明是对的。他正确地预见了冷战即将到来时的紧张气氛。罗斯福的观点跟他一起消失了。

在接下来的一个月，丘吉尔继续对苏联对战后欧洲的态度以及在波兰的未来未取得进展而感到焦虑。对他来说很明显的是苏联没有像在雅尔塔同意的那样在那里执行自由选举的意向。丘吉尔想要对斯大林施压并设法说服罗斯福支持他。但罗斯福总统不想跟斯大林对抗，因此建议停战。当苏联指责西方同盟跟德国沟通一个单独的合约时，更深的争端出现了。4月12日，罗斯福发电报给丘吉尔说："我会尽量减少苏联出问题的可能性。"这个电报发出的几个小时后，罗斯福倒下了。他再也没有重新恢复意识，几个小时后就去世了。听到这个消息时，丘吉尔感到他自己肉体上受到了迎头痛击。虽然在最近的几个月里，他们的观点出现了分歧，但罗斯福一直是一个伟大的盟友，从战争开始就一直支持着他的战争努力。他们几乎每天都通信。他们有过九次单独的会面，在亲密的私下接触中他们一起度过了一百二十天。

但丘吉尔决定不参加罗斯福的葬礼。如果记得他有着乘坐飞机到处旅游的爱好的话，这一点是很让人奇怪的。如果想到这是一次能够与新总统会面并设法影响他的想法的一个好机会，这一点就更加奇怪了。丘吉尔声称自己承受着在战争的最后几天里待在伦敦的压力。但这种压力以前从未阻止过他。能得出的唯一结论就是在最近的几个月里他对总统深深地感到失望。外交部长伊登代表他参加了葬礼。

根据美国宪法，副总统哈利·斯·杜鲁门立刻接任总统职位。"我感觉自己被一道闪电击中。"杜鲁门跟一名同事说。尽管罗斯福健康状况不好，但关于战争中的核心战略和政治进展方面的问题，他依然让杜鲁门悲哀地蒙在鼓里。从选举以来的五个月里，罗斯福和他的副总统之间仅有两次私人会谈。现在杜鲁门不得不快速地学习外交和军事事务。有意思的是他很快就接受了丘吉尔的观点，相信跟苏联人之间的和解是不可能的，因为苏联使用的是暴徒手段，在就任后的几个月里他就成了坚决的反苏主义者，

同时，由于各种原因，艾森豪威尔决定不设法拿下德国首都。首先在雅尔塔会议上达成了协议，柏林处于苏联军事占领区，因此由红军拿下这座离他们的前线只有 35 英里的城市更合适。第二他没有将柏林看做一个重要目标。他想要猛插到德国的中心去，他相信纳粹政府将要迁往那里。最后尽管德国崩溃了，但艾森豪威尔猜测为保住德意志帝国的首都，还会有一场激战。因此他直接接近斯大林并建议同盟军在易北河暂停。丘吉尔极端反对这个建议，他想要西方军队拿下柏林作为奖赏，他认为这将在任何的战后冲突中让西方处于更加强大的地位。但是马歇尔和美国联合作战参谋们都支持他们的战场指挥官。不管英国人有多少抗议，他们将会以自己的方式结束战争。军事优先权而不是政治获胜了。

斯大林下令对德国的首都发动最后的袭击。4 月 6 日，最后的反攻开始了。两百五十万红军在奥德河和奈塞河岸上集结，他们面对的是七十万的德国军队。

他们大部分装备很差。他们很多人是来自希特勒青年团的小男孩以及保卫希特勒的首都不受布尔什维克游牧部落侵袭的老人。跟他们一起的是纳粹的顽固分子。他们都怀着一种可怕的狂热而战斗。斯大林命令他的两个首席指挥官——朱可夫元帅和可涅夫元帅比赛打进柏林去，赢得逼迫德国最后投降的荣誉。

4 月 20 日早晨，盟军对波兰发起了“千架轰炸机”的空袭行动。当空袭结束时，希特勒从他的煤仓里出现了，最后一次给那些保卫城市的人授予勋章。他的希望寄托在那些具有狂热意志力的十几岁的男孩子身上。但新闻短片的相机捕捉到了他的双手绝望地痉挛。两支庞大的胜利军队进入柏林郊区，一个地区接一个地区，然后是一个接一个的街道，最后是挨家挨户地进入。这次战争像艾森豪威尔所害怕的那样激烈。将红军从斯大林格勒带到 1500 英里外的柏林的苏联坦克在城市环境中不再好使，被一些落后但使用方便的近距离武器所取代。德国市民藏在他们的地下室里。党卫队的行刑队在街上搜寻着逃兵。

希特勒和他的随行人员躲在德国的大使官邸下面的煤仓里，他们依然相信还有军队等着救他们出去。当红军最终逼近城市的中心时，希特勒最后接受了战败。4 月 30 日下午他开枪杀死了自己。当他的私人秘书约翰·科尔维尔带给丘吉尔这个消息时，他正在吃饭。根据德国收音机所说，希特勒“用尽他最后一口气跟布尔什维克作战”而死。丘吉尔讽刺地评论道：“好，我必须说我认为他那样死去是最正确的做法。”

战斗持续了好几天。红旗在德意志国会大厦顶上飘扬着，举行了“五一”国际劳动节的伟大的社会主义游行。在柏林战争中有三十万士兵丢掉了性命。几天后希特勒的将军们提出协商条件，他们被告知只有在每一条战线上的所有德国军队都无条件投降才能被接受。

5 月 2 日，意大利的德国军队投降。5 月 4 日蒙哥马利在他卢纳堡的指挥部接受了德国西北部、丹麦和荷兰的所有德军的投降。那天晚上丘吉尔将参谋总部的人叫到唐宁街的内阁办公室，感谢他们所做的一切。然后他跟他们一一握手。布鲁克记录说他眼睛里含着泪水。5 月 7 日德国最高指挥部最终签署了无条件投降书。枪声终于沉寂了。欧洲战争结束。那天深夜，丘吉尔将他的秘书之一的伊莉沙白·莱顿叫进来，要她将自己要广播的演讲口述稿打出来。他说：“莱顿小姐你好啊，战争结束了，你为其尽了你的一份力。”

第二天是 5 月 8 日星期二，被正式宣布为欧洲胜利日。大量的人群聚集在伦敦。下午 3 点钟，丘吉尔向英国和全世界人民广播了德国投降的消息。他说：

“我们可以让自己短暂地高兴一下。但我们不要忘记前面还要面对的艰辛和努力。日本所有的背信弃义和贪婪尚未得到压制。”他用这样的话结束了这个简短的广播：“现在我们必须集中所有的力量和资源来完成我们的国内外的任务。前进，大不列颠！自由万岁！天佑吾王。”在说到“前进，大不列颠”时丘吉尔的声音显得感慨万千。那天晚上他在阳台上往下俯视，那里有大批的人群在集会。欢呼声震天。“愿上帝保佑你们所有人，”他向下面的人群说道，“这是你们的胜利。”人群喊道：“不！这是你的。”丘吉尔还跟国王和王后出现在白金汉宫的阳台上。大批的人群又一次热烈地欢呼。自从丘吉尔被任命为首相以来到今天已经有五个年头了。

丘吉尔对苏联在战后解放的或者占领的地盘上的行为感到非常焦虑。5 月 12 日他在给杜鲁门总统的消息中用了一个后来让他成名的词语。他写道：“一道铁幕降落在他们（苏联）的前线。我们不知道铁幕后面发生着什么。”他害怕斯大林将自己的傀儡政府强加在所有的欧洲国家中。在战胜国之间召开了一次会议。他们同意 6 月份在被摧毁的柏林外的波茨坦举行会晤。

同时很明显丘吉尔领导了五年之久的联合政府的日子屈指可数了。工党持有一种观点，认为随着德国的战败，现在是该举行普选的时候了。毕竟，在所有党派的同意下，已经将近十年没有进行过一次普选了。丘吉尔自己认为首先应该打败日本，任何事情不能分散这个重要的目标。然而大家都依然估计这还要再花十八个月的时间。艾德礼认为国家等不了那么长时间，他决定将工党从政府中退出去。因此在 5 月 23 日丘吉尔向国王提出辞职。他同意组建一个过渡时期的政府，直到 7 月 5 日选举举行时，所有在海外服役的士兵的选票都有效。在运动地区的战争还在激烈进行的时候，竞选开始了。

在推动英国战争机器的巨大压力下，丘吉尔几乎完全忽略了自己就任五年来的国内政治。他很高兴将大后方交给他的副手艾德礼。丘吉尔不想对战后他无法移交的形式做出承诺。他很清楚地意识到劳合·乔治在一战后建立“英雄们安居乐业之所”的承诺适得其反。因此丘吉尔在想着英国人民的同时，他完全没有了解在海上发生的变化。他作为一名战争领袖而受到人们的尊敬，但在传统的政治上他被看做是极度落伍的。国家曾经有一次重大的左移。人们强烈地感觉到在所有人都通过后，他们就不会回到 20 世纪 30 年代那些失望悲惨的日子里。举国上下所有人都想要做全职工作、更好的住房、国家医疗以及社会安全，即使丘吉尔没有这样做过。很多人用了很长时间对未来进行了仔细思考。

号召建立一个福利国家来“从摇篮到坟墓”一直照顾英国民众的贝弗里奇报告卖出了六十三万五千份。企鹅特刊中对英国未来的格局做了全方位的论证，因此有成百万的销售量。甚至在军队内部，像陆军新闻局（ABCA）这样的组织都鼓励对战后的世界进行政治辩论，在这里以及其他地方，盛行着社会主义的看法。由于这对军队的纪律不好，因此丘吉尔反对陆军新闻局的作法。但现在他看起来老了，非常疲惫，在选举中从一位更老的英国人那里接掌了保守党的领导地位。同样，在一次党内政治广播评论中，将工党的战略比喻成盖世太保想要引进社会主义国家的做法是极其错误的判断，对他造成了很大的伤害。

投票在 7 月正式开始，但是由于收集和统计陆海空三军三百万的选票要花费很长时间，因此结果要到月底才公布。7 月 15 日，丘吉尔到波茨坦参加战争结束时三巨头的会议。第二天早上，他第一次跟杜鲁门总统见面，虽然杜鲁门对国家间的政治的纷繁复杂完全外行，但他还是给丘吉尔留下了深刻的印象。陪同这位新总统的是他的国务卿詹姆斯·伯恩斯，他仅在去往欧洲的三天前才宣誓就任。在正式的会议开始前，丘吉尔在柏林的废墟上游览了一圈。在大使官邸外面有一小组柏林人在集会。让丘吉尔惊奇的是他们为他欢呼。

会议开始时，斯大林又一次发誓他加入对日战争的决心。很快在四个分开的区域对德国实行军事占领的协议就达成了。但在波兰边境和赔偿问题上还存在分歧。然后在 17 日传来了非凡的消息。美国人在新墨西哥沙漠成功爆炸第一颗原子弹。报告说爆炸“比一千个太阳还要亮”。杜鲁门和丘吉尔得知后立刻意识到这个新式的战争武器完全扭转了对日战争的局面。美国计划在 1945 年 11 月和 1946 年春天之间的一段时间里对日本进行攻击。将近两百万人将会卷入战争。马歇尔将军害怕伤亡人数会非常多，在硫磺岛和冲绳岛上，日本士兵几乎战斗到剩最后一颗子弹，很多人在投降时选择了自杀。丘吉尔相信杜鲁门会使用原子弹，战争将会在几个星期里结束。这意味着他们不再需要苏联加入对日作战。问题是：他们如何向斯大林解释这个事情？

杜鲁门决定在这次会面结束后的 7 月 24 日亲口告诉这位苏联领导人新式炸弹的消息。他在房间里踱来踱去，随意地告诉斯大林说美国有了一种新式武器。斯大林通过他的间谍网络已经知道了原子弹的进展情况。他同样随意地回答道：“很好，我希望美国会使用它。”杜鲁门以为斯大林没有明白。但乔叔叔立刻意识到他被告知的这件事情的重要性。那天晚上他下令莫洛托夫加快苏联原子弹的研制进程。

第二天丘吉尔飞回伦敦，在他等待着普选结果的同时，会议被暂停了。一些政党估计保守党将会赢得占大多数的五十到八十个席位。7月26日早晨，丘吉尔在他的地图资料室得到了关于选举结果的消息。一个又一个的保守党的保险席位落到了工党手中。到中午时很明显工党已经赢得了压倒多数的选票。英国人民的决定很明显：丘吉尔出局了。

克莱门暗暗松了口气。在经过五年毫无松懈的压力后，她想要温斯顿休息一下，而不是在和平时面对铺天盖地的挑战。另一方面丘吉尔被他落选的消息完全击倒了。他无法理解那些他带向胜利的人们，几周前还在为他欢呼，围着他的那些人们为何现在要抛弃他？他七十岁了。这也许是他政治生涯的结束。午饭时分，克莱门告诉她丈夫这个结果“也许是伪装了的祝福”。丘吉尔回答道：“目前它似乎伪装得很好。”丘吉尔在那天晚上辞职，艾德礼以占146票的大多数组建了一个工党政府。它将会是英国历史上一个真正大变革的政府。

8月6日，一颗原子弹被投在了日本的广岛市。它爆炸的威力相当于一万三千吨的TNT炸药。它产生的热量如此之大，以至于融化了砖块和屋顶瓦，它将人焚烧得非常彻底，以至于除了在烧焦的道路上留下一点淡淡的轮廓之外其他什么都没剩下。在几个小时之内有数十万老百姓被烧死。还有上万人在接下来的几个月以及几年里死于辐射污染。8月8日斯大林对日宣战，红军进入了中国东北，然后进入朝鲜。8月9日，在没有多大战略需要的情况下，第二颗原子弹被投到长崎。第二天日本天皇宣布投降。在日本投降后不久关于投降的条款达成了一致，几周后在东京港的美国军舰密苏里号上正式签署了日本投降条约。第二次世界大战结束了。原子时代到来了。在同一天丘吉尔终于登上了度假的飞机。

第十一章 丘吉尔的战争

温斯顿·丘吉尔依然是20世纪最让人着迷的人物之一。意识到历史是如何批判一个人的，他决定将自己战争年代的经历写下来。他说把事件交给历史去判断他将感到高兴——但这样他就会成为一名历史学家。在1948年和1954年之间出版的庞大的有六卷之多的第二次世界大战传记中，他清楚易懂地表明了自己对事件的诠释。为了自圆其说，他还提供了大量从内阁特别整理出来的文献一起出版。直到他去世，大部分出版的传记和记录都为他的领导生涯树立了正面的形象，除了阿瑟·布莱恩特关于布鲁克将军的日记的作品。这些日记首次于20世界50年代出现在布莱恩特的《潮转19391943》和《西部的胜利》两部书中。在这些日记出版以后丘吉尔受到极端的伤害和打击，这些日记经常是在愤怒和绝望中写下来的，写日记时事件还未完全揭示，经常是在深夜，没有花时间进行冥想和反思。在布莱恩特的书出版以后，据约翰·科尔维尔所说，丘吉尔故意夸耀地不去理睬布鲁克和后来的阿兰布鲁克子爵。科尔维尔说他还不知道有另外一个人受到过丘吉尔同样的待遇。但是在丘吉尔去世后，钟摆开始摇摆了，好几个历史学家对这位伟大的人物持有一种更加粗鲁，经常是怀有敌意的看法。就在最近，钟摆又开始摇摆回来了。2002年丘吉尔在一个BBC的电视系列片中被选为“最伟大的英国人”。

当对他在第二次世界大战时担任英国领导人的表现进行评价时，其中一个核心的问题之一是：他产生了什么样的影响？丘吉尔后来说他所做的一切都是“让狮子咆哮”，英国人都是勇猛的，能够领导他们是他的运气。但在这一点上他不止一次地对自己的作用轻描淡写。在1940年5月和6月，当法国在几周的时间里就被灾难性地侵占时，当英国面临着被侵略以及被空袭的可能性时，当关系民生的航路有可能被切断时，情况似乎的确陷入了绝境。在那个时候，英国人民的真实看法是什么，我们永远都无法得知。但丘吉尔精细地支配着唐宁街。保守党的大部分成员，至今为止在下议院人数最多的国会议员都非常确信在国家危难之际他是能够带领整个民族的不二人选。还有，有充分的证据表明：如果换另外一个领导人，也许是哈利法克斯爵士，可能告诉英国人民说当前唯一明智的选择就是跟德国讲和，那么英国可能会热切地听从他的建议。就像好几个评论员所说的那样，欧洲接下来的历史会有一个完全不同的进程。事实是丘吉尔怀着他强烈的历史感以及同样强烈的命运感，跟纳粹“不和谈”。此时他的演讲和他的勇气毫无疑问对事件的进程产生了极大的影响。先是为战时内阁，然后是为整个内阁，而后是国会，最后为全体人民，丘吉尔为他们提供了一个方向和领导力，使得他们充满跟一个邪恶的政权继续战斗的意志力。既使在早先几个月里丘吉尔因心脏病猝死的话，因他已经做得很好了，所以他对世界历史的贡献依然是巨大的。事实上他继续说了必须要说的话，为的是让英国人有决心跟看似不可能的几率继续斗争直到苏联和美国加入战争。从 1940 年 5 月到 1942 年 11 月，在那些新的盟友对战争的平衡的确产生影响之前，他一直让战争努力发挥着作用。当证明这么做是明智的选择时，他留在了伦敦。他去视察了因轰炸而造成损害的城市。为了更好地了解发生的事情以及激励那些他见过的人，经过似乎漫长无比的一圈一圈的旅途，他拜访了同盟国，视察了军事前线。

在战争的后一阶段，当美国和苏联对击败法西斯主义的欧洲和军国主义的日本的贡献远胜于英国时，丘吉尔的影响能力无可避免地被削弱了。但通过他的参谋总部他说服美国人将盟军登陆日推迟到 1944 年，很少有历史学家不认为这是对最后的胜利非常关键的一次推迟。丘吉尔是第一个认为苏联是西方对手的领导人，虽然他没能说服罗斯福接受这一点。但在此后的几年美国人将会把他看做有这个远见的先知人物。

作为一名军人，丘吉尔当然是一个有勇气的幸运的人。他了解军队和海军的运作并能够完成任务。他仔细观察并思考了战时政府的需要，因此当他开始领导时他确切地知道如何组织。他对专家和顾问的优点和缺点很了解。他不想别人给他描述的事件太过美好，当灾难发生时他也不想向公众隐瞒，因为灾难确实大量发生了。但即使是传递坏消息时，他也有能力表现出自信。在这一点上他受到的最大的指责就是他对他的首席科学助手彻韦尔爵士太过言听计从。彻韦尔在很多核心问题上被证明是错的——从轰炸对摧毁德国战争经济的有效性到德国人制造火箭推进式导弹的能力。尽管丘吉尔以牺牲其他伟大的战时科学家为代价而对某一个人过分依赖，在一个人们对科学家充满很多疑问的时代，丘吉尔极其崇尚科学和技术，至少只有他们能够改进军事行动。他喜欢新鲜的、非传统的甚至是异端的想法。他能够鼓励别人。他的话激励着在战争中生活的一代人。不管他在1940年看起来是多么的老套或者格格不入，他说出了在那些极端的情形下人们想听到的话。他让人们感觉自己很重要，他们的生命跟一段悠长伟大的历史紧紧联系在一起。他有能力推动个人去完成有时他们认为超出自己能力范围的事情。

这段描述引用了很多人的话，这些人因为R·V·琼斯的出现而感觉自己被照亮，琼斯是一位年轻的科学家，他第一次到唐宁街参加一次关键的会议并跟首相会面时迟到了，这次会议引出了1940年6月开始的光束战争，在战争中琼斯跟丘吉尔进行了好几次会面。三十年以后，当回忆跟丘吉尔在一起的日子时，琼斯写道："通过跟活动力来源的接触，我有一种被重新充电的感觉。这里有力量、意志力、幽默、倾听，也会提出探索性问题，当他确信后会有所行动。"即使在谈及一位年长的政治家对一个年轻人留下的印象时，这也描述了领导才能中一项少有的素质。丘吉尔带领了一批科学家和军事首脑，他打破了繁文缛节，鼓励创新和新思维。他在自己周围发展的战争实验室帮助英国生存了下来，对胜利做出了很大贡献。

这个事情的另外一面是对他的军事首脑进行哄骗，有时候是超出公平和合理范围地进行威胁，虽然通常没有超出可以忍受的范围。他通常知道什么时候该停止，什么时候需要说点好听的。在一个关键的时刻，在深夜，当催促他的一位秘书伊莉沙白·莱顿时，他意识到她筋疲力尽了，于是他停了下来说道："我们必须像驮枪的马一样继续，直到我们跌倒为止。"她这才愿意为他并和他一起踏上这特别的旅程。他也许跟布鲁克将军几乎全面闹翻，尤其是在1944年夏天疲惫使得两个人都陷入了脆弱的状态，他们在将来的战略问题上争吵得很厉害。但即使在这种情况下，丘吉尔也没有将布鲁克逼到辞职的份上，虽然他和参谋总部的参谋们几乎要辞职了。像布鲁克的日记中记载的那样，当他感觉自己太离谱了时，丘吉尔会热情地加以弥补并对他的CIGS表示感激。

像我们在整本书里看到的，丘吉尔的干预在很多关键时期起了关键的作用。